创新中国书系

潮起

中国创新型企业的诞生

封凯栋◎著

中国人民大学出版社
·北京·

推荐序一

技术扩散之谜与自主创新的中国答案

李寅

复旦大学国际关系与公共事务学院副研究员

20 世纪末，随着内生技术变迁成为主流经济学的热门话题，经济学家重新审视增长理论的经典问题：富国与穷国的经济增长是否最终会趋同。在鲍莫尔（William Baumol）、巴罗（Robert J. Barro）等人构建的一系列考虑了技术扩散的增长模型中，发达国家创新，发展中国家跟随复制，随着技术的扩散，发展中国家的经济发展水平最终会向发达国家趋同。而在现实世界中趋同非常罕见——自二战结束以来，世界上 200 多个发展中国家与地区中仅有极个别（如韩国、新加坡、中国香港等）实现了从低收入经济体向高收入经济体的跨越。因此，这些增长模型更大的意义在于对技术扩散的假设，体现了经济学家们对技术最终将向发展中国家扩散的乐观态度。然而，二十多年后的今天，当再次考察国际技术扩散时，我们发现，在经过了信息技术革命后，广大发展中国家与发达国家在高技术生产领域（如芯片制造、人工智能、生物医疗、航空航天等）

的差距进一步扩大而不是缩小了。即便是经历了四十多年高速增长、已是世界第二大经济体的中国，在制造业的核心技术领域仍然处处受到美国等发达国家“卡脖子”的威胁。

为什么工业技术的扩散如此困难？一个重要却很少被讨论的角度是所谓技术本身。在大量学术与政策讨论中，技术一词常常被等同于图纸、手册、代码、工具设备及其承载的重要信息。与这种想象相符合的是，获取技术的过程就如同武侠小说中描写的对武功秘籍的争夺一样：秘籍到手则神功成。这种想象不局限于国人，西方媒体也常常炮制类似的神话，将中国的技术进步抹黑成间谍或黑客通过窃取机密文件而获取西方技术的过程。然而，这种对技术的抽象具有很大的误导性。能够用书面语言描述的技术只占了工业技术中很小的一部分，如果通过复制、抄袭、窃取就能掌握尖端技术的话，美国中央情报局、苏联克格勃早就成为世界上最先进的技术机构了。

在工业生产中，被我们称之为“技术”的实际上是一系列知识与工具的庞大集合。这其中既包含了图纸、手册、代码等能被语言和图表总结、清晰表述的书面知识，也包含了经验、技能、诀窍等难以被总结、描述的经验知识。研究知识论的哲学家称前者为显性知识，称后者为隐性知识或缄默知识。工业生产仅有显性知识是不够的，还需要大量与之互补的隐性知识，而且这些隐性知识与具体的生产环境密切相关。例如，在当代尖端工业芯片制造业，即便生产过程高度自动化，生产芯片的光刻机在投产前仍然要经过长时间的调试和试产；此外，

即便是同一型号的光刻机，在不同的芯片厂商手中也会生产出规格、制程、良率差异极大的芯片。

一旦打开技术的黑箱，我们就会发现工业技术的扩散从来不是一个自发的过程。技术扩散既包含相对容易传播的显性知识的传输，如图纸、代码、设备的转移，也包含对经验、技能、诀窍等隐性知识的掌握——这个过程需要技术输出方主动地传授，更需要接收方对大量经验知识的主动学习和积累，因此隐性知识扩散起来更加困难。经历了近年来中美技术战的国人应该都清楚，在尖端工业，不论是承载显性知识的图纸与工具还是承载隐性知识的高技能工人，其流动都受到发达国家的严格管制；而一般情况下，即便后发国家可以获取图纸和工具，技术输出企业也会因为传授隐性知识费时费力而缺乏动机。因此，所谓的国际技术扩散，本质上是后发国家的企业和人民在接受了先进技术的部分知识后，不断主动学习，用自身积累的经验和技能来掌握先进技术的过程。由于这种学习过程本身就是对先进技术中包含的隐性知识在一个不同的文化与社会结构中的大量重构与复现，我们完全可以把后发国家企业的技术学习看成一种创新活动。这种技术学习不仅不会自然而然发生，而且需要付出大量努力，它的发生是一种选择，是一种战略，是一种自主的组织行为。因此，后发国家对先进技术的获取与追赶本质上就是一种自主创新行为。

一旦了解了技术扩散、追赶与自主创新之间的关系，我们就会意识到经济学家对技术扩散的想象与现实世界的差距。历

史研究表明，今天那些能够在技术前沿不断创新的发达国家及其企业，当它们还在技术学习和追赶时，就已经展开自主创新了。以18—19世纪的高技术产业棉纺织业为例，英国在18世纪下半叶发明了半自动的动力织布机，随后英国凭借棉纺织产业的发展成为世界上第一个工业国。在19世纪，美国作为第一次工业革命时期的后发国家，一方面被英国指责窃取技术并遭到技术出口封锁，另一方面美国本土的工程师和技术工人则早已开始对动力织布机进行改进，以适应美国更加昂贵的劳动力成本。到了19世纪90年代，美国德雷珀公司的前身George Draper & Sons在长期技术积累的基础上，率先实现了全自动织机的技术突破，大大提升了美国纺织业的竞争力，并一度成为全世界最大的织机制造商。而在当时的另一个后发国家日本，一位年轻的发明家丰田佐吉在成功仿制了手动、动力织布机后，经过二十多年的反复试验，终于在1924年开发出自动织布机，并创办了自己的公司。丰田公司后来进入汽车市场，成为世界上最成功的汽车公司之一。美国与日本的例子都清楚地展现了，在看起来是技术扩散和后发国家对先进技术模仿的背后，实际上是自主创新者不断地学习、摸索和尝试。如果今天的发达国家不愿意承认这一点，只能是因为他们想要踢开后发国家发展的阶梯。

当我们透过理论与历史的迷雾再次审视当下，我们可以体会到中国在过去40多年中所经历的工业追赶与自主创新有多么难能可贵。封凯栋教授所著的《潮起：中国创新型企业的诞

生》一书向我们展示了这段波澜壮阔的历史。该书通过紧密追踪中国工业发展的两个重要部门——汽车行业与通信设备产业，以详实的史料和深刻的洞察，从微观的企业创新过程与宏观的政策变迁两个层面描绘了中国自主创新型企业崛起的历程。在微观层面，《潮起》打开了企业技术学习过程的黑箱，解开了中国企业如何自主创新的谜团，既凸显了创新型企业寻求自主创新道路的艰辛，也揭示了本土企业陷入跨国公司“市场换技术”陷阱后的挣扎。在宏观层面，书中详细记载了在中国从计划经济向社会主义市场经济转型的过程中，决策者如何一步步试错，不断调整产业政策，逐步加深对工业技术发展规律的理解，并最终走向自主创新范式的转变过程。尽管技术追赶理论已经告诉我们任何后发国家走向自主创新都是一段艰辛的历程，《潮起》中描写的中国政府与企业艰苦奋斗的历史细节仍然让人动容。

如同《潮起》这个题目所寓意的一样，创新型企业的诞生只是中国工业技术创新浪潮涌现的序章。单个创新型企业的诞生或许有偶然性——可能是因为企业家的魅力与才能、工程师的智慧与创造，抑或是千载难逢的市场机遇，然而当一批批创新型企业不断涌现，向着技术前沿前赴后继发起冲锋时，背后必然有一种必然性。《潮起》所揭示的是，中国创新型企业涌现的必然性来自中国企业对自主技术学习的努力探索，来自决策者在关键历史节点抓住机遇推动的政策范式转型，更来自中国人民长期以来追求自立自强的社会共识和精神面貌。这种必

然性并不意味着自主创新的前路就会平坦，相反，历史经验表明自主创新企业的崛起几乎一定会受到国际竞争中在位者的打压。面对美国的“卡脖子”威胁，我们当前需要完善新型举国体制，攻关关键核心技术，健全本土创新链，为创新型企业的发展创造更大的空间，这几乎一定是一段艰苦卓绝的奋斗之路。然而，正是中国创新型企业崛起的历程使我们的心中有了一个答案，那就是中国自主创新不断前行的必然性并不是由一两件具体的技术所决定的，也不是现在拥有这些技术的个别国家所能改变的。有了这个答案，这种必然性就必将激励我们不断前行。

2023 年 7 月

推荐序二

历史浪潮中的创新型企业

眭纪刚

中国科学院科技战略咨询研究院研究员

企业是市场经济的主体，也是技术创新的主体。企业的创新活动是国家创新发展的微观基础。当原有市场开始衰落、新技术突飞猛进、产品被快速淘汰的时候，只有那些不断创新的企业才能获得成功，如第二次工业革命时期德国的拜耳、巴斯夫，美国的通用电气、福特，以及二战后日本的丰田、索尼等公司。正是这样的创新型企业在不同时期引领了世界创新发展的潮流。我国要建成创新型国家、实现创新驱动发展，就需要培育一大批创新型企业，使之成为市场的中坚力量。

一、创新型企业的理论基础

企业的竞争是完全竞争还是不完全竞争?

竞争在经济发展中扮演着重要角色。企业为了争夺消费者而竞争，为了获得投入品而竞争。鉴于其重要性，竞争成为经济学的一个核心概念。而创新型企业的竞争与主流经济理论中

的竞争的含义却截然不同。

新古典经济学认为竞争越充分越能使价格趋向边际成本，从而使资源配置实现帕累托最优。因此完全竞争和自由市场被主流经济学看作最好的制度安排。受上述观点影响，20世纪的经济学家对企业的研究主要集中于最优化型的企业，即在既有的技术能力和市场价格约束下寻求利润的最大化。完全竞争假设看似完美，实则存在重大缺陷：因为完全竞争以大量企业提供同质化产品为前提，企业家的想象力、创造力、敏锐性及决断力等特质都不被需要。在一个完全竞争的环境中，所有企业都可以无成本地进入和模仿，产品毫无差异性，企业完全是价格的接受者，只赚取正常收益，产品价格等于边际成本，产业内所有企业的利润为零。因此，熊彼特认为，完全竞争的世界不但无法推动创造性破坏的产生，还可能阻碍发展进程。

创新型企业则相反。为了生产出性能更好的产品，创新型企业致力于改进生产技术。创新型企业的竞争行为是一种熊彼特式的、基于差异化的不完全竞争。这种竞争的要旨就在于比对手提供更好的产品或服务，而不是与竞争对手在同一模式中进行恶性价格竞争。差异化竞争促使企业创造出不同的技术、产品、服务，不断降低产品成本并获取高于市场平均水平的超额利润，同时使消费者获益并使市场扩张。正是各种创新型企业的多样化竞争为经济变迁提供了原始动力，产业和宏观层面的结构变迁才得以实现，并成为现代经济发动机的核心。

企业的本质是契约还是能力的组合？

现代企业理论的两个分支企业演化理论与企业契约理论几乎同时出现，然而这两个分支却鲜有交流。因为契约理论的核心——交易成本是一个静态均衡概念，而演化理论的核心——创新则是打破均衡的动态概念，二者在哲学基础和世界观上截然不同。

由科斯开创的以契约理论为基础的企业理论是当前的主流，但是其静态分析框架无法研究企业的创新行为。例如，契约理论将交易成本看作影响企业规模和行为的关键要素，而将技术看作企业无法影响的外生变量，这一假设与现实中“企业是技术创新的主体”格格不入。一些新古典经济模型试图将企业创新放在分析的核心，但是这些模型仍然保留主流经济学的核心概念与假设，如利润最大化和市场均衡等；不断演变的市场结构对研发及其产生的技术进步的影响，没有被这些模型加以考虑。总的来讲，这些模型虽然提供了一些深刻见解，它们却忽视了创新的基本特征——非均衡性。

与契约理论的静态均衡方法不同，企业演化理论关注知识的生产和使用，认为企业的实体、结构和边界可由个体或者团队的能力来解释。企业演化理论认为，企业创新能力是从外部环境搜索和获取有用的知识，经过消化吸收后将其纳入自己的知识体系，从而不断增强自身能力。企业能力的积累性决定了一些重要能力无法通过交易获取，如隐性知识、惯例等。拉佐尼克的创新型企业理论强调战略、财务和组织的重要性。战略

控制决定了战略决策者如何配置企业的资源；财务状况决定了企业是否有可利用的资源沿着创新之路持续投资，直到积累起的创新能力足以获得经济上的回报；组织的激励机制决定了企业能否将个人行为和能力转化为组织的集体学习。

二、全球创新型企业的兴衰沉浮

在第一次工业革命中，技术创新的重要源泉是工程师和技术工人的经验与技能。到了第二次工业革命时期，德国拜耳公司于 19 世纪 70 年代率先建立了工业实验室，开启了企业创新的新时代。一些企业为了保持竞争力，甚至进入基础研究领域。例如，1910 年，通用电气公司率先成立了开展基础研究的实验室。此后，美国的工业实验室如雨后春笋般不断涌现。例如，杜邦公司研制出合成橡胶和合成纤维，随后又合成了尼龙，这些研究成果为杜邦公司创造了巨大的经济收益。AT&T 公司的贝尔实验室相继开发出晶体管、激光、太阳能电池、通信卫星等划时代的技术和产品，广泛应用于计算机、通信设备、医疗卫生、工厂制造、数码摄像、国防武器等领域，对经济社会的整体进步发挥了巨大作用。由于德国和美国的企业在市场竞争中获得了巨大成功，它们的创新模式在其他行业和国家传播开来。日本和韩国的企业也纷纷设立工业实验室，创新型企业迎来发展高潮。

到了 20 世纪八九十年代，全球竞争更加激烈。为了缩短研发时间、降低研发成本，美国企业践行“开放式创新”理

念，开始关注对外部技术源的监视、识别和获取，只在内部进行短、平、快的技术开发工作。此外，随着金融交易手段的不断创新以及“股东利益最大化”的价值观的盛行，美国的企业更加“金融化”。这种经营理念导致企业面临短期收益的压力，关注通过短期股价涨跌来套利，将本应用于长期投资的资金用于分红或回购股票，而忽视了企业的创新能力和长期竞争力的培育。在20世纪八九十年代与日本的技术竞争中，美国企业大规模溃败，将IT产业的主导权拱手让给了日本的索尼、松下和东芝等公司。美国还有一些创新型企业在技术变革时期没有快速转型，倒在了新技术的门槛下，如柯达和诺基亚等公司。

三、中国创新型企业的发展历程与现状

在计划经济时期，我国企业主要承担生产任务，创新能力比较弱。改革开放初期，大多数企业因为技术能力不足，只能凭借劳动力成本优势参与国际分工；另有一些企业试图通过合资形式以“市场换技术”，从国外引进技术设备而不是自主研发，满足于“代工厂”的地位。这一时期的环境对创新型企业唯一的有利之处在于，国有企业、乡镇企业、民营企业、合资企业、外资企业纷纷出现，提高了市场竞争的程度，促使一些企业开始寻求生产方式和产品的创新。

随着经济的快速发展，我国原有的以科研院所为主的创新体系已经不能满足科技、经济发展的需要。1985年，我国开

始对传统科技体制进行改革。1995 年科教兴国战略提出后，加强国家创新体系建设、加速科技成果产业化成为这一时期的主要政策目标。1999 年中共中央、国务院颁布《关于加强技术创新、发展高科技、实现产业化的决定》，提高企业创新能力，构建以企业为核心、产学研互动的技术创新体系成为这一时期的主要政策走向。随着创新能力的积累，企业创新的回报不断提高，于是企业愿意将更多的资源投入到创新活动中。到了 2000 年，企业研发占全社会研发投入的比例比之前有了明显提升，科研机构占主导的创新格局发生了巨大变化。

中国企业在制造、组装各种工业产品的过程中，不断学习新的实践知识。这种“干中学”和“在实践中创新”的过程刚开始也许是低档次和不起眼的，但是通过长期积累形成的能力正使得中国企业挺进世界技术的前沿。当前，我国已经涌现出一批知名的创新型企业，它们拥有强大的研发团队、灵活的创新机制，在各自的行业中具有较强的号召力和示范引导作用。我国企业在高铁、核电、5G 等领域取得了全球瞩目的创新成果，在新能源汽车、大飞机等领域正逐步取得关键核心技术的新突破。我国企业的创新能力和地位不断提升，成为国家创新体系的重要力量。

我国企业虽然已成为研发投入和技术创新的主体，但是考虑到企业的总体规模，其创新潜力仍有待进一步激发。仍有很多企业没有认识到创新的重要性，没有将创新作为企业发展的内驱动力，也缺乏基本的创新能力和吸收能力。例如，2020

年全国规模以上工业企业中，60%以上没有研发活动，70%以上没有研发机构，企业研发支出占主营业务收入的比例仅为1.4%。企业的创新活动主要集中在试验开发，基础研究仅占企业研发投入的0.5%，严重制约企业的原始创新能力。因此，我国仍需加大创新政策力度，提升企业自主创新能力，完善企业技术创新的市场环境，加强企业技术创新的制度保障。为创新型企业创造良好的环境，才能为建设创新型国家奠定坚实基础。

四、本书对企业创新的意义

本书作者封凯栋教授长期关注我国创新型企业的发展，在过去20年间访谈了500多人次的工程师、企业管理者、工人、学者和政府官员。正是在系列访谈中的亲身体会，驱使作者带着强烈的历史使命感去研究创新型企业与创新政策。20年前我国刚加入WTO不久，中外合资、市场换技术是当时的主流，但是仍有一些本土企业不甘命运安排，通过自主创新逆流而上，冲破体制和技术障碍，率先在技术路线和研发组织模式上展开探索，从边缘地带顽强生长，成为今天创新型企业群体的先驱。本书回顾了我国汽车行业和通信设备产业的代表性企业的成长历程，对比了本土与外资、自主与引进、创新与守成、技术与市场等要素对企业战略的影响。尽管本书是对20年前创新型企业诞生过程的回顾，但是在当前的时代背景下，其重要意义更加凸显。当前面对国际竞争的压力，一些企业动

摇了自主创新的信心，试图通过“自由贸易”换取技术，甚至满足于在国际分工体系中“组装加工”的地位。本书通过介绍我国创新型企业的成长和奋斗经历告诉读者，正是战略层面的坚定信念推动这些企业走上创新之路，而不是跨国公司的恩惠与发达国家的施舍。正如本书书名所言，在新一轮科技革命与产业变革的大潮中，我们需要更多的创新型企业挺立潮头，自立、自强！

2023 年 7 月

目 录

引　言

自主创新的历史透视

1. 自主创新与百年未有之大变局

2022年比亚迪以186万辆的销量（其中新能源汽车占比为99.4%），不仅超越了年销量131万辆的特斯拉，成为世界上最大的新能源汽车品牌，也超越了年销售量182万辆的一汽大众，成为中国本土市场最大的汽车生产企业。若干年后的中国读者可能会对类似的新闻习以为常：在作为全球制造业规模最大的经济体的中国，一个来自本土的轿车品牌成为其国内市场和国际市场的领头羊。然而大量长期关注中国自主创新、关注中国汽车工业的人在2022年至2023年岁末年初见证这一事件时，毫无疑问是心潮澎湃的。因为自从20世纪80年代中国采用“市场换技术”战略以来，长期以来没有本土自主品牌能够在销售排行榜上拔得头筹，甚至自主品牌的汽车企业长期都被消费者认为是主要靠低价来谋生存的边缘厂商；轿车产业中，“老三样”“中三样”“新三样”这些合资企业生产的引进车型长期主导中国国内市场的记忆似乎还并不遥远。在不少其

他产业中，如通信设备制造业（程控交换机和手机等），外资品牌也曾长期在中国市场上具有统治力，甚至一度在数字局用交换机设备市场上造成了“七国八制”的奇葩格局；华为和中兴等企业经历了长期的追赶和竞争，才逐步扭转这一局面。可以说，中国汽车市场在 2022 年的变局终于为 2005 年国家所确立的“自主创新”发展战略画下了一个阶段性的胜利标志。它是“百年未有之大变局”中一个不容忽视的强音。

然而，通过自主创新来构建中国本土产业竞争力的历程并没有就此胜利结束。自 2016 年特朗普政府执政以来，美国无理地制裁中国的高技术企业，并在 2018 年正式打响针对中国的贸易战，单方面强行对中国实施科技“脱钩”。其中，自 2018 年 3 月开始到 2022 年年底，美国合计将近千家中国企业和科研机构列入了各种管制与制裁清单，包括美国工业和安全局实体清单、军事最终用户清单、未经验证清单、特别指定国民清单、非特别指定国民中国军工复合体企业清单等，蛮横地阻断了这些实体参与全球供应链与国际科技交流的渠道。特朗普政府还于 2018 年发起“中国行动计划”（China Initiative），对被美方认定向中国输出科技信息的科研人员开展调查。尽管这一计划在 2022 年 2 月由美国司法部宣布终止，但它给部分科研人员造成的困扰依然存在。

对于习惯了中国加入世贸组织后十多年通过外贸出口实现快速增长，并且在潜意识里一直视其为常态的评论家们来说，过去五六年中美关系的实质性变化更像国际政治经济局势的特

殊情况。然而，事实可能并不是这样的。即便不去历数 20 世纪 80 年代末到 90 年代末中国外部经济环境的复杂变化，哪怕只是将目光投放到特朗普上任之前的美国政府，我们也可以发现美方针对中国企业在高科技领域和战略性部门的投资活动的打压早就开始了。早在 2008 年金融危机之后，美国外国投资委员会（Committee on Foreign Investment in the United States，CFIUS）就一改此前重点关注英国和法国等老牌竞争对手的做法，开始特别关注来自中国的并购申请，自此之后对与中国相关的并购否决持续成为每年 CFIUS 否决的案件之最。在美国 2011 年国情咨文中，奥巴马谈及来自中国（和印度）的科技竞争压力时，甚至直接使用了“卫星时刻”（Sputnik Moment）这一在美国政治生态中具有特别意涵的术语，来刻画中国科技和产业的崛起给美国带来的重大危机。事实上，奥巴马政府也毫不犹豫地在 2012 年就禁止美国本土电信运营商采购华为的电信设备，正式拉开了美国政府打压华为的大幕。

“中美贸易战”“中美科技脱钩”可谓 21 世纪迄今为止全球最重大的国际政治经济事件之一。美国单方面的打压严重扭曲了中国高科技企业的外部环境，而且这一局面很可能不会在短期内发生本质性的变化。在这一背景下，中国大量高新技术企业无法依靠国际分工、通过贸易从国外获得技术产品与技术服务，中国高新技术产业面临关键技术被“卡脖子”、供应链遭遇“断链”的困境。这毫无疑问是新时期中国创新发展所面

临的新的严峻挑战，它也要求中国工业的自主创新不应也不能在阶段性的成绩面前停下脚步，我们亟须在新的环境下继续自我革新，通过构建自立自强的创新体系来成功地突破外界的强行限制。在这一背景下，中央提出要构建社会主义市场经济条件下关键核心技术攻关新型举国体制，2023 年在国务院机构改革中又专门做了针对性调整，并组建中央科技委员会，吹响了新征程的号角。

2. 对自主创新的历史透视

事物普遍带有两面性。一方面，美国对中国的单方面打压为中国工业创新发展塑造了极其不利的外部环境；另一方面，如果从美国的视角来看打压中国是符合美国核心利益的，那它恰恰就说明中国的崛起的确挑战了美国在世界经济体系中的主导权。那么，在过去二三十年里中国自主创新崛起的经验就非常值得总结和归纳。当然，我们还能从中挖掘出第三方面来，即如果美国认为它现在对中国的打压在时机和手段上是合理可行的，就说明中国现阶段的创新系统尚存明显不足。那么，中国在哪些方面尚未完成创新转型就是我们当前迫切需要探究的。想要深刻理解相关问题，我们就必须回溯自主创新起源的经济社会背景以及自主创新企业崛起的机制与过程。

熊彼特等创新研究的先驱者早就指出，真实世界中的创新活动在根本上有异于主流经济学所做的假定，即企业的行为模式是在给定的约束条件下优化自身行为以获得最佳收益。创新

的“行为优化”的本质在于“创造性破坏”，是企业通过自身的创造性行为不断地挑战它所面临的约束条件。因此，创新竞争要求企业组织在面临资源约束以及在不充分的信息条件下，依然要为创新活动配置资源和动员组织成员，并长期贯注于创新活动的经验积累，以创建自身的竞争能力，从而持续动态地改变竞争的约束条件。这就意味着，如果要辨析不同的战略实践是否具有发展本土工业技术能力的潜力，我们可以将企业的组织系统作为分析焦点。本书的中心任务就在于为读者理解中国自改革开放以来的工业发展历程提供一个以“组织技术学习系统”为中心的分析框架，并以此为主线分析中国在 20 世纪 80 年代走上“市场换技术”战略的历程，揭示自主创新企业崛起的机制和过程。在理论上，本书的分析依托于创新研究中的“创新型企业理论”，即通过分析企业的长期战略承诺、组织整合和激励机制来研究它们能否成功构建长期技术竞争力。

本书认为，在过去 40 多年中，中国工业的快速发展得益于两轮重要的转变，分别是从计划到市场的转变以及从“市场换技术”到自主创新的转变。在这两轮转变中，中国都在资源条件存在明显困难的背景下，抓住了国际政治经济的结构性矛盾所带来的机遇。在 20 世纪 70 年代末到 80 年代，中国抓住了西方资本主义国家对内激烈竞争、对外与苏联对抗的有利时机，通过改革开放来执行“市场换技术”战略。在 90 年代，中国自主创新企业则是抓住了西方国家在激烈的国际竞争后，

巨型企业衰落、走向“去一体化”，大量专业技术型企业开始到未经充分开发的发展中国家寻找市场的机会，通过动员国内和国外多种资源发展了起来。

学习型组织，或者说企业的“组织技术学习系统”能否满足发展本土技术能力的需要，是以上两轮浪潮演变和接替发生的根源。在“市场换技术”实践中，中国工业成功地抓住了与发达国家工业对接的机会；得益于政策性资源倾斜，通过与跨国公司组建中外合资企业的方式，中国制造业迅速提高了装备水平和管理规范水平。中国企业得以嵌入全球性的供应链中，从而实现了生产能力的快速扩张。然而在这个过程中，外方的长期目标与中方通过合作实现本土工业技术能力成长的愿景并不一致。由于当时人们对创新型企业和市场机制等对象的认识并不深入，外方合作伙伴得以通过一系列手段在组织安排和资源配置上限制合资企业形成面向创新的组织整合和长期资源投入；外方合作者还通过强调组装生产合资品牌产品所带来的“可见”的中短期收益，使中方企业逐步背离了兼顾长期技术能力成长的战略初衷。

自主创新企业与“市场换技术”企业最根本的不同则在于“组织技术学习系统”。自主创新企业面临同样艰难的资源条件，甚至在早期并未得到国内的政策支持。自主创新企业的崛起，在宏观上体现为中国在政治经济体系中已经形成的强烈自主意识对“市场换技术”未能促进本土工业技术能力深入发展的不满，具体表现为在长期工业发展中成长起来的大批工程

师、科研人员和民间企业家自发踊跃地寻找自我价值实现的机会，寻求开创新的工业模式。在中微观层面上，自主创新企业的崛起需要一批又一批敢于冒险的创新者率先打破当时的制度约束去试探可行的组织模式。自主创新企业成功的核心在于通过明确的长期战略承诺来动员组织，并在实践中将部分决策权下移到真正面对开发任务的工程师团队，使他们得以有效地利用国内外各种技术资源，通过在实践中不断完善组织整合的手段来构建企业内生的技术能力。在这个过程中，中国工业甚至第一次出现了“工程师主导型”企业群体崛起的现象，并在本书所研究的两个产业内出现了华为、中兴、比亚迪、吉利等一批具有国际知名度和竞争力的企业。在本书的研究范畴之外，同样涌现了诸多创新型企业，如京东方、南瑞继保、青岛四方、中车、三一重工等。这些企业组织的诞生与发展及其所创造的经验是中国持续获得创新竞争力的根源。同时，它们的努力也成功地推动了 2004—2005 年的“自主创新”大讨论，并最终推动了国家发展战略朝着“自主创新”发生重大转型。

本书强调，企业家也罢，政策决策者也罢，人们的认知都具有时代局限性。本书尝试下沉分析视角，尽量真实地呈现不同时期的决策者如何为破解中国工业的困境努力寻找出路。从这一视角来看，“市场换技术”和自主创新虽然是两种相互竞争的发展战略，但它们在推动中国工业发展的历史长河中又共享着相似的民族意志。在中国社会每一次遭遇重大困境时，都有奋斗者和改革者挺身而出，甘愿做在迷雾中撞得头破血流的

探路者。

而如今我们所见证的“百年未有之大变局”则为中国工业再次塑造了激荡的国际政治经济环境。西方国家是在自身国际经济体系出现结构性问题时拥抱了中国，那么当中国的创新发展超出了它们的预期和掌控范围后，美国单方面“脱钩”，企图以此来制约中国的发展，就是不难理解的事情了。对于中国而言，国际政治经济局势的深刻变化，事实上向我们呈现了一个更大的“工业创新组织系统”的问题。在现代工业经济复杂的分工体系下，创新必须深入地扎根于不同企业、产学研不同主体持续且深入的互动中，所以关键技术被“卡脖子”的问题事实上反映的是中国的工业共同体缺乏有效的组织协调机制，中国未能在相应的关键技术领域形成有效的互动机制以发展相应的技术能力。要想从根本上解决“卡脖子”的问题，就需要通过国家的力量来超越市场机制，克服企业个体集体行动的困境，构建不同市场主体之间的有效衔接和互动机制，在突破核心技术瓶颈的同时，塑造出“有组织性”的本土创新市场机制。

本书着眼于中国企业及制度层面的战略转型，通过对汽车和通信设备两个产业的深入分析来阐述中国本土创新型企业的成长路径。历史上，正是这两个产业的自主创新企业的崛起，帮助中国开启了有关产业政策转型的社会大讨论，并最终促成中国产业政策范式向“自主创新”转型。本书通过对吉利、奇瑞、比亚迪、华为、中兴和大唐电信等企业开展案例研究，尝

试阐明它们与其他本土企业的行动差异，着重分析它们是在什么样的社会条件下发展起来的。本书将帮助那些对中国创新型企业崛起感兴趣的读者更好地理解中国工业发展的动态演进过程，并帮助他们探索中国现阶段创新转型所需要完成的重要任务。

3. 写作动机：中国工业和中国工业人的历程

我在 2020 年由劳特利奇（Routledge）出版社出版的 *Innovation and Industrial Development in China: A Schumpeterian Perspective on China's Economic Transformation* 一书中曾经向读者讲述过从政策角度来研究中国工业对于我个人的重要性。事实上，自从接手了路风教授的“全球视野下的中国工业与经济发展”这门面向北京大学全校本科生的通识核心课之后，每年在课程的第一讲中，我都会给同学们讲述工业研究对于我个人的重要意义。

我本科就读于清华大学机械工程系。与 20 世纪 90 年代中期的大部分大学生一样，我在进入大学之前，几乎没有离开过自己的家乡广西。通过高考，我考进了高水平的大学，成为当年该系 120 名新生中的一员，开始接受全面、繁重且严格的学科训练。例如，前些年在资本市场上风靡一时的 3D 打印，事实上在 20 世纪 90 年代时我们就已经开始接触了，只不过当时人们还很朴素地称之为“增材制造”或“激光快速成型”。

然而，与我们所接受的紧张且严格的训练不相称的是当时

工程类大学生黯淡的就业前景。当时，“市场换技术”实践盛行，中国工业对产品开发和复杂技术的人才需求很小。不负责任地说，当时可能是中国的工程技术人才所面临的一段长夜。虽然我们早早就被系里告知，本系毕业生在就业市场上的供需比是1∶14，意思是每个毕业生平均会有14个用人单位在等待。但这些潜在的雇主要么是体制内已经困境重重的老牌国有企业或科研机构，要么就是中外合资企业或跨国公司在中国的办事机构。后者通常能提供高于当时中国平均收入水平的工资，但它们提供的职业前景往往是工厂管理人员、质量控制工程师、售后经理、贸易代表、公关经理等。简单地说，它们要的主要是我们所在大学的名头，而不是我们通过四年的艰苦学习所获得的专业知识。

这个“长夜”中的困境戏剧性地反映在毕业生的就业去向上。一方面，我们当中一些毕业生选择出国留学，这部分人可以成为世界知名大学的博士生，然后在发达国家获得工程师或优秀科学家的职位，兑现他们身上的知识的价值；另一方面，在国内相关行业，我们通过努力学习获得的知识似乎并无用处。我在2020年的时候做了简单且不严谨的统计，发现在全年级120名同学中，只有10％～15％的人留在机械相关行业发展事业；更多的人选择离开工程类行业，转而成为跨国公司的经理、金融家、咨询公司专家、码农、互联网创业企业家、政府官员等，他们都能在各自的领域中发挥自身的价值。

虽然我在大学四年级一开始就获得了清华大学新设立的公

共管理学院的免试研究生资格，然而彻底改变我志向的则是大四冬天的工厂实习经历。我和我的四个同学去了广东省佛山市一家位于远郊高速公路边上的铸造厂。工厂大概有 2 000 名工人，大部分是来自湖南、江西、广西、贵州等省份的中年女工。工厂主要生产下水道金属件，尤其是三通管。工厂经理告诉我们，他们的产品在全球市场都享有盛誉，甚至连纽约时代广场的下水道也使用了他们生产的三通管。

生产过程简单粗暴，高炉生产铁水、铸造、锻造、车削以及喷漆等大部分工艺都需要由工人们手动完成。这批女工几乎是世界上最好的工人，无论是近距离完成铁水浇铸还是操作机器锻压铁块，她们始终毫无怨言，哪怕完成从铸造到喷漆整套流程，整个班组只能分到 2 角/件的收入。工厂为工人们提供的生活条件极差，午饭只有糙米、泡菜和猪皮，以至于我们当中一位同学一度宁愿每天步行 40 分钟下山到公路交叉口唯一的餐馆去吃饭。我们另外四人时不时也会同往。即便在这样恶劣的条件下，女工们依然有非常高的工作热情。为了获得更高的收入，虽然工厂惯例是早上 7 点钟开门，但她们在 6：30 就早早地到达了工厂，希望经理能提前打开车间让她们开始上班。

整个实习过程对于我们来说是无聊的，因为毫无疑问我们的知识对工厂、对女工毫无用处，事实上我们也自觉地尽量不给工人添乱。唯一兴奋的人是经理，他是整个工厂少有的西装革履的人，他每天都热衷于跟我们聊天，给我们传授毕业后为

人为商的成功之道。

导致我最终“崩溃”的是结束实习的时候，我个人决定去跟一直沉默相处的“工友们”告别。这次开口交谈让我意外地发现，工友们的年龄普遍都在16～22岁，很少有人超过25岁。然而，她们的脸却已经被长时间的辛苦劳动雕刻，但她们甚至都不认为自己应该对此有所抱怨。意识到这些人几乎与我一样大让我备感挫败，在另一个场合，我们甚至可能是朋友、同学或玩伴，然而，现实的反差让我不知所措。“一个可能的我（工厂经理）”和“2 000个可能的我（农民工）”之间的强烈对比对我的价值观产生了巨大的影响。我终于开始直面这样一个事实，即在当前的情境下，即便是成为一名工程师也难以从根本上改变这“2 000个（乃至更多）可能的我”的生活。因此，我彻底抛开了机械工程，转向学习公共政策并尝试寻找参与改变现状的可能。而后，当我在2003年收到路风教授的邀请去研究中国工业和工业政策时，我立刻就意识到这就是我想做的，也是我应该做的。

对我来说，参与工业和工业政策的研究是我个人参与中国工业实践的方式，也是我自我实现的形式。这种经历让我更深入地理解自主创新企业的崛起可能为中国经济社会带来的变化。因为本土工业只有持续地升级，才能为更多的人提供体面的工作。事实上，很早就进入中国的跨国公司普遍在2005年之后才在中国设立研发机构，也正说明了这一点。在此之前，它们主要将中国看作廉价的生产制造资源的提供地和人口庞大

的消费市场，只有在华为、中兴、奇瑞、吉利和比亚迪等中国自主创新企业崛起之后，它们才开始对中国的工程技术人力资源进行重新“估值”，才开始利用中国工程技术人员的“人口红利”。这种转变既来自它们受到了自主创新企业组织模式的启发，也来自它们不得不回应自主创新企业带来的竞争压力。

当然，成为一名公共政策研究者并不能直接改变中国工业的面貌。事实上，我的工作主要是将他们的奋斗转化为政策分析语言。从这一点来说，是无数具有“不信邪”“不怕鬼”的创新精神的企业家、工程师和政策决策者共同完成了本书所讲述的历史。这本书的材料基于我从 2003 年开始，在 20 年中进行的超过 500 次的个人访谈，受访者主要是工程师、企业管理者、工人、学者和政府官员。其实，我更渴望将来自己有机会写一本关于自主创新过程中个人故事的书，因为在工作中，我们遇到过太多令人振奋、令人感动或者令人遗憾催泪的人物和故事：我们见到过东北的老国企，在遭遇巨大的困难时召开了全厂员工大会，最后全体员工一致同意大家利用业余时间自己动手义务劳动去修建新工厂；研发国内首台万门交换机的科学家，为了获得电子元器件，多次坐绿皮火车到深圳中英街的二手元器件市场淘宝，甚至一度在火车上被人误以为是“盲流”；1992 年，深圳一位电信设备公司的老板站到了公司楼顶，努力说服自己不要跳下去，最终还是勇敢地回到公司去面对困境；1997 年，一位李姓企业家参与了自己企业第一辆车型的

设计，但当时他手里的"设计工具"只有游标卡尺；同样是在1997年，一位参与奇瑞早期创业的骨干，因为被"造车梦"所吸引，决意离开自己的妻儿和稳定的工作从石家庄南下，却在火车开动后突然号啕大哭；1999年，中国台湾地区发生"9·21"大地震，代表奇瑞到台湾福臻模具公司监督模具开发的一汽退休老工程师，在地震发生的第一时间毫不犹豫地扑到了模具上，用身体来保护企业"自主开发车型的希望"；2001年，大唐信威的工程师在大庆油田建造了－40℃环境中的基站，因为当时主流市场已经被跨国公司占据，他们只能在如此恶劣的自然环境下才有机会尝试布局SCDMA的网络设备；2003年，一批华为工程师在香港SUNDAY电信公司的设备机房里打地铺，等待着后半夜利用设备的闲暇时间来调试华为卖出去的第一批3G设备；等等。

在推动中国自主创新过程中无数不畏艰难的实践者，才是本书真正的作者。

第一章
从“市场换技术”到“自主创新”

只有聚焦于企业在工业技术探索过程中的战略承诺、组织动员和管理制度，我们才能更好地理解发展中国家的企业如何克服追赶障碍，并最终从全球创新竞争版图的边缘迁移到中心。

2018年以来的中美贸易冲突，使得中国产业创新能力的增长在全球范围内广受关注。中美贸易冲突为分析中国过去20年产业能力的提升创设了一个有趣的讨论背景。中国当前所面临的国内外形势与20年前截然不同。早在20世纪90年代末，彼得·诺兰（Peter Nolan）和王小强等学者就认为，中国大型企业与国际同行相比竞争力明显偏低；他们当时悲观地认为，加入世界贸易组织（WTO）后所面临的激烈竞争将摧毁中国大部分大型企业，而这将使得中国工业经济更加脆弱。[①] 实际上，当时中国国内正经历国有企业下岗潮，约有

① NOLAN P, WANG X Q. Beyond privatization: institutional innovation and growth in China's large state-owned enterprises. World development, 1999, 27 (1): 169－200.

2 550 万国有企业职工下岗，给中国社会带来了巨大冲击。[①] 然而在不到 20 年的时间里，中国开始在一系列产业中显示出强大的技术创新能力，并自 2010 年起成为世界第二大经济体。2011 年 1 月 25 日，奥巴马在国情咨文中明确指出，中国（和印度）的快速发展使得美国面临一个“卫星时刻”（Sputnik Moment）[②]，即在科技领域保持竞争力的重大危机。2018 年，时任美国总统唐纳德·特朗普在宣布对中国加征关税时称，中国在工业和技术领域是极强的竞争者。为了加强自己的观点，特朗普还特别强调，“中国制造 2025”是一个雄心勃勃的计划，而该计划的目标就是全面超越美国的技术优势。拜登政府执政期间，由民主党（执政党）2021 年在参议院力推的《创新与竞争法案》（Innovation and Competition Act）更是将中国当作头号竞争对手，“中国”在该法案中累计出现了 49 次。2022 年 8 月最终通过的《芯片与科学法案》（CHIPS and Science Act）中，美国更是直接将中国看作自己在芯片、人工智

① 《朱镕基讲话实录》编辑组．朱镕基讲话实录．北京：人民出版社，2011；石建国．1998—2000 年国企改革的回顾．百年潮，2017（1）：71－78.

② “卫星时刻”一词具有标志性意味，它的出现要追溯到 1957 年 10—11 月，当时苏联出人意料地接连成功发射了人类历史上第一、第二颗人造地球卫星——斯普特尼克 1 号（Sputnik 1）和斯普特尼克 2 号（Sputnik 2）。而美国为此做出的回应，即在 1957 年 12 月由美国海军发射的“先锋号”火箭，竟然因为准备仓促而在万众瞩目之中失败了。苏联连续成功发射卫星的事实，使得美国民众认为他们此前对苏联科技水平的判断是错误的，并就此产生了关于国家安全的巨大恐慌——因为在第二次世界大战中，德国在多个领域的科技水平也要高于美国。自此，“卫星时刻”一词就在美国政治社会生活中被赋予了“事关国家安全的重大危机”的意涵，常常被政客用作发动社会动员的标志性术语。

能、机器人和量子计算方面的头号竞争对手；为了与中国竞争，美国国会在此法案中提供了高达 2 800 亿美元的拨款，其中光提供给芯片业的补贴和税收优惠就达 527 亿美元。而同样是在 2022 年 8 月通过的《通胀削减法案》（Inflation Reduction Act）中，美国承诺将提供高达 3 690 亿美元的补贴，以支持电动汽车、关键矿物、清洁能源及发电设施在美国本土的投资与生产。美国面临中国正在主导全球电动汽车产业发展的局面，为了重新夺回它在相关领域的绝对竞争优势，不惜损害其欧洲盟国和韩国的利益，更不惜打破长期以来美国舆论中营造的美国政府不干预市场竞争的“神话”，也要执行这项在美国国内被称为“自罗斯福新政以来最大的产业政策”的措施。①

年轻的读者们不一定会意识到，如此剧烈的变化竟然是在不到 20 年的时间内发生的：20 世纪 90 年代末，中国的制造业体系被国际评论家们认为是脆弱的、缺乏技术竞争力的。甚至西方一面对我们加入 WTO 设置各种障碍，另一面又替我们“深感担忧”。然而，在 20 年之后，中国却被世界头号资本主义强国视作最主要的竞争对手，被认为是拥有前沿技术能力的挑战者。在 2019—2021 年曾担任美国国家安全委员会中国事务主任的丽萨·托宾（Liza Tobin）表示：“美国必须要‘醒

---

① BADE G. A sea change：Biden reverses decades of Chinese trade policy. POLITICO，(2022－12－26) [2023－01－05]. https：//www. politico. com/news/2022/12/26/china-trade-tech－00072232.

悟’——中国已经超越模仿，正在创新，并正在稳步地实现自己的发展抱负。”[①] 当然，美国政客出于国内政治诉求渲染中国威胁时，难免会刻意夸大中国工业的创新崛起，但世界在20年前后对中国工业经济竞争力鲜明对比的态度是毫无疑问的。在政治学和发展经济学领域，学者们发展出“中国模式”[②] 或“北京共识”[③] 等特定概念来解释中国故事和中国经验。然而这些用以描述中国宏观经济与社会治理手段的概念并没有真正阐明，中国工业和中国企业在这20年间到底发生了什么。1992年之后，中国就已经进入持续的高增长阶段，但为什么世纪之交时中国的工业依然被国外观察者们认为是极其脆弱的？又是什么原因使中国的工业能力在后来获得了实质性的提升？中国的政策决策者和工业实践者在不同的时期分别做了哪些努力？本书主要基于中国汽车工业和通信设备行业的转型展开讨论，从而尝试为今天的读者解答为什么2005年会发生关于中国发展政策的重大转型，转型所要解决的难题和推动转型的动力分别是什么，它又如何重新塑造了中国工业发展的

---

① BADE G. A sea change：Biden reverses decades of Chinese trade policy. POLITICO，(2022-12-26) [2023-01-05]. https：//www.politico.com/news/2022/12/26/china-trade-tech-00072232.

② BELL D. The China model：political meritocracy and the limits of democracy. Princeton，NJ：Princeton University Press，2015；BRESLIN S. The “China Model” and the global crisis：from Friedrich List to a Chinese mode of governance?. International affairs，2011，87 (6)：1323-1343.

③ HALPER S A. The Beijing Consensus：how China's authoritarian model will dominate the twenty-first century. New York：Basic Books，2010.

格局。这些讨论对于我们理解中国今天面对被美国在诸多领域利用关键技术“卡脖子”的困境和解决问题的道路选择又有哪些启发？这些讨论强调，中国创新型企业出现的关键是制造类企业中以工程技术人员为主导的组织模式的兴起，该种组织模式的兴起能将资源更有效地投入开拓性的技术学习过程中。而我们今天要寻找解决“百年未有之大变局”下中国创新发展困境的道路，潜在的答案也应当遵循相似的逻辑，即要构建面向具体产业发展问题的组织间的协作机制，从而将企业、科研机构和政府共同动员起来，以组织性的协作努力将资源投放到构建自主可控的产业链和创新链中去。为了理解在2005年“自主创新”政策转型中以工程技术人员为主导的组织模式是如何撬动中国工业部门的发展转向的，我们需要深入研究变化前后的运转模式和相应的社会条件。

本书尝试对中国自20世纪70年代以来的工业发展历程做一个简要的回顾，尤其聚焦于自80年代以来“市场换技术”政策及实践的发生发展，以及随后陆续酝酿并最终在2005年前后得到全社会认可的“自主创新”浪潮。本书会涉及对自20世纪70年代末以来一系列国家政策和企业发展历程的分析，然而本书分析的意图并不是评价不同行为者的“功与过”——这既非本书的本意，也并非本书能胜任的。本书的意图在于刻画并分析中国工业在历史的迷雾中持续探索、尝试找到发展出路的过程。中国对工业发展道路的摸索，是在国际政治经济局势变化和国家对经济体制进行深刻改革的背景下开展

的，因此不同的方案自然都受到了当时国际合作伙伴和竞争对手的影响，受到我们对市场经济和现代企业制度的认识的影响。不同的行动者，包括政策制定者与各类企业，都在以自己的方式摸索“怎么样建设创新型企业”“如何促进中国工业规模与技术能力双重发展”。以历史性的演化视角来看，所有的教训与经验都有其阶段性，而我们也势必会在新的发展阶段遭遇新的问题和挑战。

1. 政策转型：打造“自主创新”概念

科技部在 2004 年向党中央呈交的《发展我国自主知识产权汽车工业的政策选择》报告被不少人视作推动中国发展战略在 2005 年向“自主创新”转型的重要文件。这份报告是科技部 2003 年秋委托北京大学政府管理学院路风教授团队针对中国汽车产业发展情况调查研究课题的成果。该团队在 2003—2004 年开展了一系列深入的实地调研，分析当时流行的“市场换技术”路线所存在的关键问题，并着重介绍了当时尚在主要决策者视野之外的三个自主创新企业，即哈飞汽车、奇瑞和吉利。课题研究报告指出，“市场换技术”政策实践下兴起的中外合资企业并不真正从事产品开发工作，反而使得中国工业原有的自主产品平台被抛弃，抑制了本土自主创新能力的孕育与发展；相比之下，正在崛起的自主创新企业虽然在资金、品牌等方面都明显居于劣势，但它们却依靠积极的技术学习战略在与国际巨头的激烈竞争中得以生存。因此，相较于当时盛行

的“市场换技术”的失败实践，本土创新者的经验能够为中国的工业发展提供一个新的范本。

中央决策者高度评价了科技部递交的这份报告，并将报告批示给相关部门，要求其进一步分析并落实。在时任部长徐冠华的领导下，科技部推动了全国范围内关于中国发展战略的大讨论。首先，科技部委托了更多涉及不同行业的调研项目，无论是电信标准、工程机械还是关键零部件，越来越多的调研报告都揭示出相似的结论。其次，面对其他部委的不同声音，科技部组织了各种形式的会议以促使这场政策辩论不断升温。此前，“世界工厂”模式给中国经济带来的快速扩张，使众多官员和学者认为中国可以持续从外国直接投资（FDI）中获益。而当时不少大型国企的领导对自主创新这一提法也顾虑颇深，因为大型国企的主要经营收入来自与跨国公司的合作。科技部组织的各类辩论激发了各产业内部的讨论，随后大量媒体的加入使得这一讨论实质上公开化了，引发巨大社会反响，这反过来又推动了国家发展战略的根本转变。

2004 年 12 月，胡锦涛总书记在当年的中央经济工作会议上强调了自主创新的重要性。他提出，提高自主创新能力是推进经济结构调整的中心环节。很快，在 2005 年国务院印发《国家中长期科学和技术发展规划纲要（2006—2020 年）》，“自主创新”成为其中的关键词并正式上升为国家战略。在 2006 年的全国科学技术大会上，《国家中长期科学和技术发展规划纲要（2006—2020 年）》所制定的政策举措正式开始落实。

“自主创新”战略与此前在中国发展战略中占主导地位的“市场换技术”政策形成了鲜明对比，其在《国家中长期科学和技术发展规划纲要（2006—2020 年）》中的核心地位表明了一个重大的政策转型，一些评论家甚至将其视为一次“政策范式转变”。作为一项中长期计划的纲领性文件，《国家中长期科学和技术发展规划纲要（2006—2020 年）》是其他各类五年计划工作的总揽性指导。在颁布《国家中长期科学和技术发展规划纲要（2006—2020 年）》之后，中央政府还召开全国科学技术大会，该大会事实上成为“自主创新”战略的全国性动员的手段。围绕“自主创新”，中国进行了一场彻底的社会动员。中宣部、科技部共同组建了自主创新报告团，报告团成员包括创新型企业代表、知名科学家、政策制定者、相关学者（如路风教授）等。报告团主要面向各地政府官员和国有企业领导宣讲自主创新对于国家战略的重要意义，也介绍了中国本土的创新型企业（自主创新企业）的具体做法。一年后，各省级政府也组织了报告团，在地方进一步传达中央的战略意图和自主创新企业的先进经验。这些工作使得政策转型变得不可逆转，自主创新开始成为中国各级政府制定经济规划的重要指导，国内的其他企业尤其是国有大中型企业都开始着手学习自主创新企业的经验以加快本土技术能力的构建。

随后，中央政府颁布了一系列政策，以此来激励国内的创新，并推动经济发展方式的转型。许多国际学者或评论家也对这些后续的政策措施进行了广泛讨论，其中包括：2006 年国

资委对国有企业的创新评估①，2008 年国务院推动实施的《国家知识产权战略纲要》②，2010 年前后国务院颁布的一系列鼓励战略性新兴产业发展的政策③，2012 年党的十八大提出的“创新驱动发展战略”，国务院在 2015 年颁布的《中国制造 2025》及制造强国战略，等等。简言之，2005 年中国发展战略的自主创新转型形成了新的政策范式和话语体系，“自主创新”理念成为新的政策范式的核心。

2. 关键因素：自主创新企业的崛起

如前所述，科技部及相关学者的努力开启了自主创新的政策议程。然而，事实上对“市场换技术”的质疑和反对声并非首次出现，但此前的争论却未能有效推动政策范式的转变。这是为什么呢？本书认为，造成这一差异的根本原因在于自主创新企业的成功以及社会大众对此的认知。自主创新企业的崛起不仅为政策转型的讨论提供了更好的情境，也为突破原有政策

---

① CAI J，TYLECOTE A. Corporate governance and technological dynamism of Chinese firms in mobile telecommunications：a quantitative study. Research policy，2008，37（10）：1790—1811；GAO X D. Approaching the technological innovation frontier：evidence from Chinese SOEs. Industry and innovation，2019，26（1）：100－120.

② LI X B. Behind the recent surge of Chinese patenting：an institutional view. Research policy，2012，41（1）：236－249.

③ SHUBBAK M H. The technological system of production and innovation：the case of photovoltaic technology in China. Research policy，2019，48（4）：993－1015.

的局限指明了潜在方向。

对“市场换技术”的质疑早在20世纪90年代末就已见诸报端。关于汽车产业，《经济日报》资深记者程远等人自1998年起发表了一系列批评合资企业在本土技术和产品开发方面糟糕表现的文章。2000年，中国汽车工业总公司两位前总经理陈祖涛和李刚也意识到了这个问题。尽管他们此前一直是推动汽车产业实行“市场换技术”的关键人物，但当中国加入WTO的谈判进行到涉及汽车产业的政策条款时，他们二人分别向时任国家主席江泽民和时任国务院总理朱镕基写信，提醒中央必须要格外关注国产汽车品牌衰落这一重大问题。①

但是，在“自主创新”这一替代性方案尚未出现的情况下，批评者只能要求中外合资企业的外国合作伙伴加大力度培育中国本土技术队伍，或者要求合资企业建设本土品牌——尽管在不少合资案例中这些要求甚至是明确约定在中外合资协议中的，但这些要求依然无法得到积极回应。在“市场换技术”的政策实践中，中国国有企业对外国合作伙伴的技术依赖程度日益加深。积极倡导本土技术进步的政策制定者常常面临一个困境：他们虽然对本土技术发展能力的衰落感到不满，但又无法提出行之有效的能同时推动本土技术进步和经济发展的方案，而只能建议通过引进更多的技术来促进技术进步。2001

---

① 贾新光．大洗牌：中国汽车谁主沉浮．北京：机械工业出版社，2010：49－52.

年，在全国外资工作会议上，时任科技部部长徐冠华表示，鼓励与外国直接投资相关的技术进口是中国创新政策的关键内容。在同年的中国工业高科技论坛上，他又强调，中国自主创新的基础是“原始性创新”，而不是依赖技术进口。[①] 在高层决策者中，徐冠华以支持科技发展而闻名。他明确承认本土技术能力的提升对提高中国在技术引进谈判中的议价能力至关重要，并列举了一些典型案例；而这些案例都是政府科研部门的成果，都不是由“市场换技术”实践带来的。徐冠华很清楚“市场换技术”的缺陷：跨国公司不愿意在本领域培养出具有相当技术能力的本土潜在竞争对手。然而，因为当时国内并没有关于如何构建产业技术能力的有效战略，人们也不知道怎么搞才能有效地建成中国本土的创新型企业，所以他别无选择，只能继续强调外国直接投资对中国工业技术的贡献，并期望跨国公司在中国设立更多研发中心。[②] 像大多数支持国内科技进步的决策者一样，徐冠华在不同场合发言的矛盾性，反映了当时中国政策决策者们的困境。在 2005 年之前的十余年间，尽管没有任何证据表明本土工业技术能力在跨国公司的帮助下有所提高，并且各界已经出现了对“市场换技术”政策的质疑，但是由于嵌入全球生产体系的“世界工厂”模式还在持续推动中国经济总量的增加，各级政府官员依然将外国直接投资作为

---

① 贾新光．大洗牌：中国汽车谁主沉浮．北京：机械工业出版社，2010：49－52.

② 同①：108－109.

推动本土技术学习的手段。

本土创新者的崛起改变了这一现状。2002 年左右，中国自主创新企业开始活跃在国内主流市场。在通信设备制造业，中国两家领先制造商华为和中兴成为第三代合作伙伴计划（3GPP）的正式成员，并参与了正在进行的全球产业界第三代移动通信技术谈判。两家中国企业以大规模程控交换机和 2G 移动通信设备等具有竞争力的产品，在全球通信产业占据了一席之地。然而，由于中国国内的 2G 设备市场仍由跨国公司及其合资公司主导，当时国内社会并没有认识到华为和中兴的潜力。在汽车制造业，奇瑞和吉利开始大规模推出自主品牌的轿车产品。然而，由于这些新兴企业主要专注于低端市场，而且还被跨国公司以侵犯其知识产权的名义提起诉讼，它们在很大程度上仍然被国内社会简单地误认为是外国车型蹩脚的模仿者。

因此，我们不难理解为什么路风等人的报告对启动这一重大政策议程起到了关键的推动作用。这份报告填补了当时的社会认知差距：报告对合资企业的生产模式进行了详尽调查，从而表明为什么“市场换技术”的实践没有带来预期中的本土技术创新；报告同时也揭示了奇瑞、吉利和哈飞汽车三家新兴汽车制造商如何另辟蹊径，有效地组织开展自主创新活动。这份报告的传播更新了中国社会对“市场换技术”政策实践和自主创新发展模式的认识，给出了对中国版创新型企业的刻画与分析，由此加速了更广泛的社会观念的转变。

与“市场换技术”的做法相比，自主创新企业在开发新产品、发展新技术方面有显著差异。在开发新产品方面，截至2001年，在中国的轿车工业中，除一汽红旗之外的所有大型国企原有的本土轿车品牌都在“市场换技术”政策推行过程中被抛弃。即便是仅存的红旗品牌，其原有的产品技术平台也从1994年开始被一汽合作伙伴大众引入的奥迪100替代。而自主创新企业的崛起从结构上改变了原本由“市场换技术”模式下的合资企业所生产的“老三样”主导的市场，自主创新企业不断推出新产品以增强自身竞争力。这不仅促进了中国汽车产业的销量增长，而且改变了游戏规则。后来，跨国公司为了保住中国的市场份额，不得不向中国市场推出最新产品。2009年之后，中国本土汽车品牌的市场份额常年保持在30%以上。随着电动汽车产业的崛起，自主品牌在中国汽车工业中拥有了更大的话语权。2022年，比亚迪作为自主创新企业中的佼佼者，同时在两个赛道上夺得了“第一”：在新能源汽车这一细分市场上，比亚迪以销量多出55万辆的明显优势击败特斯拉成为全球最大的新能源汽车厂商；此外，根据中国乘用车市场信息联席会（简称“乘联会”）的数据，比亚迪在狭义乘用车[①]市场上以180.5万辆的销量超过一汽大众的177.9万辆，成为2022年中国国内最大的轿车生产企业。这是过去30多年

① 乘联会统计中的“狭义乘用车”指的是轿车、MPV和SUV；相对应的，“广义乘用车”是指“狭义乘用车”再加上微型客车（微型面包车）。在本书中，除非特殊说明，所用的“轿车”一词即指此处的“广义乘用车”。

以来在轿车市场上自主品牌第一次超越了合资品牌。比亚迪甚至连销售车辆的均价都超过了一汽大众、上汽大众、一汽丰田和东风日产这些老牌合资企业。而作为新能源汽车的领头羊，比亚迪的新能源车销量占其汽车总销量的比重高达 99.3%，相比之下一汽大众只有 4.8%（2020 年的数据）。此外，在 2022 年国内销量前五的汽车企业里，同样是自主品牌的长安汽车和吉利汽车也位居其列。

通信设备行业的发展则更为引人注目。在 20 世纪八九十年代，由于技术能力薄弱，邮电部所有的大型国有企业全部放弃了以前的交换机产品线，转而依赖外国合资伙伴。20 世纪 80 年代，中国的大型局用数字程控交换机（PDSS）市场被来自七个不同国家的八家跨国公司主导，人们称之为“七国八制”。这种市场结构甚至延续到中国 2G 移动通信技术发展的早期。直到巨龙、大唐、中兴和华为四大自主创新企业（被人们称为“巨大中华”）崛起，跨国公司的主导地位才被打破。2005 年前后，华为和中兴已在全球范围内成为具有竞争力的企业。它们的竞争力不仅源自其高性价比的产品，也来自其拥有的先进技术，而这些技术都是靠两家企业在研发和专利支出方面多年大规模投资支撑的。其中，华为根据 1998 年在企业内部通过的《华为基本法》，一直坚持将年销售收入的 10%以上的资金投入研发，长期的积累使得华为的技术能力得到长足发展。自从 2004 年挺进国际主流市场后，华为先是在 3G 时代通过关键应用技术上的创新在主流市场获得了生存空间，然

后在 4G 时代开始成为国际技术标准的制定者，到了 5G 时代，华为已经在标准制定及相关核心技术中拥有明显的优势。中兴通讯也同样跻身全球五大通信设备供应商之列。

回顾历史，正是对自主创新企业的社会性认知促成了围绕“市场换技术”和“自主创新”的政策大辩论，进而推动了政策范式的转变。政策范式转变的结果则使得创新型企业在中国获得了更好的生存环境，它们的经验也扩散到其他企业和领域，并重塑了中国的产业发展模式。

3. 解释支点：创新型企业的组织系统

本书致力于为读者提供一个从国家发展战略到企业技术学习与创新表现的系统性解释。其中，我们尤其集中于通过分析创新型企业的组织来刻画中国发展战略转变的必要性。从对发展中国家工业追赶的研究来说，传统的发展经济学缺乏剖析企业运作模式的分析手段，使得它无法辨析“市场换技术”范式下的“世界工厂”模式与“自主创新”范式下企业和产业运作模式的根本差异，也就无法解答人们关于本土技术能力成长方面的困惑。同时，中国采用“市场换技术”政策以及自主创新企业的陆续崛起恰恰与中国（国有）企业的改革是基本同步的，聚焦于工业企业组织系统的分析能帮助我们更好地理解不同制度环境对于企业的影响，由此能更好地剖析不同政策范式如何改变了企业的行为模式。

在动态企业理论中，早有大量经典作品阐述了企业的组织

制度维度与技术维度的关系。① 但是传统的发展经济学更关注发展中国家所采用的政策，尤其是关税政策、出口补贴政策等。部分有工业研究背景的追赶研究（catch-up study）则集中关注发展中国家工业企业所选择的技术发展战略和技术成长轨道。具体来说，传统研究工业追赶的学者更关注在全球合作与竞争的背景下，发展中国家的企业对先进国家的技术进行模仿、吸收、改进和积累的决策轨迹。② 在这一传统中，来自牛津大学的印度裔学者 Sanjaya Lall 的研究影响深远，他提供了一个关于发展中国家企业能力攀升的、阶梯式的分析框架——“阶梯式理论”。③

“阶梯式理论”事实上与中国“市场换技术”范式下人们常用的政策语言（即“引进—消化吸收—创新”三段式表述）非常相似。作为刻画发展中国家工业技术能力成长历程的术语，“阶梯式理论”无可厚非，但作为一种解释因果逻辑的理论框架，它是存在严重理论缺陷的，因为从动态能力观的逻辑基础来说，企业的组织能力来源于实践经验的累积④，所以只

---

① TEECE D J，PISANO G，SHUEN A. Dynamic capabilities and strategic management. Strategic management journal，1997，18（7）：509－533；NELSON R R，WINTER S G. An evolutionary theory of economic change. Cambridge，MA：Belknap Press of Harvard University Press，1982.

② ENOS J L，PARK W H. The adoption and diffusion of imported technology：the case of Korea. The international executive，1988，30（2－3）：23－25；NELSON R R，PACK H. The Asian miracle and modern growth theory. The economic journal，1999，109（457）：416－436.

③ LALL S. Learning to industrialize：the acquisition of technological capability by India. Basingstoke：Macmillan，1987.

④ NELSON R R，WINTER S G. An evolutionary theory of economic change. Cambridge，MA：Belknap Press of Harvard University Press，1982.

有对应的行为实践才能形成相应的能力。而在“引进”“消化吸收”“创新”这些环节中，人们并没有区分“组装生产技术”和“产品开发技术”。但理论家在刻画现象或者决策者进行政策效果推理时，往往将二者甚至多者混为一谈。例如，在“市场换技术”政策范式中，三段论式的政策逻辑刻画的是，当人们引进西方国家的先进技术开展本地化生产之后，只要勤学苦练就能完成对其产品技术的消化，进而吸收西方国家所拥有的产品技术。然而，这在理论逻辑上是错误的，因为只有产品开发的实践本身才能为其能力成长提供经验积累。一个依靠从国外引进产品图纸和生产设备从事本地化组装与生产的企业要想发展产品开发能力，就只能从外部（人力资源）市场获得相应的能力，这就需要依托本土国家创新系统的发展，或者通过企业提前投资布局，在相应的活动尚未赢利时就开始积累相应的经验。而这二者都涉及战略意志，无论是国家的战略还是企业的战略。

然而，人们的分析很难同时兼顾国家层面的战略、政策和企业层面的技术学习，学术研究中也难免存在类似的瑕疵。Michael Hobday 是研究东亚工业发展历程的重要学者，他的名著 *Innovation in East Asia* 描述了发展中国家的企业在嵌入全球生产网络后能力建设的潜在顺序，即从原始设备制造商（OEM）到原始设计制造商（ODM），最后到原始品牌制造商（OBM）。[①]

① HOBDAY M. Innovation in East Asia: the challenge to Japan. Cheltenham: Edward Elgar Publishing, 1995.

虽然 Hobday 本人并没有直接分析发展中国家的产品设计能力、系统集成能力如何从生产本地化活动中成长起来，但他的分析框架却暗含了这样的推理，即从 OEM 到 ODM 再到 OBM，前一阶段的经验积累支撑了后一阶段的能力成长。然而东亚及东南亚各国的发展实践却并非如此，能够从 OEM 演进到 ODM 的企业寥寥可数，而能够发展到 OBM 的企业更是凤毛麟角。相比之下，霍布德（Michael Hobday）的两位杰出同事贝尔（Martin Bell）和帕维特（Keith Pavitt），对全球化背景下发展中国家利用外来技术开展本地化生产的命运的刻画更接近于人们对过去 40 多年实践的观察。他们指出，随着信息和通信技术、复杂生产设备的发展，发达国家企业有更大的能力将技术的复杂性封装起来，从而使得生产制造与产品开发两类活动实质上分离。由此，大批通过从事生产制造活动嵌入全球分工网络的发展中国家企业有可能会被锁定在制造环节，而无法自动获得用以开发复杂产品和技术的能力。①

研究工业追赶的学者陆续意识到这一问题，韩国学者金麟洙在其名著《从模仿到创新》（*Imitation to Innovation*）中刻画了韩国汽车和半导体等工业的发展轨迹。他虽然沿袭了“阶梯式理论”将韩国工业的发展过程描述为一系列“技术引进—技术吸收—技术改进”的周期，但同时也强调了韩国企业利用危机进行组织动员在其技术进步过程中的特殊作用，即反复地

① BELL M，PAVITT K. Technological accumulation and industrial growth：contrasts between developed and developing countries. Industrial and corporate change，1993，2（2）：157－210.

进行组织重构，以促进形成新的生产和技术活动安排。① 而金麟洙和他的同事在对全球生产网络（GPN）的研究中也指出，发展中国家的确需要突破一些结构性的限制才能实现更进一步的能力升级。②

不过这些学者依然只是在企业战略层面讨论组织问题，即他们认为企业的组织安排、组织动员应该与发展任务相匹配。他们并没有进一步解释组织安排是如何阻碍或者促进发展中国家企业的技术能力积累的。当然，即便人们能够从发达国家的创新型企业中抽象出相应的“创新企业模型”来，发展中国家企业也无法通过简单地模仿其他国家的企业模式而发展起来。一则，适用于企业的组织模式受到企业内外环境的影响，而后者在不同的时代、国家、地区和产业存在明显的多样性③；二则，企业在发展过程中会形成内在的价值观和政治结构，导致企业的资源配置和信息筛选、信息传播的机制都有可能形成僵化，从而无法简单地套用外来的组织模式。④

---

① KIM L. Imitation to innovation: the dynamics of Korea's technological learning. Boston, MA: Harvard Business School Press, 1997.

② ERNST D, KIM L. Global production networks, knowledge diffusion, and local capability formation. Research policy, 2002, 31 (8 - 9): 1417 - 1429; HUMPHREY J, SCHMITZ H. How does insertion in global value chains affect upgrading in industrial clusters?. Regional studies, 2002, 36 (9): 1017 - 1027.

③ WHITLEY R. Divergent capitalisms: the social structuring and change of business systems. Oxford: Oxford University Press, 1999.

④ LEONARD-BARTON D. Core capabilities and core rigidities: a paradox in managing new product development. Strategic management journal, 1992, 13 (S1): 111 - 125.

聚焦组织系统对于突出中国企业改革这一关键主题也至关重要。当然，考虑到过去 40 多年间，国有部门与私营部门此消彼长的发展趋势，所有制改革是国有企业研究中最引人注目的议题。中国对企业治理模式改革的探索并非简单由意识形态驱动，改革者们一直都有明确的目标——为了取得更好的经济效果。中国本土企业在组织层面上面临的困境以及对更优组织绩效的追求，事实上一直都是中国企业改革与演化的重要问题。① 然而，与发达国家相比，中国是一个发展中国家，这意味着 20 世纪 80—90 年代时中国不仅在机器、设备、生产线等物理技术上落后于西方国家企业，在市场经济范式下如何有效治理企业、如何发展有效的政策手段等社会技术上，中国也缺乏经验，这二者的不足构成了严峻的挑战。在改革期间，中国的实践者不得不努力探索更有效的政策实践，企业组织管理模式也随着国家倡导的战略的改变而不断变化。自 20 世纪 80 年代中期以来，随着“市场换技术”政策的盛行，与跨国公司合作成为本土企业（特别是国有企业）治理模式现代化的一种流行策略。然而，绝大部分跨国公司都不是出于“促进后发国家与地区的技术能力进步”的美好愿望来到发展中国家的②，跨

① THIRLWALL A P. Economics of development：theory and evidence. Basingstoke：Palgrave Macmillan，2011.

② AMSDEN A H. Nationality of firm ownership in developing countries：who should “crowd out” whom in imperfect markets? //CIMOLI M D，DOSI G，STIGLITZ J E. Industrial policy and development：the political economy of capabilities accumulation. Oxford：Oxford University Press，2009.

国公司主要把它们与本土企业建立的合资企业作为由它所主导的全球生产网络的“成本杀手”。所以，在大多数情况下，跨国公司都杜绝其在中国的合资企业发挥真正的研发职能，并且切断在中国的制造单位与其他研发单位的直接联系。跨国公司的这些举措实质上使得中国本土企业中的开发工程师和技术人员被边缘化，即他们被置于整个企业资源配置决策的边缘，他们没有被委托去从事对于企业长期发展而言至关重要的产品和技术开发工作，或者他们得不到资源支持。相反，工程师和技术人员往往被安排到其他的业务部门去，或者被安排一些似是而非的、装点性质的样板项目。新兴的创新型企业中工程师作用的恢复和相关组织的重组，即开发型工程师在企业组织中的重新崛起，代表了中国向创新型经济的结构性变化。①

本书采用了全新的视角和分析框架来探讨“中国的创新”。它强调组织内部的权力分配及相关体制安排，而不仅仅是商学院常常强调的“公司治理机制”。组织系统在技术学习和能力建设方面的有效性，与其战略资源配置模式、组织成员的动员和知识积累的制度化密不可分。这一框架受到拉佐尼克创新型企业理论的启发②，它将企业内部资源配置的主导权争夺作为

① SHEN Q H，JIANG Z Y，FENG K D. Engineer-centered enterprise and context-based knowledge：the sources of Chinese competitiveness in grid equipment. Chinese management studies，2022，16（4）：765－786.

② LAZONICK W，WEST J. Organizational integration and competitive advantage：explaining strategy and performance in american industry. Industrial and corporate change，1995，5（1）：229－270；LAZONICK W. The innovative firm//FAGERBERG J M，MOWERY D C，NELSON R. The Oxford handbook of innovation. Oxford：Oxford University Press，2005.

一个中心问题。只有研究技术探索过程中的战略承诺、组织动员和管理制度，我们才能更好地理解发展中国家的企业如何克服追赶的障碍，并最终从全球创新竞争版图的边缘迁移到中心。否则，狭义的公司治理机制研究（如组织结构布局、激励制度安排、人力资源战略等）并不一定能解决发展中国家能力升级的难题，因为它们只是企业在激烈竞争中生存下来的必要条件。例如卢启文的研究就提供了一个很好的对比案例。① 他深入地研究了 20 世纪 90 年代中关村出现的多个重要的创新型企业（包括四通、联想和长城等），并将它们符合西方范式的现代公司治理机制建设看作这些企业成功创新的重要条件；然而，这些企业后来都放弃了以持续的创新来构筑企业竞争力的道路，而同样的现代公司治理机制也出现在大量被锁定在全球生产网络低成本制造环节的中国企业身上。由此，仅仅局限于管理技巧的考察是无法辨析不同企业的道路差异的。

本书强调要用更长远的视角来解释中国企业模式的转变，将中国的政策制定者和工业实践者们对创新型企业的探索过程放到中国的经济体制改革以及中国与西方国家所主导的全球化经济体系接轨的“双重转型”过程中来。关于转型过程中创新问题的研究，国内外的理论家们的讨论还非常不充分。因为转型过程涉及大量的“信息不充分”：人们并不拥有关于市场经

① LU Q W. China’s leap into the information age：innovation and organization in the computer industry. Oxford：Oxford University Press，2000.

济和创新经济的清晰的认识；怎样建设自主创新企业而不是仅仅被锁定在低成本加工制造环节，对于后发国家来说更是迷雾中的全新事物。转型过程不仅涉及社会资源的重新配置，而且涉及不同的行动者（无论是国内的还是国外的）对这一过程的认识的塑造，因此它既是一个创新研究的问题，又是一个重要的政治经济学问题。

主流的创新研究理论，基本上是学者们以西方国家相对稳定的创新经济体的经验为蓝本发展起来的。[①] 而关于工业追赶的研究，又主要是研究了后发国家利用发达国家的技术转移来完成工业化（industrialization）的过程；[②] 大多数追赶研究未能系统地分析在全球化时代“生产能力”和技术能力的分野，那就必然不能完全解答后发国家应如何完成转型以塑造本土在产品设计和复杂技术开发上的关键能力。[③] 比较政治经济学中

---

① UTTERBACK J M. Mastering the dynamics of innovation：how companies can seize opportunities in the face of technological change. Boston，MA：Harvard Business School Press，1994；TIDD J，BESSANT J R. Managing innovation：integrating technological，market and organizational change. Chichester：John Wiley，2009.

② SHIN J S. The economics of the latecomers：catching-up，technology transfer and institutions in Germany，Japan and South Korea. London：Routledge，1996；SHIN J S. The East Asian industrialization in the Gerschenkronian mirror：catching-up strategies and institutional transition. National University of Singapore Department of Economics，2002，208：1－42；LEE K. Schumpeterian analysis of economic catch-up：knowledge，path-creation，and the middle-income trap. Cambridge：Cambridge University Press，2013.

③ BELL M，PAVITT K. Technological accumulation and industrial growth：contrasts between developed and developing countries. Industrial and corporate change，1993，2（2）：157－210.

的发展型国家（developmental state）理论曾经很好地在理论上解释和提炼了东亚国家的工业化经验，然而随着东亚国家的产业活动从模仿追赶演进到前沿技术竞争，这一理论范式遭遇了明显的瓶颈。①

中国融入全球化的过程，同时也是中国改革计划经济体制、建立社会主义市场经济体制的过程，在经济上独立核算的企业对于20世纪80年代的中国而言是一个新生事物。考虑到这一背景，我们必须意识到，中国对创新型企业有效模式的追求事实上是一个在时间上被高度压缩的探索过程。改革本身不仅破除了计划经济体制和传统国营经济体制对中国工业发展的桎梏，也带来了异常紧迫的新问题：我们应当如何建设有效的创新市场经济体制和创新型企业？对答案的搜索则是在纷繁复杂的思想市场中展开的。尤其是随着中国对以西方国家为主导的全球经济体系的开放，包括跨国公司在内的各种行动者都以各自的思潮在中国争夺关于“现代公司制度”或者“现代管理手段”的思想市场。这就使得我们不仅需要分析跨国公司对中国企业改革的影响，也要考察不同企业形态之间的历史联系。同时，新中国成立以来积累的工业经验也起到了作用：无论是“市场换技术”还是后来的“自主创新”，我们都可以从中找到

① JOHNSON C. MITI and the Japanese miracle：the growth of industrial policy，1925—1975. Stanford，CA：Stanford University Press，1982；WADE R. Governing the market：economic theory and the role of government in East Asian industrialization. Princeton，NJ：Princeton University Press，2003.

改革前若干制度经验的遗产。[①] 而这些传统在 20 世纪 80 年代后，分别被不同的企业继承和发扬，并使得这些企业走上了不同的道路。因此，只有在更长的时间维度上，在分析企业组织系统演变的过程中引入产业与企业转型的社会经济背景，我们才能更好地理解为什么本书将这一转型称为中国“工程师导向型组织的兴起”。

当然，我们必须要指出，对创新过程产生重要作用的不仅仅是企业或者企业组织，否则学术界“国家创新系统”或“创新型国家”这些概念和分析工具就毫无意义了。企业是创新的主体，但并不是唯一的主体。政府及大学、科研机构、技能培训机构、金融部门等扮演的角色对于整个经济体的创新转型而言也至关重要。在诸多主体中，企业是将各种要素整合并最终完成创新的主体，这是它在创新中关键性的来源。然而，整个产业生态的变化，尤其是前沿的创新活动，需要其他要素的协同。事实上，过去十多年，尤其是在 2018 年中美关系发生变化之后，中国工业所面临的新挑战，包括产业链断供、关键技术被“卡脖子”等，正是源自中国工业所依托的、镶嵌于全球化之中的产业链和创新链被美国等西方国家人为撕裂。理论上，创建中国本土自主可控的创新生态需要相应的产业链、科

---

① 例如，一方面，在“市场换技术”范式大行其道之前，在中国部分复杂技术产业中，曾经存在过强调严格遵循从国外引进的产品设计的“原准法”；另一方面，中国企业又曾经有过进行广泛的组织动员的传统，这使得包括工程师和普通工人在内的组织成员能够成为企业开展技术学习的主体。

研和人力部门的协同转变，即需要这些参与者也都转变为创新型组织，需要科研部门有效地为本土产业的前沿创新服务。然而在后发国家，这种带有“预见性”的集体行动几乎是不可能发生的；各部门和产业链参与者会因为此前政策、战略的惯性而陷入路径依赖。尤其当中美变局的时机和阵地主要都是由美方来选择的，中国的产业界和政策决策者们更像是猝不及防地不得不直面这一挑战。因此，在发生重大转变时，往往也只能是少数自主创新企业通过企业自身的努力，以纵向一体化的方式尽可能地扩大技术覆盖范畴，从而为自身以及中国本土的创新生态转型赢得更多的时间。然而，要从根本上解决问题，建设自主可控的产业链和创新链，依然需要我们超越单个企业组织，在产业共同体内部完成一场面向产业发展重大问题的创新型协调机制的革新。这将会成为中国完成创新转型的关键。

4. 世界体系变化：中国工业发展的脉络

以企业组织为视角的另一个重要价值，是为我们呈现更大的历史性过程提供一个庖丁解牛的工具。相比新中国成立之前中国在工业领域的尝试，新中国系统性地加快了本土的工业化过程。然而，工业该怎么搞，尤其是需要大机器生产、需要复杂的劳动分工和社会分工的现代工业该怎么搞，我们预先并没有完美的答案，世界上也并不存在完美的答案。新中国成立初期的工业化及其企业组织形式，在很大程度上受到了苏联的影

响。无论是研究所、设计院与生产性企业分离的“科研—生产”两部门责任体制，还是强调指令式的“专家治厂”“一长制”管理体制，都有苏联模式的痕迹。在 2005 年前后的“自主创新”政策大讨论中，就有一汽的老工程师很委屈地跟笔者表示，一汽厂本部的产品开发能力是有先天缺陷的，因为本部只有负责图纸管理的产品科，而产品科配置的开发力量非常有限——这一问题的根源部分来自一汽建设时所参照的原型，即苏联斯大林汽车厂的做法。① 当然，当时的领导者们意识到了其中的问题，新中国工业的先驱者进行了大量独立的探索和尝试，从 20 世纪 50 年代到 70 年代，“鞍钢宪法”、工业整顿等多轮不同的尝试，反映了人们在强调“群众动员”或强调“计划整顿”这两种思路时的差异。

从 20 世纪 70 年代末开始，中国在经济上改革开放，并推动工业与西方逐步接轨，这无疑为中国工业在组织形式和工业化道路上带来了新的影响。这一轮变化在国际政治经济关系上也有着深刻的时代背景。70 年代的美国因为深陷越南战争和

---

① 苏联的工业企业在组织体制方面受到了美国等西方国家的影响，它初期最重要的工业企业高尔基汽车厂正是以福特在底特律的汽车厂为范本而建设的，最重要的钢铁企业（即马格尼托哥尔斯克钢铁联合企业）同样委托了多个美国企业提供设计、建设和咨询服务。因此，学者们认为苏联在工业企业的组织体制上执行的是“福特式”的生产模式。在产品设计上，苏联不仅仅秉持着科研、生产相分离的做法，即由研究所、设计院来执行开发和设计功能，国营企业主要执行制造功能，更重要的是，苏联一直长期从美国等西方国家获得产品的设计原型，如早期到二战期间从福特、通用、克莱斯勒等获得产品图纸，而后期又从捷克等东欧国家的企业（如斯柯达）获得不少图纸。这使得它在大量民用工业品领域的产品开发能力与其当时的综合国力并不相称。

经济滞胀泥潭而在冷战中遭遇巨大压力，同时资本主义阵营内部以联邦德国和日本为首的国家制造业强势崛起，激烈的竞争导致美国和欧洲的失业率高企，欧洲和美国分别在70年代中期和80年代早期遭遇了罕见的通货膨胀。这些危机迫使美国不得不尝试将大量制造环节向海外迁移，以降低其产业链的整体成本，同时保持其资本投资的盈利率。① 相较世界其他地方，庞大的人口和承接高质量制造转移的潜力，都使得中国成为填充以西方国家为主导的全球经济体系空缺，缓解当时美国等主要资本主义国家危机的一条出路。换言之，并不能简单说是中国的发展搭乘了全球化的便车快车，而是中国由于双方的需要而成为这一轮全球化重要的组成部件。

因此，美国等西方国家从20世纪70年代末开始以资本和设备输出的方式接纳中国加入以它们为主导的全球经济体系，有其在政治、地缘关系和经济上深层次的考虑。然而重要的是，这样的合作也会给中国工业和中国工业企业带来显著的影响。无论是从地缘政治目的出发，还是从经济竞争压力考虑，美国等西方国家在接纳中国时，都不会接受看到中国工业成长为足以挑战它们的独立力量，而是希望中国工业成为它们体系下功能性的一环。从 Arrighi 等人“世界体系”的观点出发，

---

① HARVEY D. A brief history of neoliberalism. Oxford：Oxford University Press，2005；BRENNER R. Uneven development and the long downturn：the advanced capitalist economies from boom to stagnation，1950—1998. New left review，1998，(229)：1-265.

现行的世界经济体系的本质是，以美国为首的发达国家企业基于对技术和关键资本品的主导权，通过对外输出资金（如在海外建立独资企业、合资企业，或者入资有价值的企业）和资本品（尤其是设备、产品设计或者专利）控制产业链上有丰厚回报的重要节点，并充分攫取自身在技术和设备方面所积累的资产的经济价值。中国工业企业自然在这个体系中就被视作承接制造和部分工程开发活动的下层级成员。当今全球经济体系中的层级关系如图 1－1 所示。

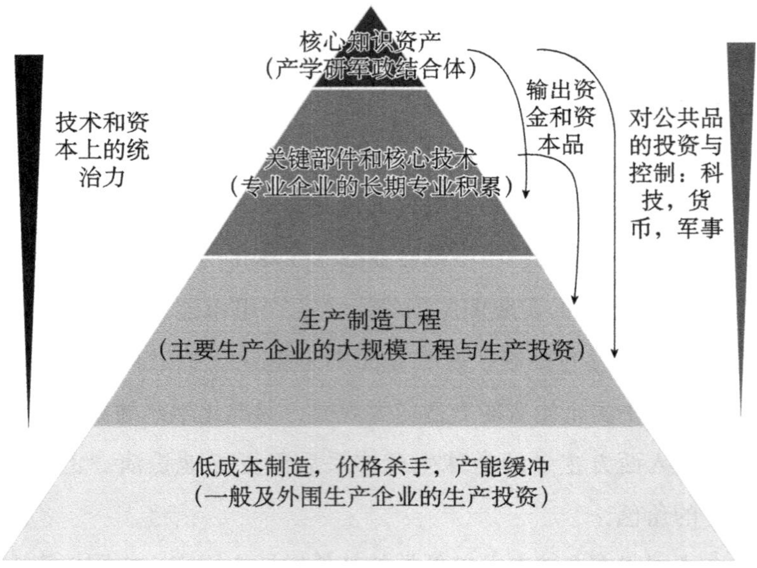

图 1－1　当今全球经济体系中的层级关系①

① 封凯栋．中美冲突：国际经济层级体系的裂变．文化纵横，2020（5）：16－29.

美国等西方国家在这一轮全球化中通过合作而对中国工业企业施加的影响就是带有明确的方向性的：将中国工业企业转变为其全球生产体系中集中负责低成本制造的一环，同时在部分领域中通过撬动中国本土的战略性投资让中国企业承担工程开发工作。这就势必会影响工业经济最基本的单元，即企业组织。

在企业层面上，西方国家的大型跨国公司在进入中国后，会力图使它们与中国的合作服务于跨国公司全球总部（位处西方国家的企业）的行政指令。这就决定了在该模式下，跨国公司会致力于压制甚至消除它们在中国的合资企业中内生的追求产品开发、从事开发性技术工作的努力，因为这些活动不仅消耗资源，而且会妨碍合资企业服从来自其全球总部的行政指令，更有可能在中国培育潜在的挑战者。

中国的改革加快了中国企业融入全球化的进程。一方面是“市场换技术”的实践使中国骨干企业在组织建设上放弃了对自主研发能力的投资；另一方面则是企业改革强化了管理控制，使得中国企业有能力适应大规模、标准化生产的需要，进而在嵌入西方主导的全球生产体系后能更好地扮演“世界工厂”的角色。

不同于在全球产业链低端的其他发展中国家，中国毕竟有着相对完整的工业体系和自力更生的发展历程，在物质基础和精神气质上都不可能会接受将发展主导权交给他人。在融入全球化的这轮转变中，一些没有被“市场换技术”充分覆盖或说

服的地区、企业、个人艰难地动员资源，从边缘市场崛起。它们崛起的保证，正是它们重建了一套依托内部工程师团队来主导技术学习过程的组织系统。通过开放性地吸取国内和国外的人力资源与技术资源，这些企业不仅构建起了自己的产品平台，更重要的是形成了一套技术学习的体系，这使得它们能够通过持续的产品开发和技术进步对中外合资企业发起挑战并最终攫取了重要的市场份额，甚至最后引发了包括部分国有企业在内的其他企业的模仿和转型。

自主创新企业的崛起同样受到了国际政治经济格局变化的影响。以轿车产业为例，在 20 世纪 70—90 年代资本主义国家之间的激烈竞争中，轿车产业是其中的焦点产业之一。在这场国际性的产业大战中，为了赢得竞争，美国、日本、欧洲主要国家的汽车厂商都曾经大幅度地扩大产能，导致汽车产业在 90 年代上半段经历了一段衰退期，这些主要国家的轿车产业都曾产生明显的倒退。① 这使得部分长期服务于整车企业的国际专业技术公司失去了足够的市场支撑，它们不得不尝试在未经充分开发的新型市场中寻找机会。这就给中国自主创新企业通过对外开展技术合作和技术学习来构筑自身最初的能力基本盘提供了机会。在通信设备制造业中同样如此。虽然 80—90

---

① 1991—1993 年，全球轿车产量相比 1990 年的 3 586 万辆都有超过 100 万辆的减产，在 3 420 万～3 440 万区间波动；直到 1995 年，全球轿车产业才恢复到 1990 年的水平。其中以美国、日本、德国和意大利的产能衰退最为明显，法国和英国也有一定程度的衰退。而日本、美国和德国是当时世界轿车产业产销量最大的三个国家。数据来源：历年《中国汽车工业年鉴》。

年代跨国公司在中国市场上激烈竞争，甚至部分企业在中国执行“倾销”策略一度严重挤压了中国本土企业发展的空间，但在 90 年代末，美国产业界实施了“金融化”战略，导致一度快速扩张的朗讯和北电①在 2001 年的 IT 泡沫后元气大伤，此前错误的战略毁掉了企业长期技术能力成长的组织基础。这不仅使国际市场竞争中出现了有利于新兴企业的机会窗口，美国通信设备大企业的衰败也为华为和中兴等自主创新企业的国际化提供了招募高水平国际人才的沃土。

自主创新企业的崛起，使得以美国为首的西方国家再也无法“驯服”中国。自主创新企业不仅逐步建立了自主的品牌、研发体系和产业链，而且它们的成长一直都围绕着内生的组织能力，因此它们具有持续演进的能力。它们中的佼佼者，先是通信设备制造业中的华为和中兴，紧接着是轿车工业中的比亚迪和吉利等企业，显然已经使得美国及其他西方发达国家在相应的产业领域中的主导权落空。这意味着由美国及其他西方发达国家所主导的全球产业体系将难以为继。这就不难理解美国

① 北电虽然是一家加拿大企业，但从技术和组织渊源上来讲，它属于美国的“贝尔系”企业之一。朗讯和北电在 1995 年前后依然是世界上第一、第二大的电信设备企业，一度占有世界 1/3 以上的市场份额。在模仿思科等“新经济模式”的企业后，朗讯和北电通过并购快速成长，但又为了迎合股票市场而对组织进行频繁重组，还进行大量股票回购，导致了工程技术开发人员的大量流失。在 2005 年前后，这两家企业均已面临巨大失败而退出了世界一流通信设备制造商的行列。参见：ATKINSON R. Who lost Lucent?：the decline of America's telecom equipment industry. American affairs，2020，4（3）.（https：//americanaffairsjournal. org/2020/08/who-lost-lucent-the-decline-of-americas-telecom-equipment-industry/）

为什么会在2012年之后密集地采用大量激烈的措施来打击中国的高科技企业，继而在2018年之后正式地展开了对中国的贸易战和科技战。可以说，正是两类截然不同的工业企业组织决定了中国在全球化体系中的相对位置，也反映了中国工业创新能力快速成长的源泉所在。

5. 产业选择：为何还要讨论汽车和通信设备产业？

本书主要围绕中国汽车产业和通信设备产业展开讨论。这两个产业时至今日已经不如人工智能、互联网平台经济等产业引人瞩目，但这两个产业都涉及复杂的技术、高度的专业化和复杂的合作，能够为研究发展中国家企业如何在与国际巨头的激烈竞争中起步和生存提供很好的观察视角。除了理论上的意义，选择这两个产业作为研究对象也是因为它们在2005年前后最终导致政策范式转型的社会辩论中扮演了重要的角色：在过去40多年中，这两个产业对于中国经济的快速增长发挥了关键作用，但“市场换技术”政策在这两个产业中促进本土企业技术能力成长方面的糟糕表现，又引起了国内社会的关注和不满，并由此推动了政策范式的转变。

正如前面提到的，全社会关于汽车产业的辩论开启了政策转型的进程。汽车产业通常被认为是“工业中的工业”①，因为汽车产业与其他工业部门之间存在大量重要的关联效应，其

① DRUCKER P. Concept of the corporation. London：Routledge，2017.

发展进步能够有效带动其他关联产业的发展①。也正因如此，中国社会一直对汽车产业的发展寄予厚望。不过，中国轿车部门的情况与卡车部门不同。与一直被政策制定者强调其重要性的卡车相比，轿车产业自 1987 年才被视为具有战略意义的支柱产业。不过在此之前，轿车产业就吸引了中国全社会的关注。1984 年，中国首次放松轿车进口管制，这一政策变化使当年的轿车进口增长约 360%，1985 年的增长则超过 2 000%。然而，由于轿车平均价格远超中国普通家庭的一般收入水平，当时的购买者大多是政府公共部门，这招致了中国社会的普遍批评。② 这一情况也令政策制定者非常不满，特别是当他们意识到中国当时用于轿车进口的支出已经超过国家 1985 年之前在汽车产业的全部投资时。③ 进口的快速增长是政策制定者决定实施“市场换技术”政策的原因之一，“市场换技术”政策在某种程度上是作为进口替代策略而制定的。然而，即便有了“市场换技术”的做法，跨国公司在中国市场推出的车型数量仍然非常有限。由于在中国市场上几乎不存在来自本土生产厂商的竞争，跨国公司在“市场换技术”实践中就可以依靠过时的车型和技术从中国市场获取高额利润。中外合资企业生产的

---

① HIRSCHMAN A O. The strategy of economic development. New Haven, CT: Yale University Press, 1958.

② 夏大慰，史东辉，张磊. 汽车工业：技术进步与产业组织. 上海：上海财经大学出版社，2002.

③ 夏大慰，史东辉，张磊. 汽车工业：技术进步与产业组织. 上海：上海财经大学出版社，2002.

汽车不仅技术相对落后，价格也远高于国际主流市场上的同类产品。此外，本土汽车品牌的衰落激起了中国社会的不满。因为汽车产业不仅被人们普遍认为是拉动效应大、对于整个工业化进程具有显著影响的产业，而且合资项目往往也需要中央和地方投入巨额资金，这使得这些项目不仅引人关注，而且在经济发展版图中一向被视为重要的战略性举措。这也解释了为什么汽车产业始终都是全社会讨论中国工业发展战略时的核心话题。

通信设备产业对政策转型也有突出贡献。20 世纪 80 年代，邮电部下属的传统企业因无力应对跨国公司带来的外部冲击而陷入凋敝。中国政府意识到工业经济的现代化需要高效的电信网络作为关键基础设施，因而决定大力投资电信网络的发展，然而本土企业的糟糕表现使得通信设备制造业成为第一个实施“市场换技术”战略的制造型产业。在被人们称为“巨大中华”（巨龙、大唐、中兴、华为）的四个本土自主创新企业崛起之前，整个中国市场都由通过“市场换技术”模式引进的八家跨国公司主导。由于这八家企业来自七个不同的国家，人们将这一格局称为“七国八制”。通信设备产业同时又是自主创新企业在与中外合资企业的竞争中首个通过创新竞争得以生存甚至获胜的产业部门。中兴和华为的成功，使得通信设备行业在 2005 年前后经常被参与政策辩论的人们引作自主创新路线有效的有力证据。时分-同步码分多址（TD-SCDMA）网络建设的启动虽然曾经引发过巨大的争议，但在当时被人们普遍

看作自主创新战略的里程碑。国家领导人的支持以及中国移动在2009年为实现TD-SCDMA产业化而投入的巨额网络建设费用，向整个政府系统释放出了一个强烈的信号：中国已经决意要推动一场深刻的政策范式转型。

当然，其他一些重要产业部门也对2005年的政策转型产生了影响。但由于篇幅有限，本书没有将它们作为主要分析内容。

本书由六章组成。第一章简要介绍全书，为中国产业政策转型的讨论提供了背景，并指出了自主创新企业的崛起对中国政策转型的重要性。第二章分析20世纪90年代本土企业的行为，比较新兴的自主创新企业与其他国内企业在产品开发和技术发展方面截然不同的表现。第三章对“市场换技术”政策的起源进行了回顾，并通过企业层面的分析，论证大型国有企业如何受制于外国合作伙伴，并对技术引进产生了依赖，最终背离了政策初衷。第四章重点分析自主创新企业的组织系统，解释这些创新型企业的技术能力如何逐步发展起来。第五章对中国工业企业不同组织模式的来源进行回顾性的历史分析。这一分析有助于解释不同组织模式的政治经济根源，从而揭示组织模式分化的社会基础。本书以第六章结尾，对自主创新企业崛起的影响做了总结，并提出了对我们思考中国工业发展的启示。

第二章
中国自主创新企业的崛起

中国的发展不能仅仅用“世界工厂”模式来解释，更不是中国工业对西方国家在技术和发展道路上简单借鉴或模仿的结果。

对于今天已经完全接受自主创新理念的读者而言，他们可能很难想象，在2005年之前（及其后一段时间）中国不同类型的企业在经营理念与行为上的差异有多大。本章通过对当时两组在产品市场和思想市场上互相竞争的企业进行比较——当时占据中国市场主导地位的中外合资企业及相关的国有骨干企业（本书将这一组企业简称为“市场换技术”企业）和新兴的本土自主创新企业——着重刻画两组企业在开发新产品、新技术方面的行为差异，并分析本土自主创新企业的崛起所带来的市场变化，突出创新型企业对于中国向创新型国家转型的重大意义。

在市场经济下，受资源条件、战略决策和发展轨迹等诸多因素的影响，企业之间的差异是普遍存在的。不过本章比较的两组企业之间的主要差异来源于它们与中国当时的“市场换技术”政策的不同关系。本章所讨论的国有骨干企业及中外合资

公司，主要是在计划经济时代被政策制定者挑选为参与“市场换技术”政策实践的企业。相比之下，当时新兴的本土自主创新企业因为各种原因，最初并没有进入政策制定者的视野。在计划经济体系下，国家的资源配置往往基于发展战略，这使得没有被纳入“市场换技术”行列的企业长期面临不利的外部环境。然而，正是不利的外部环境激发了这些新兴企业创新的战略意志，促成了有效的组织动员，从而制定出不同于“市场换技术”企业的创新战略。

从两组企业的表现来看，“市场换技术”企业的生产能力迅速提升，但同时也对跨国公司形成了高度的技术依赖。在这些企业内部，原本的技术开发力量被边缘化，大部分此前自主开发的产品平台也被放弃。本章通过分析这些企业的生产规模、市场份额、新产品和专利的数量来阐述这种现象。

当时，创新型企业的规模普遍不大，这一特点在汽车产业中尤为突出。但它们的崛起为中国的工业经济和市场竞争带来了结构性变化。作为挑战者，它们不仅通过提供性价比更高的产品抢占市场份额，而且重新塑造了中国“创新导向”的市场竞争环境。这从根本上改变了“世界工厂”的本地市场，即竞争不再主要基于成本和价格，也与产品性能、新技术和新设计的应用有关。创新者所挑战的不仅是“市场换技术”企业的市场份额，也是后者作为一种经营模式的生存根基。通过市场竞争，创新型企业迫使其他本土企业重新思考其战略方向，部分国有企业开始改造组织并重视技术开发活动——当然，政策范式的转变同样起到了重要作用。面对创新型企业的挑战，跨国

公司甚至也不得不在中国推出更多新产品，以避免在中国市场被边缘化。

1. “市场换技术”企业和自主创新企业

本书主要围绕中国轿车制造业和通信设备制造业两大产业中的“市场换技术”企业和自主创新企业两组企业展开分析。

轿车制造业中的第一组企业是国有骨干企业及其在“市场换技术”政策实践下与跨国公司组建的生产型合资企业。它们是“市场换技术”政策的主要实践者，执行了自 20 世纪 80 年代以来中国在推动工业技术进步方面最主要的发展战略，如表 2－1 所示。

表 2－1　　中国轿车制造业中的“市场换技术”企业

企业简称	基本情况
一汽 （FAW）	中国第一汽车集团有限公司，成立于 1953 年，是中国第一家汽车制造厂，也是计划经济时期汽车行业中最大的三家国有企业（汽车产业中人们常说的“三大三小”[①] 中的“三大”）之一，如今也是一家央企（国务院国资委直接管理的国有企业）。在“市场换技术”的政策方针指导下，它与大众、奥迪、丰田和马自达等跨国公司合作，并生产这些跨国公司品牌的汽车。2002 年，一汽收购了天津汽车工业（集团）有限公司（天汽），天汽随后更名为天津一汽夏利汽车股份有限公司。

① 被中央政府视为计划经济时期汽车行业骨干力量的国有企业名单存在多个版本。得到广泛认可的版本是 1987 年北戴河会议上公布的“三大”和“三小”。其中，“三大”指的是一汽、东风、上汽，“三小”指的是北汽、天汽、广汽。尽管后三家被称为“三小”，但它们仍然是享有优惠待遇的大型国有企业。在 1987 年北戴河会议的决定中，中央政府不鼓励这六家企业之外的其他国有企业开发汽车。

续表

企业简称	基本情况
东风 (Dongfeng)	东风汽车集团有限公司，成立于1969年，前身为中国第二汽车制造厂。曾是“三大”之一，如今也是一家央企。它与雪铁龙、日产、丰田和起亚等跨国公司合作，并生产这些跨国公司品牌的汽车。
上汽 (SAIC)	上海汽车集团股份有限公司，曾是“三大”之一，如今也是一家央企。上汽主要与通用和大众两家跨国公司合作，并生产这些跨国公司品牌的汽车。上汽于2007年收购了南京汽车集团有限公司。
北汽 (BAIC)	北京汽车集团有限公司，“三小”之一，在计划经济时期被中央政府视为国家汽车制造工业的骨干力量。它与美国汽车公司、奔驰和现代等跨国公司合作，并生产这些跨国公司品牌的汽车。
天汽 (TAIC)	天津汽车工业（集团）有限公司，“三小”之一。它与大发和丰田等合作。2002年，天汽因经营不善被一汽收购。
广汽 (GAC)	广州汽车工业集团有限公司，“三小”之一。它与菲亚特、丰田、本田和三菱等企业合作，并生产这些跨国公司品牌的汽车。

轿车制造业中的第二组企业是新兴的自主创新企业，如表2-2所示。

表2-2　　中国轿车制造业中的自主创新企业

企业简称	基本情况
奇瑞 (Chery)	奇瑞汽车股份有限公司，1997年由安徽5家地方国有投资公司投资成立。奇瑞是中国轿车产业早期自主创新的典型之一，在轿车产业内搭建了相对完整的自主可控产业链。后期，为了扩大利润，奇瑞于2012年与捷豹、路虎成立了合资公司，生产后者品牌的车辆，但对其动力总成进行了调整并配以奇瑞自主研发和制造的发动机。

续表

企业简称	基本情况
哈飞汽车 (Hafei Auto)	哈飞汽车有限公司。哈尔滨航空工业（集团）有限公司（哈飞）原是航空工业部下属的国有企业，于1980年创办了全资子公司哈飞汽车从事汽车设计与生产业务。哈飞汽车是最早自主设计车型的本土企业，主要生产小型面包车和轿车。根据政府的相关安排，哈飞汽车于2009年被长安汽车集团收购。
吉利 (Geely)	吉利汽车集团有限公司，是浙江吉利控股集团有限公司于1997年创办的私营企业。吉利也是国内轿车产业早期自主创新的典型之一。2010年，吉利控股集团全资收购了沃尔沃汽车。
比亚迪汽车 (BYD)	比亚迪汽车工业有限公司。由比亚迪股份有限公司于2003年创办。比亚迪不仅生产传统的燃油轿车，也一直是国内电动汽车领域的领头羊。
华晨汽车 (Brilliance Auto)	华晨汽车集团控股有限公司，是辽宁省政府批准设立的国有企业，在美国和中国香港双重上市，其前身沈阳汽车制造厂成立于1958年。华晨自1997年起开发自己的汽车，在“市场换技术”政策的指导下，2003年与宝马成立合资公司，在辽宁沈阳生产宝马品牌的汽车。①

在通信设备制造业中，本书讨论的企业同样包括两组。第一组是从计划经济时期发展起来的国有骨干企业，以及它们与跨国公司组建的合资企业，这类企业是“市场换技术”政策实

① 华晨汽车在我们的分类中属于比较特别的企业，它既较早就开始自主研发新车型，同时又努力追逐与跨国公司的合资合作。

践的参与者。[①] 由于其他参与“市场换技术”实践的传统国有骨干企业的情况基本可以由上海贝尔和东方通信所代表，为简单起见，此处只列明这两家企业的详细情况，如表 2-3 所示。

表 2-3　中国通信设备制造业中的“市场换技术”企业

企业简称	基本情况
上海贝尔 (Shanghai-Bell)	现名上海诺基亚贝尔股份有限公司[②]，成立于 1984 年，是“市场换技术”政策下第一家中外合资企业。上海贝尔是一家央企，也是唯一一家以外国投资者为主要股东的央企。最初的外国投资者是比利时贝尔电话制造公司（BTM），2006—2015 年阿尔卡特-朗讯成为上海贝尔的主要外方股东，诺基亚于 2016 年收购了阿尔卡特-朗讯，前者现在也持有上海贝尔相当一部分外资股份。
东方通信 (Eastcom)	东方通信股份有限公司，简称东信。东信源于浙江省邮电设备制造厂，现在是普天东方通信集团公司（央企）的下属企业。它于 1996 年与摩托罗拉成立了两个合资企业，分别生产手机和通信设备。

第二组则是从 20 世纪 80 年代后半期开始崛起的自主创新企业，如表 2-4 所示。

---

① 在“市场换技术”的政策实践中，有八家跨国公司与邮电部所属的国有企业共同成立了中外合资企业，包括上海贝尔。然而，除了上海贝尔，其他七家企业的中方股东很少提出希望取得战略决策的自主权。最重要的是，除了上海贝尔，其他企业甚至没有在中国主要电信运营商的设备竞标中独立投标。由于完全依赖外国合作伙伴的技术，它们只是在跨国公司的投标过程中作为制造单位存在。就战略自主权和技术进步成就而言，上海贝尔均呈现出最高的水平。因此，在具体的案例研究中，本章只介绍上海贝尔在通信设备制造领域通过“市场换技术”所获得的好处。

② 为避免混淆，且与中国通信设备制造行业的习惯性说法保持一致，本书将这家企业称为上海贝尔。

表 2-4　　中国通信设备制造业中的自主创新企业

企业简称	基本情况
巨龙（GDT）	巨龙通信设备有限公司，也就是人们俗称的“巨大中华”中的“巨”。巨龙是在数字化通信技术领域进行自主创新的先驱者。1998 年，当军方被强制要求不得从事商业化活动后，军方核心研究团队离开了巨龙，该企业不再活跃于通信设备制造业。
大唐电信（DTT）	大唐电信科技产业集团，也就是人们俗称的“巨大中华”中的“大”。大唐电信由信息产业部电信科学技术研究院在 1998 年整体转制组建而来。而在 1998 年之前被人们在“巨大中华”中提到的“大唐”，实为“西安大唐电信有限公司”。西安大唐是邮电部邮电科学技术研究院在 1993 年与在美华人博士朱亚农在美国创办的国际电话数据传输公司（IT-TI）合资创建的企业，西安大唐是“巨大中华”时期知名的大型程控交换机 SP30 的开发和经营实体。在 1998 年大唐电信科技产业集团成立后，西安大唐成了它的子公司。
中兴（ZTE）	中兴通讯，也就是人们俗称的“巨大中华”中的“中”。中兴通讯成立于 1985 年，脱胎于航天工业部 691 厂。在 20 世纪 90 年代初期，经过两轮管理改革，中兴通讯转变为一家部分股份国有的私营企业。目前，它也是全球通信设备制造业的领导者之一。
华为（Huawei）	人们俗称的“巨大中华”当中的“华”，现名为华为投资控股有限公司。华为由任正非等人于 1987 年创建，最初为一家民营科技企业，现在为由员工持股拥有的私营企业。华为目前已经是通信设备制造业的全球领导者之一。

续表

企业简称	基本情况
信威 (Xinwei)	北京信威通信技术股份有限公司。1995 年，三位海外归国科学家在大唐电信的资金支持下成立了信威集团。1995—2009 年，信威是隶属于大唐的子公司，但在管理上保持半自主性。本书主要介绍信威在这一时期的技术创新活动。

两组企业的差异之一是它们与国家早期工业管理体系的关联不同。第一组是计划经济时期的国有骨干企业，作为计划经济时期最重要的生产单元，这些企业直接接受相关部委的安排，成为“市场换技术”实践的参与者。当中国政府决定引进跨国公司来快速推动工业化时，这些企业都遵循最高领导层所制定的政策，放弃国内产品开发平台的部分决定甚至直接来源于政府的指示。以一汽的红旗车型为例，它是当时中国轿车产业最为成熟的国产汽车产品平台，尽管当时一汽的负责人和大量工程师并不愿意放弃这一车型，但 1981 年国务院直接下令停止生产红旗轿车——这一决定甚至刊登在当时的《人民日报》上。

相比后来新兴的自主创新企业，国有骨干企业在当时拥有明显的资源优势。这种优势不光源自这些企业已经拥有的更大规模，更表现为它们还能继续获得政府投资，甚至排他性地拥有特定的政策优势。例如，为了支持 1987 年北戴河会议的决定，中央政府在“八五”计划中制订了将 86.65 亿元人民币投资于汽车行业的预算计划，这笔款项将用于支持“三大”和

"三小"企业及其供应链的建设，特别是用于支持一汽和东风正参与建设的合资企业。这笔预算占据了当时中央政府分配给整个汽车行业的资金的主要部分。此外，国有骨干企业还能获得政府排他性准入制度的支持。例如，1987 年北戴河会议决定和"八五"计划均明确指出，为确保充分发挥政府定向投资对国有骨干企业的规模效应的支持，不允许其他大型汽车项目动工。为此，国务院 1988 年还特意颁布了《关于严格控制轿车生产点的通知》。当时，柳州微型汽车厂（柳汽）与雪铁龙的合作项目因没有得到中央政府的批准而违反了这一规定被叫停。[①] 作为惩罚，柳汽失去了生产汽车的资格，并被强制安排成为东风公司旗下专门生产微型汽车的联营公司。[②③] 这进一步激励了被政府选中的骨干企业执行政府计划性指令，它们也得以在这种政策环境中继续加强自身在产业界的地位。

---

① 柳州微型汽车厂支付 2 000 万美元从雪铁龙进口 VISA 汽车模型的软件、模具和焊接夹具。

② 徐秉金，欧阳敏．中国轿车风云：1953—2010．北京：企业管理出版社，2012.

③ 尽管中央政府对柳州微型汽车厂进行了处罚，但柳汽仍然希望生产一些 VISA 汽车来获得部分收益以弥补投资。柳汽的生产方式是从国外进口汽车总成再进行组装，但它没有办法从天汽进口发动机（为了生产夏利汽车，天汽从夏利车型的原始日本开发商，即大发，引进了发动机设计和相关生产设备）。由于没有中央政府的许可，品牌为 LZW7100、本土制造的 VISA 汽车仅能在广西销售，主要面向出租车公司。LZW7100 总共销售了大约 7 000 辆，这是中国政府"碎片化权威"在汽车行业的一个典型例子。参考资料：LIEBERTHAL K. Governing China：from revolution through reform. New York：W. W. Norton，2006；THUN E. Changing lanes in China：foreign direct investment，local governments，and auto sector development. Cambridge：Cambridge University Press，2006.

与此同时，新崛起的创新型企业最初并没有被中央政府视为重要的经济主体，甚至很长时间内都没有进入决策者的视野而未得到重视——它们包括新成立的民营企业、在改革中由地方政府投资的国有企业、由科研院所转制设立的新国有企业等。这些企业也没有成为跨国公司在“市场换技术”政策实践中的合作对象。跨国公司到中国设立生产型合资企业时，往往更青睐在资源和政策条件上更具优势的国有骨干企业。此外，一些结构性因素也使得跨国公司不愿意选择新成立的企业：在通信设备制造业，中国的电信业务长期以来都由邮电部主管，而设备的生产除了在邮电部下属企业，还有部分是在电子工业部下属企业（因为涉及电子技术）。因此对于跨国企业而言，与邮电部管辖的国有企业合作显然更具吸引力。在汽车制造业，一个跨国公司最多只能建立两个中外合资的汽车制造厂。[①] 种种因素都使得跨国公司在选择本地合作伙伴时，更倾向于挑选资源条件更好、能为它带来更多中国政府优待的大型国有企业。

区分两组企业的另一个关键特征是它们的技术学习战略。国有骨干企业的目标是通过引进一个或多个跨国合作伙伴来进行技术学习，这符合“市场换技术”政策制定者在形式上的设

① 这一规定直到最近才被取消。2017 年，国家发改委和商务部联合宣布，取消对外商投资在电动车制造业的这一限制；2018 年则进一步宣布，从 2022 年起取消对整个汽车行业的外商投资限制。

计。在政策设计者的预期中，引进跨国公司能同时为本国企业引入投资和企业运作的经验，这将大大有利于本土企业掌握先进的技术和管理经验。而事实上，跨国公司只是利用与中国本土企业的合资合作，将其全球生产网络的生产制造和销售等环节拓展至中国，它们一方面要利用中国成本相对低廉的劳动力来为其全球产销体系服务，另一方面则要借机获得中国政府的支持以开拓潜力巨大的中国市场。相比之下，20 世纪 80—90 年代崛起的创新型企业并没有能力吸引跨国公司与之合作。为了在汽车和通信设备这些复杂工业品市场赢得一席之地，它们不得不从早期阶段就开展产品的开发设计活动，逐步建立起自身的产业链，以保证自身的持续发展。图 2－1 简要概括了两组企业技术学习战略的差异。

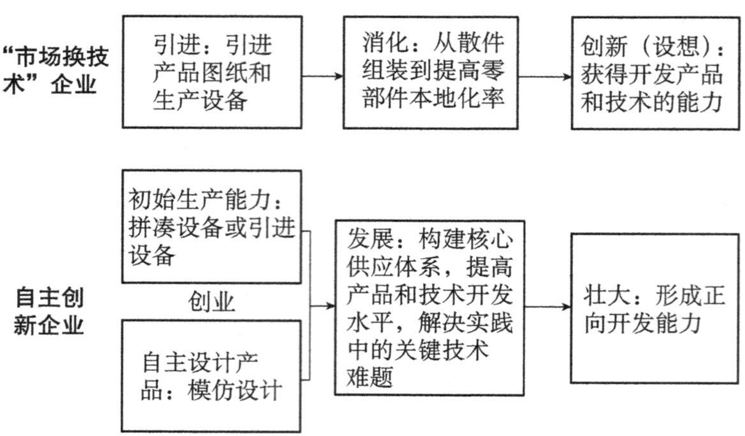

图 2－1　技术学习战略

为了进一步展现两组企业在技术学习战略方面的差异，表

2－5 分别展示了两组企业在成立后的 10 年间[①]推出的主要产品。其中，对于“市场换技术”企业，展示的是国有骨干企业与跨国公司的合资企业成立后的 10 年间，其国有母公司与合资公司推出的产品。对于本土自主创新企业，展示的则是新企业在成立后的 10 年间或者原有企业（特指哈飞汽车）初次进入本书所研究的领域后 10 年间所推出的主要产品。

表 2－5　　企业成立后 10 年间的主要产品

<table>
<tr><th colspan="2">组别</th><th>企业</th><th>时间</th><th>主要产品</th></tr>
<tr><td rowspan="8">汽车制造业</td><td rowspan="3">“市场换技术”企业</td><td>上汽</td><td>1983 年（与大众合资）</td><td>桑塔纳（大众的帕萨特 B2）</td></tr>
<tr><td>一汽</td><td>1988 年（与奥迪合作生产）
1991 年（与大众合资）</td><td>奥迪 100，红旗，捷达（大众的 Vento）</td></tr>
<tr><td>东风</td><td>1992 年（与雪铁龙合资）</td><td>富康（雪铁龙 ZX）</td></tr>
<tr><td rowspan="5">自主创新企业</td><td>奇瑞</td><td>1996 年</td><td>风云，QQ，东方之子，旗云，A5</td></tr>
<tr><td>吉利</td><td>1998 年</td><td>博越和美日系列，美人豹系列</td></tr>
<tr><td>哈飞汽车</td><td>1983 年（面包车）
2000 年（轿车）</td><td>WJ120，松花江系列，中意，民意，路宝，赛豹，赛马</td></tr>
<tr><td>比亚迪</td><td>2003 年</td><td>Flyer，F3，F3DM，S6，E6，F5（速锐），6B（思锐），秦</td></tr>
<tr><td>华晨</td><td>1997 年</td><td>中华系列，大海狮系列</td></tr>
</table>

① 在汽车制造领域，根据国际主流生产商的水平，一个新产品的开发周期通常为 2～3 年；在电信设备领域，从 20 世纪 80 年代开始，新产品的开发周期通常也不超过 5 年。因此，如果企业采取技术创新战略，10 年时间应该足以开发出至少一个新产品。

续表

组别		企业	时间	主要产品
通信设备制造业	“市场换技术”企业	上海贝尔	1984 年（与比利时企业 BTM 合资）	SSU12（PBX：用户交换机），S1240（PDSS：大型局用数字程控交换机）
		北京国际	1990 年（与西门子合资）	EWSD（PDSS）
	自主创新企业	巨龙	1984 年	HJD03（PBX），HJD04（PDSS），以及相关设备
		华为	1987 年	HJD48（PBX），JK1000，C&C08（PDSS），以及相关设备
		中兴	1985 年	ZXJ60（PBX），ZX500（PBX），ZXJ10（PDSS），以及相关设备
		大唐	1995 年	SP30（PDSS），TD-SCDMA 标准，以及相关设备
		信威	1995 年	SCDMA（R3）标准，McWill（R4，R5）及相关设备

注：表格中的时间，对“市场换技术”企业而言是引进第一个产品模型的时间，对本土自主创新企业而言是开发出第一个产品模型的时间。

专业术语：SCDMA，即同步码分多址技术（Synchronous Code Division Multiple Access）。

2. 生产能力：追赶及赶超

2.1　汽车制造业

在过去 30 多年间，无论是“市场换技术”企业还是新兴的自主创新企业，都为中国工业经济的快速增长做出了贡献。

以轿车产业为例，在 1982 年，全国汽车产量只有 4 000 辆，而到 2000 年全国总产量已经超过 60 万辆，到 2009 年中国更是以 1 379 万辆汽车的产量成为全球最大的汽车生产国。在中国融入全球化的过程中，国有企业的生产能力取得了持续增长。其中，上汽和一汽从 2005 年开始被列入《财富》世界 500 强企业的榜单，在 2008 年分别排名第 373 位和第 303 位。当然也并不是所有的“市场换技术”企业都获得了成功，标致、富士重工和菲亚特三家跨国公司在中国设立的生产型合资企业先后遭遇了重大失败。①

与此同时，新兴的创新型企业尽管在初创时期面临不利的外部政策环境，但它们同样在生产规模上获得了快速增长，并开始挑战国有骨干企业的领导地位。其中，奇瑞和吉利分别于

① 广州标致成立于 1985 年，是汽车行业最早的一批中外合资企业。由于 1987 年北戴河会议鼓励“三大”“三小”六家企业生产汽车，它在 1988 年从生产轻型卡车转移到制造汽车。然而，由于中法之间合作不畅，合资企业在改进生产和调整技术方面表现不佳。在改进生产方面，它从未将生产的本地化率提高至 40%，而这是国家 1994 年《汽车工业产业政策》所规定的强制性要求。在技术调整方面，它的两个主要汽车型号，即标致 504 和标致 505，自 1988 年以来一直没有升级。所有这些因素导致它在 1998 年彻底失败，当时大多数得益于“市场换技术”政策而建立的合资企业还没有受到创新型企业的挑战。菲亚特在中国的失败与广州标致的情况类似。它与南京汽车工业公司共同建立的合资企业成立于 1999 年，并在 2008 年破产。它失败的主要原因是激烈的市场竞争和股东之间的合作不力。菲亚特在与南汽的合作失败后，于 2010 年又与广汽合作，组建了广汽菲亚特克莱斯勒汽车有限公司（简称广汽菲克），主要生产吉普牌和菲亚特牌汽车，然而这一合资企业在 2022 年也宣告失败。此外，富士重工也在 2002 年退出了其与贵州云雀汽车的合资企业，但它们的合作主要是生产微型车。

2000 年、2001 年正式获批进入汽车行业，比亚迪于 2003 年通过收购位于西安的秦川汽车获得了生产轿车的“准生证”。这是政府在轿车领域行政管理制度上的重大突破。正如此前提到的，按照 1987 年北戴河会议的要求，轿车行业一直受到严格管控，而国家在 1994 年 7 月颁布的《汽车工业产业政策》进一步加强了管控。由于中美两国已于 1999 年就中国加入世贸组织问题达成协议，中国要想在 2001 年顺利加入世贸组织，势必要对国内市场尚存的各种产业管制措施进行调整。在这一背景下，中国的社会舆论难以接受一个将国内企业严格排除在外的轿车管理体制。舆论压力无疑推动了中央政府做出相应的调整。

获得了正式准入许可的本土自主创新企业迅速推动中国汽车产业的规模发生了惊人的扩张。这种增长效应部分源自新兴企业自身的产品开发能力和生产能力。新兴创新型企业采取的战略是“创造新的市场空间”，即通过提供价格更低的同类产品，或者提供原来中国市场上不存在的低价产品，使得原本在跨国公司视野之外的本土人口拥有消费能力，从而转变为轿车市场的消费者。比如，奇瑞最初针对 A0 级轿车所研发的风云、旗云等轿车，吉利所研发的豪情、远景等轿车，都是对标中国轿车产业“老三样”中不同车型的产品，但价格普遍都比“老三样”低了 30%～50%。同时，它们还推出了一系列原本在中国市场上供应极不充分的 A00 级

轿车，如奇瑞的QQ、比亚迪的F0等，这些轿车相比原来主流市场上由中外合资企业提供的“老三样”更便宜。通过推出这些新产品，自主创新企业成功将大批原本并不在汽车消费市场的人口拉进了市场；尽管这些企业从未获得过中国政府额外的市场保护，但它们通过“创造新的市场空间”顽强地发展了起来。

这种增长效应也来自新兴企业所带来的竞争效应。自主创新企业的进入大大丰富了中国市场的产品选择，这一方面促进了中国汽车消费市场发育成熟，另一方面则使得跨国企业面临越来越大的竞争压力，它们不得不做出回应，更新投放的车型和生产设备。从图2-2中可以看出，中国轿车市场的迅速增长始于2000年。这显然无法完全用“市场换技术”政策实践来解释，因为在2000年之前，来自美、欧、日等国家和地区的跨国公司已经在中国建立了不少于19家生产型合资企业。2000年之后自主创新企业的入场，显然改变了整个产业生态。自那时起，除了2008年受全球金融危机影响增长放缓，中国汽车行业的增长速度比以往任何时候都快。2009年，中国汽车产业的规模超过了美国和日本，以1 379万辆产量和1 364万辆销量位居世界第一。

在电动汽车领域，本土自主创新企业更是引领了整个国内市场。2005年，比亚迪首款磷酸铁锂动力电池面世，解决了此前一直困扰中国汽车制造商的难题。

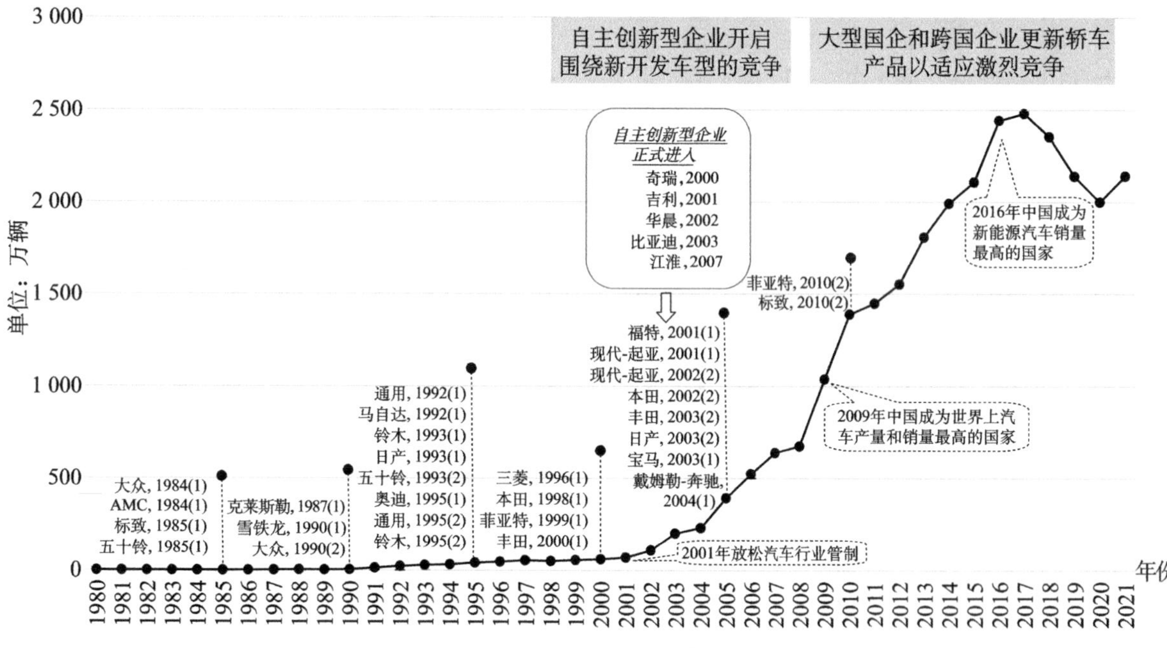

图 2-2　中国轿车制造业的演进过程

注：跨国企业名称后的括号内标注的数字，代表相应跨国企业在中国建立的生产性合资企业的数量。合资企业信息与产量数据来源于中国汽车工业协会、中国汽车工业咨询委员会主编的《中国汽车工业史（1991—2010）》及历年《中国汽车工业年鉴》。

在比亚迪进入并对电动汽车进行战略投资之前，中国的政策制定者面临诸多困难：2001 年，科技部在“十五”计划的 863 项目中设置了电动汽车重大专项项目，明确了“三纵三横”作为当时新能源汽车发展战略的基本框架。其中的“三纵”为燃料电池汽车、混合动力汽车和纯电动汽车这三种整车技术；对应地，“三横”为多能源动力系统、驱动电机和动力电池这三项关键技术总成。然而，经过一轮五年规划的探索，决策者们在 2005 年已经发现传统混合动力汽车和燃料电池汽车领域的大量关键技术都由日本企业掌握，并且日方已经准备好了大量的专利以从后来者身上赚取巨额的利润。仅剩的选择为纯电动汽车，然而当时锂电池的高昂价格也阻碍了这一整车技术路线的发展。

比亚迪的突破改变了这一现状，并吸引了更多中国企业陆续地进入了电动汽车行业。2005 年，比亚迪磷酸铁锂电池的问世是一个关键性的事件。紧接着，比亚迪首款搭载磷酸铁锂动力电池的 F3e 电动汽车于 2006 年研发成功。比亚迪在电动车领域的发展鼓励了一系列追随者进入动力电池生产领域，如宁德时代、福能太阳能、国轩高科、优派和力神，以及奇瑞、江淮、吉利、北汽和长安等汽车制造商。量产车的出现使得决策者对电动汽车发展道路拥有了信心，这使得国务院相关部委从 2009 年开始搞城市试点，从 2014 年之后开始综合利用购车补贴、重点城市燃油车限购和基础设施建设的政策组合来推动电动汽车的发展。

在2015年前后陆续涌现出来的“造车新势力”，如蔚来、理想、小鹏、哪吒、零跑等一大批企业则彻底激活了中国的电动汽车市场。继而在2020年前后又涌进来一批在信息技术方面已经拥有强大的技术积累的参与者，如华为、百度、阿里、小米等。这些新参与者不仅将中国的电动汽车市场塑造成高度多元化的市场，而且部分企业还率先上探单车价格30万元以上的市场并获得了成功，解决了中国轿车自主品牌长期以来无法攻克中高端市场的问题。而它们从互联网和IT技术领域所引入的大数据、人工智能算法及相关联的硬件，又使得中国电动汽车技术在智能化座舱和人工智能驾驶方面拥有了独特的优势。相比之下，合资品牌在电动汽车领域并不占据明显优势：若排除特斯拉和上汽通用五菱这两个电动汽车品牌——因它们虽然涉及外资，但其在电动汽车业务中的运作模式与“市场换技术”企业存在明显差别——合资企业在中国电动汽车市场中的销量占比长期都没有达到10%。甚至，跨国公司在其主流市场的产品在智能化座舱技术上也没有赶上中国造车新势力的步伐。中国本土企业的努力使得自2016年以来，中国一直都是新能源汽车产销量最大的国家（近年来中国新能源汽车的产销量基本占全世界的一半），也是大型经济体中新能源汽车渗透率最高的国家。

2022年，比亚迪宣布将于2023年携元PLUS、海豹、海豚三个车型进军日本市场。日本是上一轮世界汽车产业激烈竞争并导致世界汽车产业格局大调整（20世纪70—90年代）的

赢家，拥有包括丰田和本田在内的多个强大的汽车企业，而且丰田长期以来都是世界上汽车产销量最大的企业；而在新能源汽车领域，丰田和本田更是在传统混合动力技术上拥有垄断性的竞争优势。然而，它们对传统混合动力技术的执着，也导致了它们在“电动化”浪潮中发展的滞后，其电动汽车渗透率仅有1.5%。日本汽车市场又一直对外设置结构性障碍，相比美国和欧洲市场，它并不轻易向外来竞争者开放。此番比亚迪携自己的电动汽车进军日本市场，可谓直接向全球汽车产业中传统的“山巅之城”核心堡垒吹响冲锋号，这一新闻自然引起日本社会的震动并一时成为其国内社会热点话题。

就轿车产业的整体份额而言，本土品牌的市场份额自2001年起持续攀升，到2008年左右，已经增长到近1/4左右的份额。在这一时期，本土自主创新企业主要在紧凑型汽车（A0级）这一细分市场中推出产品，通过提供更高的性价比来赢得市场。而在2009年之后，传统国有骨干企业也开始加入到推出本土自主品牌产品的队伍中来。它们从2005年政策范式转变后调整了发展战略，开始成立子公司培育本土汽车品牌，部分企业还通过收购西方国家的品牌（例如上汽收购了英国的罗孚和大通）以加速自有品牌的建设，经过四五年的准备和发展，它们的产品陆续上市，成为自主品牌新的参与者，也为市场提供了更丰富的车型。这使得自主品牌的市场份额快速上升，从2009年到2021年一直都在40%左右浮动。

经过十多年的努力，自主创新企业已经牢牢占领了低端市

场，特别是单价位于 10 万元或 15 万元以下的 A00 和 A0 级轿车市场。在这些细分市场，面对自主品牌的竞争，外国品牌（包括中外合资企业）已经难以维持其优势。本土自主创新企业在成本控制和制造质量上有足够的竞争力来吸引大多数消费者，这也解释了为什么韩国汽车最近在中国市场节节败退，因为韩国企业原本在中国占据的正是这片市场。

不过，本土品牌突破中高端市场依旧困难重重。要想在单价超过 20 万元的汽车细分市场中站稳脚跟，自主创新企业还需要更高的市场声誉，并且在发动机、变速箱等核心零部件上打造优势。自主创新企业曾经多次冲击高端市场，但早期皆未能成功。作为 21 世纪头十年本土创新企业的领军者，奇瑞曾两次尝试进入高端汽车市场。一次是在 2005—2009 年，奇瑞推出了旗下的高端产品 G 系列。其中，拥有豪华配置和内饰设计的奇瑞 G6 售价达到 20 多万元。但 G 系列一直没有被市场接受。2007 年，奇瑞再次与以色列投资者量子汽车合作，推出了专注于中高端市场的品牌“观致”。为了培育观致，奇瑞前后投资了 150 亿元人民币，调配奇瑞内部的精英工程师、设计师，并且从世界各地招募富有经验的设计师、工程师和管理人员。巨大的投入使得观致的成本比奇瑞同级别产品高出 30%～50%，其产品售价与大众、福特等跨国公司的同类产品不相上下。但观致却始终没有获得主流市场的认可，2017 年奇瑞不得不把观致的控股权卖给了宝能集团。这对奇瑞来说是不小的打击。除了奇瑞，长城汽车也利用自身在 SUV 市场的

影响力，尝试推出 H8 和 H9 这些高性能产品进入高端 SUV 市场，虽然这两个产品在专业细分市场赢得了一些消费者，但其表现依然不如预期。

然而，失败的经历并没有削弱本土自主创新企业朝高端市场进军的战略意志。2016 年，通过与沃尔沃合资，吉利成立了一家名为 Lynk & Co 的公司①，以“领克”品牌来生产中高端 SUV 车型。长城汽车则针对中高端 SUV 市场推出了“魏”品牌。它们取得的初步成功反过来推动了国有骨干企业的回应，一汽红旗品牌的重新活跃和广汽传祺品牌的成功是国有骨干企业推动自主品牌迈向中高端市场的典型案例。

高端市场的突破事实上离不开中国自主创新企业在电动汽车产业的成功。尤其是在 2015 年之后，中国出现了一系列“造车新势力”的自主创新企业，这些企业将中国汽车工业已经发展起来的制造能力，与中国在互联网、人工智能等领域的技术进步相结合，一改以往自主创新企业通过低端产品打开市场的做法，直接定位于中高端电动汽车市场。以蔚来为例，它的大部分主力车型的售价都在 40 万元以上。前文提到的吉利的领克和长城的“魏”也普遍采用了电气化技术和智能技术来增强自身竞争力。作为中国电动汽车的领军企业，比亚迪在电池技术、车型设计方面的成熟，也使其在 2015 年后成功突破

① 沃尔沃由吉利汽车的母公司吉利控股集团全资拥有。Lynk & Co 的股权结构为吉利汽车持有 50%的股份，吉利工业集团持有 30%，沃尔沃持有 20%。

了中低端市场的锁定，其推出的“唐”和“汉”等电动汽车产品的单车售价都突破了20万元。在中高端市场上的成功，进一步推动了自主创新企业在汽车市场总体份额上的突破。

对于汽车出口而言，本土自主创新企业无疑是国内汽车出口的主要力量。奇瑞自2002年起引领了中国汽车出口。2007年，就整机出口、半散件组装、全散件组装而言，奇瑞的总出口量为11.98万辆，在当年国内汽车总出口量（包括轿车、卡车和其他民用车辆在内，共59万辆）中占据较大份额。当然，由于在全球声誉和技术水平方面的劣势，奇瑞、吉利和长城的海外销售范围只限于发展中国家。为了促进出口，奇瑞还在非洲和南美洲建立了海外工厂。尽管自2010年以来，奇瑞的国内销售陷入困境，但它仍在海外市场表现出色。2018年，奇瑞的出口量约为12.7万辆，已连续18年成为中国本土汽车生产商（包括中外合资企业在内）的年度出口冠军，累计出口量达140万辆。在电动汽车方面，中国已经成为世界最大的电动汽车出口国。基于在全球电动汽车领域的技术竞争力，比亚迪不仅将电动汽车产品出口到发达国家，还在美国加利福尼亚州建立了制造工厂。

相比之下，国有骨干企业及其中外合资企业的出口表现总体上无法与本土自主创新企业相比。这也是由中外合资企业对跨国公司的高度依赖所决定的。对跨国公司来说，它们的主要目标是开发中国的市场，同时利用高性价比的中国劳动力为其全球生产网络服务。然而，汽车整车运输需要用到高成本的滚

轮船，这在一定程度上会抵消廉价劳动力的好处。因此，跨国公司是否鼓励这些中外合资企业出口取决于中国市场的空间、出口的成本以及本土的劳资关系等诸多因素。在2008年金融危机之前，在中国开展整车生产的跨国公司普遍并不把其经营重点放在出口整车产品上[①]，只是在2001年之后，当中外合资企业在中国面临更激烈的竞争时才出现少数例外。首先是出现了专门服务于出口市场的企业。例如，2003年，本田与广汽合资在广州保税区建立了一个制造工厂[②]，通过安排工厂整体生产特定单一车型（本田爵士）来极大地拉低成本，以服务于本田全球市场的出口需要。2008年之后，西方国家（尤其是美国）自身汽车生产规模的下降则造成了另一种变化。上汽通用在这一阶段成为新的出口热点企业。它的出口始于2001年，但当时由于通用对它的定位主要是开拓中国市场，因此其出口数量并不多。在2008年金融危机之后，通用开始调整其战略：经过生产能力的布置和生产流程的调整后，上汽通用的出口量自2015年开始加速增长，并开始向美国市场回销；

① 有趣的是，在1987年北戴河会议或1990年“八五”计划的政策制定过程中，与会者试图说服中央政府集中投资“三大”“三小”参与“市场换技术”实践时，一个重要的谈判点是，中国可能从中外合资企业的出口中获得经济收益。参见：徐秉金，欧阳敏. 中国轿车风云：1953—2010. 北京：企业管理出版社，2012.

② 即使这个合资公司由本田和广汽共同出资，但与前文提到的“市场换技术”框架下的广汽本田并不相同。只是在2017年之后，在新协议的基础上，这家工厂被并入广汽本田。

2017 年，它的出口量赶上了奇瑞，也出口了 10 万辆[①]。

在生产技术方面，得益于在设备和工人经验上的优势，中外合资企业在 2010 年之前仍然具有普遍优势。例如，就完成一辆白车身的焊接任务而言，广汽本田平均需要 45 秒。对于奇瑞来说，完成一辆风云 2 的焊接任务平均需要 180 秒，QQ 需要 180 秒，东方之子需要 240 秒。2006 年的数据表明，奇瑞最好的技术团队可以在 130 秒内完成车身焊接，但与广汽本田相比效率明显较低。在 2010 年代，奇瑞和其他本土自主创新企业对质量控制和生产工艺完善进行了更大规模的投资，并取得了一些明显的进步。自 2012 年起，在 J. D. Power SSI（销售满意度指数）的排名中，奇瑞位列国内汽车生产商年度前十；经过长期努力，吉利也将其质量得分提高到平均水平以上。

2.2　通信设备制造业

在通信设备领域，“市场换技术”实践在 20 世纪 80—90 年代带来了一系列“明星企业”，包括南京爱立信、北京国际和青岛朗讯等。上海贝尔是其中的佼佼者。2000 年，上海贝尔成为世界上最大的程控交换机供应商，当年其各类交换机总销量达到 1 079 万门。到 2002 年，中国通信网络上已经安装了 7 800 万门 S1240（上海贝尔从其合资伙伴比利时贝

---

① 数据来自《中国汽车工业年鉴 2017》；截至 2017 年，上汽通用的累计出口量为 40 万辆。

尔引进的局用程控交换机产品）。这使得上海贝尔事实上主导了当时国内的大型局用数字程控交换机（即当时全国固话网络 C1～C2 层级的设备[①]）的高端市场，在该细分市场中占有率超过 95%。

然而随着本土自主创新企业快速的追赶，以及通信领域新增采购设备技术的代际变化，本土自主创新企业在 2000 年之后迅速赶上并且超过了"市场换技术"企业。在本土自主创新企业发展的早期，它们的崛起大大降低了通信设备的市场价格。20 世纪 80—90 年代，国内通信设备领域最重要的产品是大型局用数字程控交换机。在 20 世纪 80 年代末，国内主流市场上程控交换机的平均价格为 1 500～3 000 元/门，到 20 世纪 90 年代初已降至 600 元/门。20 世纪 90 年代末，进口产品的价格被进一步压低到 300～600 元/门。事实上，面对本土自主创新企业的激烈竞争，跨国公司甚至不得不实施降价策略以保持此前的市场优势。因为电信网络设备具有很强的网络效应（network effect），这些跨国公司在某些地域或者某些层级的网络建设之初（即局部的"初建市场"），对市场的争夺非常激烈，以谋求自己的产品能够在局部领域先入为主，通过网络效应来放大自身的市场影响力。这使得中国成为当时世界各巨头争夺的焦点市场，其中日本富士通在 20 世纪 90 年代末甚至曾

① 中国的通信网络包括五个层次，即 C1～C5，各层次从数量上来看呈金字塔形，但就单价和重要性而言顺序恰好相反。C1 处于顶端，指的是国家通信交换机层，C2 为省级，C3 为市级，C4 为县级，C5 为乡镇级。

经采用低价倾销手段来争夺初建市场，一度将程控交换机的价格压低到 15～25 元/门，最终受到业内的一致谴责并留下臭名。面对跨国公司的反击，本土自主创新企业程控交换产品的份额依然稳步上升；1992 年，本土企业的国内市场份额为 10.6%，经过 1995—1998 年间程控交换机价格战后，自主创新品牌在 1998 年已经占据了国内超过 60%的新增程控交换机采购份额。

以历年“中国电子信息企业百强”榜单为例，在 1990 年第三届“中国电子信息企业百强”评比中，通信设备制造产业中仅有南京无线电厂等个别国有企业上榜。到 1995 年，随着国家对通信基础设施建设的大力投入以及“市场换技术”实践的盛行，上海贝尔、北京国际、东信-摩托罗拉、贝岭、通广北电等合资企业纷纷进榜，而且从它们所占据的榜单位置来看，不少合资企业迅速在中国市场赢得了明显的优势。与此同时，杭州、上海、广州、重庆和洛阳等地的传统国有企业的规模也得到了快速的扩张。1995 年榜单中令人惊喜的是华为，它虽然成立才 8 年，但已经位列“中国电子信息企业百强”榜单的第 26 位。当然，这一时期的巨龙还只是一个松散的联盟而没有组成单独核算的企业，否则以其经济规模计算也应当在百强之列。到 2000 年，虽然榜单中的通信设备企业依然是合资企业和国有企业占据主导，尤其是合资企业占据明显的优势，但华为和大唐等自主创新企业的崛起相当迅速，尤其是华为已经挤进了前十，而巨龙虽然已经遭遇困难，但依然拥有明显的国内影响力从而得以保留在榜单里。在 2005 年前后，随

着西方信息产业泡沫破裂和中国自主创新企业崛起的双重影响，“中国电子信息企业百强”榜单就形成了新的格局，不仅华为、中兴占据了前十的高排位，而且金鹏、烽火和大唐等自主创新企业也都强势崛起，这直接将大批合资企业和传统国有骨干企业挤出了榜单，后者仅剩下南京熊猫、上海贝尔和广州无线电（含广州爱立信）少数几个企业。自 2008 年起，华为就长期位居“中国电子信息企业百强”的榜首。①

自主创新企业的快速发展不仅压缩了“市场换技术”企业的市场份额，也使得它们自己拥有了进军国际市场的能力。自 2009 年以来，华为成为仅次于爱立信的全球第二大通信设备供应商，2014 年则在通信设备领域超越了爱立信。中兴也从 2000 年代后半段开始进入世界通信设备企业的领先阵营。

3. 产品开发能力：两条截然不同的道路

尽管“市场换技术”企业和本土自主创新企业的生产能力均获得了普遍提高，但在开发新产品方面两组企业存在鲜明的差异。自主创新企业将持续开发新产品作为其技术学习的主要途径和获得市场竞争力的基础，为此它们必须直面激烈的市场竞争，并在产品创新竞争和制造质量竞争中完成自身技术能力

① “中国电子信息企业百强”是相关机构根据企业的收入和利润进行综合计算所形成的一个企业榜单。这一评比活动最初是电子工业部从 1987 年开始主办的“中国电子百强企业”，而目前则由中国电子信息行业联合会颁布，名称改为“中国电子信息企业百强”。

的建设。相反，“市场换技术”企业将本土化生产作为核心经营策略，长期通过跨国公司合作伙伴获得产品设计和生产设备，这使得大部分“市场换技术”企业都没有足够的进取心来实施独立的产品开发战略。

3.1　汽车制造业

“市场换技术”企业：投放的车型数量有限

在轿车生产领域，在 2005 年的政策范式转型之前，“市场换技术”企业没有面向大众市场从事任何系统性产品或复杂技术的开发活动。此处对一些潜在争论做出必要的澄清。强调“系统性产品”或“复杂技术”的开发和产业化主要是为了甄别企业是否形成了积累技术能力的机制，以及相应开发活动是否在企业内完成。在 2005 年前，在位企业开发了少量新产品，但都不符合上述要求。例如，东风在 1996 年开发出一个新车型，但这一车型只是小规模生产和销售，完全没有成为东风推动自身发展的主要战略组成部分；它更像是企业集团内边缘部门的一次尝试，且并没有得到企业决策者的认同。天汽则是另一个在 2005 年前后人们的辩论中经常被提及的案例。天汽在 1984 年通过与日本大发公司进行合作生产而非合资生产的方式，引进了夏利的车型设计，该车型最初由日本大发公司在 20 世纪 70 年代开发。在实际合作中，天汽获得了该引进车型的技术使用权，而大发则不会为该车型提供后续改进。此后，天汽对夏利的外观设计进行过多轮调整，但由于天汽仍需要继续从

大发引进原有的配件以完成对夏利车型的组装，实际上天汽所能进行的技术调整非常有限。2000年，天汽与丰田建立了生产性合资企业，而丰田于1998年收购了大发公司，由此天汽才得以通过与丰田的合资公司进口大发夏利新车型的图纸和组装配件，从而从根本上“更新”了夏利车型。但事实上，因为该车型过于落后，丰田于1999年停止了夏利车型在日本的生产。综上所述，天汽并没有在这个过程中发展出任何显著的技术能力。

对于自主创新企业而言，由于必须依靠自主开发的产品才能够生存，它们自创建之初就持续开发新车型和发动机、变速箱等关键的复杂性技术部件。表2-6记录了各主要企业在2005年之前的产品开发情况。

表2-6　开发新产品的绩效（截至2005年，广义乘用车）

组别	企业	新的系统性产品的数量	开发的其他产品
“市场换技术”企业	一汽	0	以引进产品为基础对三款汽车的车身进行部分改造
	东风	1	以引进产品为基础对一款汽车的车身进行部分改造
	上汽	0	以引进产品为基础对四款汽车的车身进行部分改造
	北汽	0	保留合资前拥有的一个车型（BJ212），但没有对其进行技术升级
	广汽	0	以引进产品为基础对一款汽车的车身进行部分改造
	天汽	0	以引进产品为基础对一款汽车（夏利）的车身进行部分改造

续表

组别	企业	新的系统性产品的数量	开发的其他产品
自主创新企业	奇瑞	7	相关核心部件和其他组件
	吉利	9	相关核心部件和其他组件
	哈飞汽车	4	以引进产品为基础重新设计另一款汽车模型
	比亚迪	2	相关核心部件和其他组件

单从跨国公司引进的车型数量而论，在受到来自本土自主创新企业的竞争压力之前，“市场换技术”企业在中国市场上投放的车型数量非常有限。2001 年，中国轿车市场上仅有 13 款新车型，而当年已有 12 个跨国公司在中国组建了 19 家生产型合资公司。跨国公司不愿意将更多的车型投放于中国市场，其背后的原因可以分为两种。

第一种原因是，在中国市场并不存在充分竞争的情况下，跨国公司倾向于依靠其现有产品来获利。在参与“市场换技术”实践时，跨国公司重要的牟利手段是向中国企业（合资企业）出售设备和组装配件，这个模式就决定了“市场换技术”企业引进的必然是技术上已经完全成熟的车型。由于不少跨国公司都希望延长陈旧车型的财务回报周期，或者向中国抛售已经停产闲置的生产设备，在汽车产业的“市场换技术”实践中，中国企业所能得到的车型往往都是陈旧的，甚至相比西方主流市场的产品而言是技术落后的产品。其中，天汽和柳汽在 20 世纪 80 年代末从跨国合作伙伴那里获得的汽车型号最初都是由外方在 20 世纪 70 年代开发的。1988 年，雪铁龙将生产 VISA 车型的设备

卖给柳汽，而当年该车型在欧洲正式停产。一汽在引进大众的生产线时，购入的也是德国大众在美国停产的二手生产线设备。

在本土自主创新企业崛起之前，有一句行话叫“老三样”，指的是在20世纪90年代引领中国汽车市场的三种车型。这三款车都是通过中外合资企业生产的。其中，上海大众所生产的桑塔纳实际上是德国大众的帕萨特B2车型，最早于1981年推出；一汽大众所生产的捷达A2由大众于1979年推出；东风所生产的富康实际上是雪铁龙1991年推出的雪铁龙ZX。在这些跨国企业的母国，帕萨特B2、捷达A2和雪铁龙ZX车型分别于1988年、1992年和1998年停产。然而，合资企业却分别于1985年、1992年和1995年在中国启动生产。如果将1994年《汽车工业产业政策》中提出的“至少40%的生产本土化率”作为中外合资项目的验收标准，那么桑塔纳车型的德国版本1988年停产时，上海大众还没有通过中方的本土化率验收。直到2008年和2013年，富康和桑塔纳的原始版本才在中国停产。而捷达系列及其调整后的车型仍在继续生产。

然而，由于当时中国汽车市场上缺乏充分的竞争，这些跨国公司即使生产过时的车型也能获得可观的利润。[①] 在20世纪

---

① 到20世纪90年代末，“老三样”的净利润可能是每台车15 000～30 000元。正如《21世纪经济报道》在2003年12月27日的一篇文章中所报道的，上汽大众在1998—1999年通过生产23万辆汽车获得了60亿元人民币的净利润，而广汽本田在成立第一年通过生产2万辆汽车获得了6亿元人民币的净利润（见《WTO异变：中国汽车业自主品牌最后宣判》）。《新京报》在2004年1月15日引用了高盛公司的报告，指出2003年上半年大众汽车80%的利润来自它与中国合资的两家企业（见《中国已成大众衣食父母》）。

90 年代的大部分时间里，“老三样”的市场份额超过 50%——这也是“老三样”这一称谓的由来，即它们的车型设计长期没有显著调整，却占据了中国汽车市场的显著份额。跨国公司的战略使得中国汽车市场上的车型非常有限，到 2000 年，中国汽车产业中仅有 12 个车型的产量超过 1 万辆。换句话说，大多数国内消费者只能在这 12 种车型中进行选择。

第二种原因是，一些跨国公司并未计划深入培育中国的汽车市场，尤其是考虑到 20 世纪八九十年代中国汽车市场的落后现状，增加对中国市场的投资可能会带来较高风险。这些跨国公司倾向于在中国市场投放少量现有车型（对于不少合资企业来说甚至长期都是单一车型），以避免新增投资，并利用中国的市场需求快速获利。同时，跨国公司普遍避免为中国合作伙伴提供车型技术改进服务。柳州微型汽车厂和雪铁龙就 VISA 车型达成的交易正是其中的典型案例，雪铁龙更愿意通过一次性交易将过时的图纸和生产设备授权或卖给中国本土企业。

广州标致的失败也是跨国公司不愿意在中国市场进行产品和设备升级的典型案例。广州标致成立于 1985 年，是汽车产业中“市场换技术”实践的先行者之一。1990 年左右，广州标致的两款汽车，即标致 504（皮卡）和 505（轿车），一度占据了 16%的国内市场。20 世纪 90 年代初，一汽大众的捷达和二汽雪铁龙的富康即将陆续投产，广汽一度想要通过增加投资来维持广州标致在国内市场的竞争力，但法国标致拒绝增加对

等投资，广汽只能通过债务融资单方面承担所有的新增投资费用。然而，由于合资企业在技术上完全依赖于法方，而后者迟迟不肯投入新车型或者进行车型升级，致使广州标致生产的标致 504 和标致 505 在投产之后一直没有进行升级换代。① 广汽的新增投资得不到合适的回报，而一汽大众的新车投放进一步打击了广州标致的销售。法国标致的不合作使得这家合资企业很快陷入了困境，广州标致自 1994 年起连连亏损，并最终于 1998 年破产，法国标致以 1 美元的价格将所持股份与债务卖给了本田。②③

不光合资企业未能完成产品开发活动，2005 年前参与“市场换技术”的国有企业也放弃了此前拥有的产品开发平台。这一决策一方面是为了集中资源以投入中外合资项目，另一方面则是原有的本土产品平台被认为过于落后，比如一汽在 1981 年被迫放弃“红旗”的车型平台，就是因为决策层认为它过于落后、耗油量大。在这一背景下，上汽放弃了它的上海

---

① 在合资企业广州标致中，法国标致拥有 22%的股份和在董事会的否决权，但其股份全部来自技术投资。换句话说，除了生产许可证和两款汽车的技术图纸，标致没有向该合资公司投入任何资金，而且它始终拒绝稀释股份，导致合资公司在后续融资中遇到困难。

② 广州标致在 1995 年成为全国范围内亏损第二大的企业。然而法方是否亏损是值得质疑的，因为当时广州标致的国产化率只有 30%左右，甚至达不到中国政府在 1994 年《汽车工业产业政策》中要求的国产化率不低于 40%的及格线。这也意味着合资 10 年以来，广州标致需要长期持续从法方购入大量的 CKD 配件以组装产品，这无疑使法方获得了巨大收益。

③ 李溯婉．广标破产引发合资质疑// 颜光明，钱蕾，王从军．中国汽车四十年．上海：上海交通大学出版社，2018：101－108.

平台①，一汽的红旗品牌作为中国的“国车”具有特殊的政治形象意义而得以保留。但是，红旗后续却被移植到了跨国公司所提供的技术平台上。② 在“市场换技术”企业中，一度被保留下来的轿车产品平台是北汽的 BJ212（吉普车），但这一车型最终也于 2011 年停产。BJ212 的保留和最终放弃都非常具有讽刺意味，根据 1983 年北汽和美国汽车公司（1987 年被克莱斯勒收购）的合资合同，BJ212 归合资企业所有。BJ212 是中国首款越野车，深受消费者欢迎，尤其受到政府和军队的欢迎。美国汽车公司同意保留这一车型的原因是 BJ212 在 20 世纪 90 年代中期之前为合资企业贡献了 90%的利润；相比之下，美方所提供的产品却长期处于亏损状态。然而，在 1983—2001 年，除了在 1991 年进行过车身的局部调整，BJ212 一直没有得到有效的技术升级。虽然合资合同中明确规定了要对 BJ212 进行升级，但美方始终不愿意投入资源。这也导致了后期在面临日新月异的竞争对手时，BJ212 日渐难以满足市场需求而被停产。

自主创新企业：持续的产品升级和创新

然而，本土自主创新企业的行为却完全不同。对于它们来

① 上海平台创建于 1958 年（1958—1963 年被命名为“凤凰”），该平台产品的生产一直持续到 1991 年，累计产量约为 8 万辆。它是中国计划经济时期主要的 A 级汽车。

② 红旗车因得到了广泛的社会认同而被视为“国车”。1958—1994 年，一汽开发了两代红旗车，七款车型用于大规模生产，同时还有其他车型用于实验和特殊用途。自 1994 年起，奥迪 100 C3 - GP 和林肯城市车的平台被移植到红旗车上，分别用于面向大众市场和高端市场的两个车型。

说，持续开展产品升级或产品创新不仅是一种市场策略，也是一种技术学习策略。对于这些原本基础薄弱的新企业而言，大量的技术问题和管理问题都是在不断的开创性工作中解决的。本土自主创新企业在 2000—2010 年的产品战略可以简要地概括为以下两点。

第一，自主创新企业通过提供高性价比的产品将更多首购汽车消费者引入市场，而这反过来要求自主创新企业通过自建供应体系来确保这一战略的可行性。

当时中外合资企业生产的轿车价格过高，其背后的原因比较复杂（后面的章节将展开讨论）。但不论何种原因，这都使得中国汽车市场在 20 世纪八九十年代增长缓慢，也为本土自主创新企业探索国内市场提供了潜在空间。以奇瑞的产品战略为例，奇瑞的首款车“风云”所对标的车型是西班牙汽车公司西亚特的 Toledo 第一代车型。Toledo 的设计来自大众汽车[①]，与捷达、桑塔纳均属于大众汽车的 A 级产品平台，且有大量的通用件。2001 年，捷达和桑塔纳的价格都在 12 万～18 万元/辆，而风云的售价仅为 8.8 万元/辆。[②] 显著的价格差异使一

---

① 大众于 1993 年收购了西亚特。

② 根据笔者从汽车经销商处收集到的价格手册，在 1996 年，“老三样”，即桑塔纳（上汽大众）、捷达（一汽大众）和富康（东风雪铁龙）的单价分别为 13.85 万元、14.85 万元和 14.2 万元。桑塔纳 2000（Ford Versailles 在巴西市场的本土化版本，1991 年由巴西大众升级，1995 年由上汽大众推出）的售价为每辆 19.5 万元人民币。甚至夏利（天汽生产的一款基于大发夏利的 A0 级汽车）的价格也是每辆 7.8 万元。2001 年，人民币与美元的汇率为 8.277∶1。

大批原本买不起汽车的消费者得以进入市场。奇瑞在2003年推出第二代车型时继续采取了这一策略。其中，奇瑞QQ系列是一款A00级汽车，主要的竞争目标是通用汽车的Spark车型。QQ的售价为2.5万～4.5万元/辆，而比QQ晚推出的Spark售价为6万～7万元/辆。[①][②] QQ是当时中国市场上采用现代设计的汽车中价格最低的[③]，它创造并推动了一个重要的汽车细分市场的发展。同样，2003年奇瑞推出的东方之子（B级车）单价为10万元，与中国市场上其他所有B级车的价格差距至少超过50%；2005年奇瑞推出的第一款SUV瑞虎的单价为12.5万～14万元，而其目标对手如丰田RAV4和本田CRV的基本款单价均超过20万元。

上述事实表明，尽管中国政府并没有如日本、韩国那样在工业起飞阶段设置关税壁垒或其他额外的保护措施，但中国市场依然热烈拥抱了本土自主品牌的崛起。当时的普通消费者很

---

① Spark车型即大宇汽车的Matiz车型。通用汽车在2002年收购大宇汽车后将大宇的车型重新命名。2003年，Spark计划由上汽通用五菱（由通用汽车、上汽集团和柳州汽车制造厂投资的中外合资企业）推出，最初定价为每辆8万～9万元。然而，奇瑞QQ的出现让上汽通用五菱的决策者对该车型重新定价。

② 路风，封凯栋. 发展我国自主知识产权汽车工业的政策选择. 北京：北京大学出版社，2005.

③ 在奇瑞QQ推出之前，最便宜的汽车型号是奥拓（铃木）的一系列本土化版本。当时国产化奥拓是根据中国兵器工业总公司的安排于1992年进口的，作为军队的民用项目由四家军工厂进行生产。最初的版本是奥拓二代（铃木系列的CA71），于1984年首次推出。这款汽车车型过时，没有防抱死制动系统和安全气囊，安全标准很低，最高速度无法达到120千米/时。因此，在技术方面，当时的奥拓与新上市的奇瑞QQ无法相比，而奥拓在中国市场的平均价格为3.5万～5万元/辆。

容易看出自主创新企业与合资企业的产品在设计、关键零部件和制造质量方面的差距，但他们仍然会被更低的价格吸引。特别是，如果没有这些新兴企业对合资企业发起挑战，大量消费者不会被纳入市场。2004 年 1 月，奇瑞 QQ 和吉利美日两款车型被北京亚运村汽车市场列入“2003 年十大畅销车型”[①]，尽管当时距奇瑞 QQ 上市仅 4 个月；同时，在《北京晨报》和人民网共同组织的“年度十大最受欢迎汽车”评选中，奇瑞的东方之子同样入选。[②] 在首购汽车消费者的支持下，奇瑞的销量在 2007 年突破了 100 万辆，此时奇瑞仅成立了 10 年。2006—2007 年，作为本土汽车制造商的旗舰企业，奇瑞的汽车年销量排名全国第四，仅次于上汽通用、一汽大众和上汽大众。吉利从 2006 年起也进入了年度汽车销售量排名的前十名。[③]

第二，本土自主创新企业比合资企业推出新产品的频率更快。在面临自主创新企业的竞争前，中外合资企业的产品升级很慢。由于合资企业在产品技术上依赖于外方合作伙伴，中方事实上并没有推出新产品的能力。如果不符合外方的意愿，引进新产品设计的决策就很难达成。这些因素使得中外合资企业的产品平台升级非常缓慢。桑塔纳在产品调整方面居于其他

① 北京亚运村汽车市场是北京最大的汽车市场，约占北京汽车销售量的 30%。因此，该排名较具代表性。

② 路风，封凯栋. 发展我国自主知识产权汽车工业的政策选择. 北京：北京大学出版社，2005.

③ 数据来自全国乘用车市场信息联席会（CPCA）。

“市场换技术”企业的车型之首，然而，除了车身和外形的调整，自 1983 年以来，上汽大众只进行了两轮重大升级。第一轮是 1995 年交付桑塔纳 2000 车型，但升级事实上是由大众汽车巴西公司在 1991 年完成的，大众只是向上汽大众进行了转让。第二轮是 2004 年推出桑塔纳 3000 车型，这是由上汽大众在大众的许可下进行开发的。2008 年后，上汽大众推出了桑塔纳的升级版桑塔纳 VISTA，但相关技术改造不涉及平台的核心要素。

奇瑞的产品升级：坚持“小步快跑”

相比之下，新兴自主创新企业实施的则是“小步快跑”战略。这不仅是一种产品战略，也是一种技术学习战略。在能力建设的早期阶段，这些企业把持续且快速的技术升级作为与消费者和产业伙伴互动的手段。这使它们得以通过互动学习从竞争对手的产品中吸收知识，弥补自身产品的不足。在这个过程中，消费者也更容易感知到创新型企业在产品开发过程中的进步，继而被吸引。

例如，在成立的 10 年间，奇瑞曾为其 A 级车型推出了一系列新平台。奇瑞首个 A 级车型风云于 2001 年上市。基于风云，奇瑞又在 2003 年推出了升级后的新车型旗云，除了改良车身，奇瑞还应中国消费者当时的偏好，采用了宝马提供的发动机。2006 年，奇瑞又推出了一个全新 A 级品牌 A5。A5 项目的研发基于奇瑞研发部门持续开发的旗云系列旗云 3 平台。与此前需要部分依赖逆向工程开发不同，A5 是奇瑞首次完全

通过正向工程来开发的汽车。在 A5 车型的开发活动中，奇瑞的工程师们根据已经积累的经验，大胆地重新设计了大量部件，重新调整了底盘；与此同时，奇瑞的发动机部门也成长起来，A5 汽车不再依赖宝马的发动机，而是采用了自研的 ACTECO 发动机。2011 年，奇瑞再次升级了旗云 3 平台，并推出了新车型 E5。

推出风云车型后的 10 年间，奇瑞完成了三轮重大升级。此外，奇瑞还在 G 系列中推出了以 G3 车型为代表的新型 A 级车，以及以 G5 为代表的 B 级车；在 SUV 车型方面也构建了瑞虎和 X5 两个差异化产品平台。可以说，奇瑞在 10 年间完成了 A00、A0、A 和 B 级车以及 SUV 车型的布局，并且在每级车型都建立了不少于两个平台，这一时期奇瑞甚至还在往商用车（卡车、面包车和大巴）方向发展。此外，奇瑞还有大量在研的尚未成熟的车型设计。总之，通过“小步快跑”战略，奇瑞等创新型企业逐渐发展为大规模汽车生产商，产品已经覆盖了汽车产业大部分细分领域。

接下来以奇瑞在 2001—2011 年风云系 A 级车产品平台的演进来刻画这家企业如何通过开发性项目不断加强与产业链和消费者的互动，从而以“小步快跑”的机制来发现问题并解决问题，从无到有、从弱到强地完成自身能力构建。这一过程如图 2-3 所示。

● 逆向工程：风云。最早研发第一代风云车型时，奇瑞只能通过局部的逆向工程来进行模仿；同时对外采购发动机、变

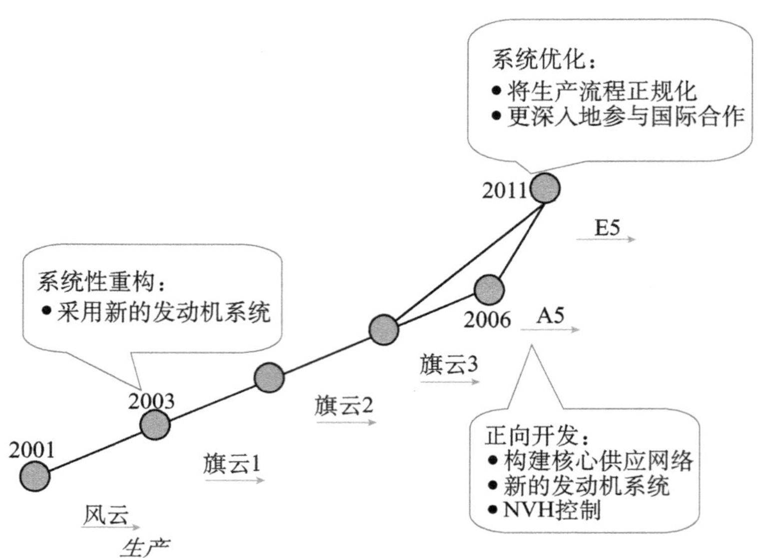

图 2-3　奇瑞风云系 A 级车产品平台的演进（2001—2011 年）

速箱，并将磨具和汽车电子等关键开发活动外包给外部供应商；最终以比合资企业的产品更低的价格挤进市场。

● 重新设计系统：旗云系列。基于风云平台升级后的车型是旗云，其中包括三个持续改进的产品平台。奇瑞开始满足消费者的偏好，将发动机换为宝马发动机，并聘请外部技术企业调整动力总成和底盘总成，以将新的关键零部件（发动机）与原有的产品架构更好地整合在一起。

● 正向开发和建立核心供应网络：A5 系列。奇瑞为 A5 系列进行了正向技术开发，不过，基于成本考虑，奇瑞依旧使用了现有的旗云 3 平台。旗云 3 平台限定了 A5 系列在尺

寸和底盘类型上的关键指标，但奇瑞根据市场反馈和消费者偏好，重新定义了 A5 在车身设计、汽车电子以及动力系统的关键特征。为此，奇瑞聘请国际技术公司提供车身设计、底盘工程等服务。同时，奇瑞还开始构建核心供应网络，因为一个依赖于市场上已有的零部件的汽车企业是没有空间根据自身的设计需要来定义产品的。在正向开发中，零部件供应商需要为主机厂的产品设计服务，为此，核心供应商需要从车型开发的第一天就与主机厂商保持紧密互动以了解主机厂的需求。此外，奇瑞还成功完成了发动机和变速箱等关键部件的开发。

● 系统优化：E5 系列。在开发 E5 系列车型时，奇瑞希望通过系统优化来提升产品质量。它开始遵循全球领先的汽车制造商的开发流程，并聘请高端技术公司为其提供专业服务。在开发 E5 系列车型时，奇瑞实现了产品开发模式的正规化，并且在车型上采用了更多前沿的电子模块。

● 突破重要的功能模块：E5 系列。在 E5 系列中，奇瑞还在 A 型车平台上实现了一些涉及车辆性能和舒适性的关键功能模块的突破。此处援引一个技术案例详细说明这一开发过程的特征。在 A5 项目之前，奇瑞并没有认识到噪声、振动和声振粗糙度（NVH）控制对汽车开发的必要性，这一局限性源自在奇瑞第一代工程师成长过程中，中国汽车市场尚未形成专业的 NVH 工程概念；而这些系统性的概念很难通过逆向工程或者通过学习市场上的其他竞品直观地获知。当然，这也就意

味着在 A5 之前，所有车型开发活动均没有考虑 NVH 工程。在 E5 系列开发中，奇瑞在与国际供应商合作时才了解到这一概念并最终将其引入 E5 项目中。

从上述描述中可以看出，“小步快跑”战略的核心在于不断通过开发项目实现与消费者和供应商的紧密互动，从而使企业发掘问题并解决问题，同时让企业认识到新的技术和新的概念，并在互动中掌握相应的技术手段。如果没有持续的、动态的开发活动，企业互动的范围和内容都将锁定在极其有限的领域内，企业也就无法在互动过程中有效开拓自己的能力空间。

产品开发平台是企业能力积累的关键

如果我们要与“市场换技术”思维中设定的“引进—消化吸收—创新”或者文献中关于后发国家工业能力成长的“阶梯式理论”作比较的话，我们会发现奇瑞风云系 A 级车产品平台的演进规律与上述逻辑具有根本性的差异。工业实践中的能力构建更类似于一个螺旋式的成长过程，如图 2-4 所示。企业首先需要有一个产品开发平台作为能力成长的载体。在这里，产品开发平台指的是一系列在技术逻辑上具有继承性的产品，以及相关联的开发过程和相应的开发型组织。① 最初的产品可以相对简陋，可以低水平，甚至部件不齐全，但这个产品及其后续发展序列的存续为探索活动和相应的经验积累提供了

① 路风．论产品开发平台．管理世界，2018（8）：106-129.

载体。只有存在这样一个载体，经验积累才能解决“个人与集体”的整合要求，即个人的设想才得以在一个基础要素完备的应用情景（application context）下被合作伙伴充分理解并转化为集体性的知识。[①] 同时也只有存在相应的载体，一个团队在不同时间段的经验才能有逐次附着、融合甚至整合的基础。而相关联的、持续开展的开发活动则是以原有的知识集合为基础，通过不断地接触市场上的新需求、产业链中的新概念新技术，以及团队引进的新人带来的新思想来不断扩充完善。因此，企业能否在相应领域内开展能力积累活动的关键，是企业内部是否存在由相关联的产品序列、持续开展的开发活动以及相应的开发性组织所构成的产品开发平台，而不是企业是否在该领域长期进行了其他活动，如组装或者国产化制造等活动。是否开启建设相应的产品开发平台，是由企业的战略意志决定的，因为它涉及企业内关键性资源的配置；企业在建设产品开发平台过程中的效率，则是由它的组织整合能力和为技术学习过程提供的相应制度性保障来决定的。关于这部分内容，本书会在第四章进行更详细的阐述。

比较本土自主创新企业与“市场换技术”企业的产品及汽车设计的技术特点，可以说明前者在技术创新方面取得的进步。下文将 2002 年前后的“新三样”称为“中三样”，以更好

① NONAKA I. A dynamic theory of organizational knowledge creation. Organization science，1994，5（1）：14－37.

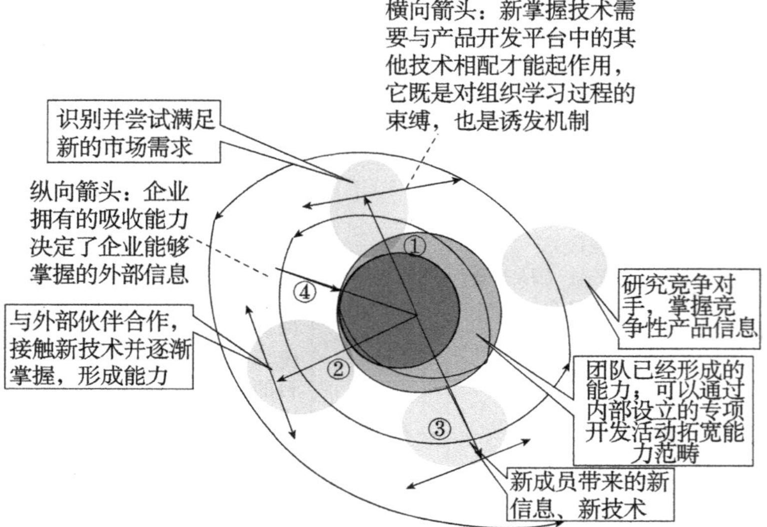

图 2-4　自主创新企业能力成长的螺旋式模型

地区别于2007年前后的"新三样"。表2-7列明了"老中新"三样的具体特征。

表 2-7　中国汽车市场上较受欢迎的 A 级车产品及其特征

	车型（对应的跨国公司车型）	第一次在中国市场推出的时间	技术特征
"老三样"	桑塔纳（帕萨特 B2，大众） 捷达（捷达 A2，大众） 富康（雪铁龙 ZX，雪铁龙）	1984—1992年	造型：方形、楔形。 安全性：无防抱死系统、安全气囊等。 驾驶舒适性：无升降车窗、动力辅助转向等。 底盘系统：实心轴悬挂。 保修：2年或40 000公里。

续表

	车型（对应的跨国公司车型）	第一次在中国市场推出的时间	技术特征
“中三样”	伊兰特（伊兰特6，现代） 福美来（马自达323，马自达） 凯越（旅行家，通用-大宇）	2001—2002年	造型：基于曲线的造型，流线型。 安全性：防抱死制动系统，电子制动系统，2个安全气囊。 驾驶舒适性：动力辅助转向系统、停车距离控制系统、升降车窗、配有主控台的空调、CD播放器等。 底盘系统：独立悬挂。 保修：无一般标准。
“新三样”	福克斯（福克斯，福特） 速腾（捷达A5，大众） 标致307（标致307，标致）	2006—2007年	造型：宽体造型*，仿跑车流线型设计。 安全性：防抱死系统，电子制动力分配系统，车身电子稳定系统，4～6个安全气囊。 驾驶舒适性：CAN-bus、电动助力转向系统、多功能方向盘、动力辅助转向、停车距离控制系统、升降车窗、配有主控台的空调、智能语
	福克斯（福克斯，福特） 速腾（捷达A5，大众） 标致307（标致307，标致）	2006—2007年	音引导系统、DVD和MP3播放器、蓝牙应用等。 底盘系统：带有后置多连杆的独立悬挂。 保修：3年或100 000公里。

注：表中的技术特征是指这些车型早期版本的特征。

*宽体设计的宽度通常为1 750mm，而此前设计的A级车通常为1 700mm。

术语：CAN指控制器区域网络，CD指紧凑型光盘，MP3指MPEG音频层Ⅲ。

尽管跨国公司从 2001 年开始加速向其在中国市场上的中外合资企业授权推出新产品，但崛起的创新型企业通过实施“小步快跑”技术战略成功保持了追赶的步伐。2001 年，当奇瑞和吉利正式获准进入汽车制造领域时，即使不考虑制造精度上的落后情况，它们的第一代车型也仅与“老三样”大致相当。但是，哈飞的路宝车型已经体现出“中三样”的主要技术特征。到 2003 年前后，奇瑞和吉利推出第二代产品和第一代车型升级版时，它们只能提供“中三样”采用的大部分技术模块。2005 年哈飞推出了赛豹 3 车型，奇瑞和吉利也在 2007 年前后推出了面向全球主流市场的“全球车”(第三代产品)。这些车型具有“新三样”的技术特点，其制造质量也与中外主流产品相当。本土自主创新企业的追赶过程可以用图 2-5 来概括。

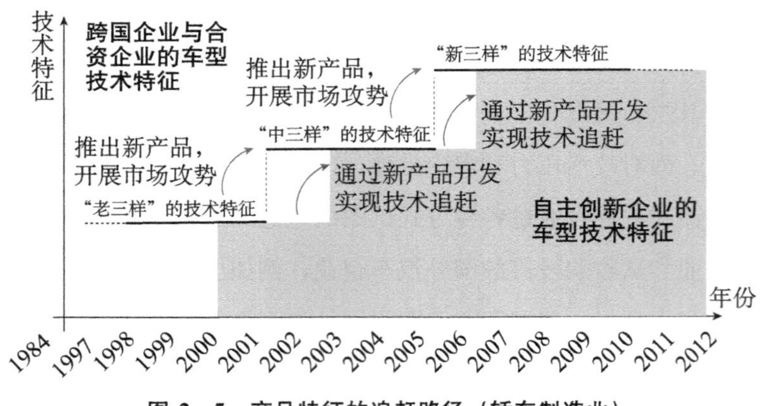

图 2-5　产品特征的追赶路径（轿车制造业）

本土自主创新企业的出现使得中国汽车市场的竞争开始进入以产品创新为导向的新模式。也就是说，消费者不再满足于

过时的车型和有限的车型选择；创新型企业投放的大量新产品不仅为消费者提供了更多的选择，而且还带来了更多的新技术，成为消费者追逐的对象。这个过程又迫使生产轿车的企业不得不将更多的资源投入技术与产品研发中去。

“市场换技术”企业通过两种方式来应对这一挑战。其一，跨国公司通过其合资企业推出了更好的新车型。面临自主创新企业的竞争，2005 年后跨国公司开始大幅增加每年推出的新车型数量，使得中国市场上的车型数量从每年 80 个快速增加到 120 个，并且此后一直保持在较高水平。之前的主导车型市场份额明显下降。2001 年，“老三样”仍然占据国内市场份额的 40%，但这一比例在 2002 年下降到 34%，2004 年下降到 18%。这三种车型（桑塔纳、捷达、富康）的绝对销量在 2004 年分别减少了 43%、70%和 77%。2002 年三种车型的平均单价约为 14 万元，到 2008 年则降至 6 万元左右。

其二，国有骨干企业也对本土自主创新企业的挑战做出了回应。面对政治压力和舆论批评，这些企业不得不开始发展自己的品牌，并且通过各种方式试图缩短这一过程。部分国有骨干企业尝试收购没落的国外汽车企业，例如上汽收购了英国的罗孚和大通；一些国有企业购买国外汽车企业的产品图纸，例如北汽就购买了萨博两个车型的图纸；还有一些国有企业甚至向自主创新企业收购技术图纸，例如广汽在传祺品牌建设之初，就收购了奇瑞一批闲置技术图纸。然而，从企业技术能力发展的角度来说，能力的积累是组织性的，这意味着并没有捷

径可走。要想发展自身的能力，“市场换技术”企业必须经历自主创新企业所经历过的组织发展和能力建设过程，这意味着它们也必须重新构建其开发性组织，并为之投入战略性资源，通过长期的技术学习来积累经验并形成能力。

以上这些因素都使得中国轿车市场的年均新产品数量实现了快速的增长。年度新产品数量从 2001 年的 13 款开始，在 2002 年、2003 年就分别增长到了 28 款和 50 款。在 2006 年，该数字突破了 100，到 2009 年，该数字就已经超过了 200。[①]这意味着跨国公司通过少数车型来收割中国市场的做法被中国的自主创新打断了，中国市场进入了全新的、立足于新产品竞争的阶段。

到了 2010 年之后，在新能源汽车的市场影响力开始逐步爬坡之时，自主创新企业已经基本完成对汽车产品的正向开发能力的积累，同时又早早地在新能源汽车领域开展投资进行技术储备。这使得从一开始自主创新企业就在新能源汽车的发展过程中扮演了主角。奇瑞、吉利和比亚迪这三家第一代自主创新企业不仅自身的产能发展迅速，而且长期占据国内市场份额的 30%～40%。甚至仅比亚迪一家企业在 2014—2016 年占国内市场的份额就达到了 30%～35%。随着 2015 年入场的“造车新势力”和国有骨干企业等新一批自主新能源汽车厂商的产

① 由于轿车的新产品存在“车型”和“款”（同一车型的不同配置）之间的区别，后者比较难以统计，在此处，我们讨论的是“车型”。

能逐渐提升并分享市场，奇瑞、吉利和比亚迪在新能源汽车领域的市场份额才有所下降，但这并不妨碍它们在绝对产量上的快速提升。到 2021 年，比亚迪的新能源汽车产量已经超过 60 万辆，2022 年更是超过了 180 万辆。这不仅使得比亚迪成为全球最大的新能源汽车生产企业，还成为当年国内最大的汽车生产企业，其新能源汽车占汽车产量的比例更是高达 99.4%，毫无疑问地成为全球传统汽车厂商转型的典范。

3.2 通信设备制造业

在通信设备领域，两组企业在产品开发能力上存在非常明显的差异。中外合资企业事实上沦为跨国公司在中国本土的生产制造单位，其内部从事的开发性活动非常有限。而本土自主创新企业从一开始就需要依靠自己的产品在市场上站稳脚跟，它们后续也将持续研发新技术和新产品作为战略重点。表 2-8 记录了各主要企业在 2005 年之前的产品开发情况。

表 2-8 开发新产品的绩效（截至 2005 年，通信设备制造业）

组别	企业	新的系统性产品	开发的其他产品
“市场换技术”企业	东信（杭州）	电话	三台原型机
	上海贝尔	无	两个应用模块
	江苏富士通	无	数据缺失
本土自主创新企业	巨龙	全套通信设备（有线，2G）	数据缺失
	华为	全套通信设备（有线，2G，3G）	手机，参与模块标准的设定
	中兴	全套通信设备（有线，2G，3G）	手机，参与模块标准的设定

续表

组别	企业	新的系统性产品	开发的其他产品
本土自主创新企业	大唐	TD-SCDMA 标准；全套通信设备（有线，2G，3G）	手机，参与模块标准的设定
	信威	SCDMA 标准（第四代）；全套通信设备（2G，3G）	手机

基于与跨国公司的合作，许多中外合资企业能够生产全系列的固定电话设备、数字数据传输设备、2G（第二代）和 3G（第三代）移动系统设备等。然而，这些企业能够为客户提供的产品选择范围仅限于外国合作伙伴已经转移到中国进行本地化生产的那些产品。电信设备往往是高度定制化的产品，中外合资企业在服务中国本地运营商时，也掌握了根据用户需要对布网和系统设置进行优化的能力。然而，合资企业的这些工程活动只能立足于由跨国公司提供的产品设计，这使得它们开展“定制化”或者“优化”的空间是有限的，它们所能做的也仅仅是从合资企业已有的产品和技术中为用户进行不同的选择和配置。

在 2000 年之后，随着自主创新企业尤其是华为与中兴的崛起，大部分中外合资企业都失去了独立的战略决策能力，在运营商网络建设的招投标项目中，它们仅仅扮演着跨国公司在中国的生产单位的角色。

拥有相对较强的独立决策能力的合资企业主要包括东信（包括它与摩托罗拉合作建立的合资企业）和上海贝尔。两家企业的独特之处在于它们与中央政府的关系。东信作为中国邮

电工业总公司（现更名为中国普天信息产业集团有限公司[①]）下的主要设备生产企业，承担了包括“863计划”项目在内的一系列国家科技项目。在参与这些项目的过程中，东信组织了一批研究人员开展电信技术开发以追赶全球前沿水平，产出了一系列技术成果，如CDMA、CDMA2000和WCDMA移动系统的原型。然而，除了2002年在吉林白城建立了CDMA2000系统的测试网络，其余大部分科技成果都没有实现商业化。在产业化活动中，东信与摩托罗拉于1996年组建了合资企业，并以此参与电信运营商设备市场的竞争；而东信（不包含东信-摩托罗拉这一合资企业）则主要转向行业用户这一细分领域，如为银行和铁路用户提供通信设备。

上海贝尔的特殊性在于其央企身份。作为“市场换技术”政策框架下的第一家合资企业，上海贝尔被视作同类企业的代表。邮电部将其最优质的资产投入上海贝尔的建设中。就企业规模而言，2000—2001年，上海贝尔成为全球最大的程控交换机生产商。这似乎说明上海贝尔的经验是成功的。但在产品和关键技术上，上海贝尔一直依赖于从跨国公司引进图纸与设计。上海贝尔仅仅自主发明了一些应用模块，以解决从国外引进的图纸不适用于中国国情的特定问题。

本土自主创新企业则在产品开发上做出了惊人成绩。作为

① 中国邮电工业总公司成立于1981年，是一个管理邮电部下属生产单位的工业集团，也是由中央政府直接拥有的大型国有企业。它被认为是计划经济中的代表性国有企业。

新进入者，它们从一开始就需要依靠自己的技术来谋求生存，因此它们从 20 世纪 80 年代末就开始向市场推出产品。到 1995 年，“巨大中华”四家自主创新企业已经基本能覆盖固话系统大部分细分市场。“巨大中华”在技术上一直都以跨国公司作为参考对象，不过巨龙电信所发明的 HJD04（人们常常简称为“04 机”）堪称一项真正有价值的独立创新，并且达到了当时国际一流水平。这在技术路线上和精神上都对华为、中兴等自主创新企业产生了重大影响。1997—1998 年，本土自主创新企业开始根据客户需求开发新的应用，它们在 2G 移动网络的智能网等应用层上赶上了跨国公司的技术发展步伐。

整体来看，中国通信设备制造业自主创新的一个关键拐点是中国本土企业在全球第三代移动通信（3G）标准竞争中的积极参与。大唐通信基于信威通信的 SCDMA 技术，与西门子共同开发了 TD-SCDMA 标准。作为竞争对手，华为和中兴在 TD-SCDMA 标准中的参与度有限，当时华为的研发资源主要投放于 WCDMA 标准，而中兴通讯则主要贯注 CDMA2000 标准。中国在国际通信技术领域的崛起，使得国际同行们开始正视来自中国的企业；国际电信联盟（ITU）及各主要企业为确定 3G 标准而发起的一系列会议、工作组和联盟，使中国企业得以在 3G 标准尚处于早期灵活创新的阶段时就加入到全球电信产业共同体中来。[①] 华为和中兴抓住了这个机会，通过自身

① 而“市场换技术”企业则无法抓住这种机会，因为它们无法执行独立的技术和产品开发战略。

在技术研发上的投入，跟上了国际巨头的技术发展步伐。在1998—2004年，华为平均每年投入10亿元人民币用于WCDMA技术研发活动。它向国际电信联盟提交的技术方案证明了自己的实力。从2001年开始，中兴和华为逐渐在国际电信联盟、3GPP、3GPP2、IEEE和ETSI[①]等组织中赢得具有投票权的成员席位。从2003年开始，华为和中兴开始在国际市场上获得3G网络建设的重要订单。这些成就使得华为和中兴在全球通信行业中成为前沿竞争的参与者，而不仅仅是发达国家的追随者。

从软交换应用（soft-switch application）的案例中，可以清楚看出中国本土自主创新企业的能力变化。21世纪初，WCDMA版本的3G技术开始商用。2001年，当时的国际厂商所提供的普遍是WCDMA的第一代版本R99，如日本的NTT DoCoMo网络和韩国首尔的SKT网络就应用了各自供应商提供的R99的设备。如果运营商想要实现数据传输的全部潜力，就需要更换大量现有设备，这无疑会给现有的GSM网络带来颠覆性的影响。

R4是继R99之后的新WCDMA版本，采用嵌入式软交换技术，而软交换可以使系统与现有的设备更加兼容。也就是

① 3GPP即第三代合作伙伴项目（支持3G标准，其核心网络源于GSM，比如当时的WCDMA和TD-SCDMA）；3GPP2即第三代合作伙伴项目2（支持3G标准，由CDMA One或IS－95发展而来，如当时的CDMA2000）；IEEE即电气和电子工程师协会（支持将WiMAX作为3G标准）；ETSI即欧洲电信标准协会。

说，无论是从 GSM 还是从 R99 版本向 R4 版本升级，软交换技术都使得电信运营商无须大量淘汰原有的 GSM 设备或 R99 设备；同时，软交换技术也能帮助 R4 版本更好地实现与未来 R5 和 R6 版本的平滑过渡。当时，软交换应用是一项前沿技术，R4 网络尚未商业化应用。2003 年，华为率先发布其 R4 软交换商用版本，并且表示将在阿联酋移动运营商 Etisalat 正式部署 R4 商用网络。这意味着华为在软交换技术的商用领域已经处于世界领先水平。对于一个基于逆向工程进行技术学习的追随者来说，合理的策略是模仿市场上已经推出的产品。这一案例说明，华为早已在战略上实现了从跟随者或模仿者到前沿创新者的重大转变。正是由于对技术和产品系统形成了全面系统的理解，华为的开发人员才能充分认识到当时 WCDMA 标准的主导设计（dominant design，即 R99 版本）的致命弱点，并赶在世界主流厂商之前独立开发出新的技术方案。

除了华为和中兴，大唐电信和信威也展现出开发前沿技术系统的能力。自 1998 年起，它们陆续开发了 SCDMA 和 TD-SCDMA 等技术标准。基于这些技术标准，它们又研发出全系列设备，并建立产业联盟来打造价值网络。SCDMA 是中国首个本土移动电信标准，其原始版本当时在国内已经安装了超过 10 万门。而后来发展起来的 SCDMA-R5 版本，即多载波无线信息本地环路（McWill），由于其出色的技术性能得到了中国政府的官方支持，成为全球微波接入互操作性（WiMAX）的竞争对手。而大唐推出的 TD-SCDMA 则最终被国际电信联盟

认定为全球 3G 移动通信标准之一，并于 2008 年开始进行商业化应用。

尽管事后来看 3G 成为中国“最短命”移动通信网络，而且人们对于中国建设 TD-SCDMA 的费效比存有较大争论，但毫无疑问，中国参与 3G 标准竞争从根本上扭转了中国电信设备业的整体行为模式，中国企业自此一跃成为国际标准和前沿技术的开发者与竞争者。在发展 TD-SCDMA 产业链的过程中，还涌现出了展讯、鼎桥等一系列重要的技术型企业，这些技术力量的形成在中美科技战开启之后显得尤为珍贵。

4. 基于专利的比较

专利数据是人们在讨论创新和技术进步问题时常见的分析对象。用专利数据来度量技术创新往往存在各种局限性，因为专利与真实的技术进步以及技术真实价值之间往往具有较明显的差距。而且跨国公司在中国申请的专利往往是其专利全球布局的一部分，并不代表它们在中国开展的技术活动。但这并不能掩盖在合理的设定下，专利数据依然能够反映在同一产业中不同企业之间在技术差距上的大体趋势。由此，我们也简单地采用专利数据来向读者展现“市场换技术”企业和本土自主创新企业之间的差异。由于专利技术来源于开发活动实践，相较于没有培育自主产品技术平台的“市场换技术”企业而言，将构建产品开发平台作为核心战略的本土自主创新

企业具有明显优势。①

4.1　汽车制造业

由于汽车制造业涉及的技术范围较广，本节选择与发动机系统相关的技术作为燃油车核心技术的代表。根据中国知识产权局专利数据库 1980—2022 年的数据，在发动机专利的申请者中，所有的“市场换技术”企业几乎都没有显著的专利产出。上汽通用和上汽通用五菱两家合资企业在 1980—2022 年与发动机相关的专利分别为 64 项和 37 项，除此之外，其他中外合资企业没有任何一家的专利数超过 5 项，不仅华晨宝马、长安福特这些合资企业的专利数为 0，广汽丰田、广汽本田和上汽大众在这一领域内的专利数也只有 1。它们的外方合资伙伴并没有与中外合资企业分享专利。在该领域，6 家跨国公司丰田、福特、通用、现代-起亚、本田、日产在中国的专利数数要领先于其他任何群体中的企业，其中丰田和福特以 2 648 项和 2 007 项分别高居第一、二位；在中国知识产权局的专利数据库中，与发动机相关专利申请数排前五名的跨国公司（丰田、福特、通用、现代-起亚、本田）的平均专利数为 1 759 项；而国有骨干企业虽然也有较长的发动机研发历程，但其前

① 专利数据中常用的有“专利申请数”和“专利授权数”两类，作者同时考察了这两类数据。为简洁起见，本节仅呈现专利申请数据；而在本节的分析中，专利授权数据与专利申请数据在各家企业之间的分布基本上是同构的，所以这里就不再赘述专利授权数据的分析。

五名（一汽、东风、广汽、上汽、北汽）的平均数则仅有 291 项，这甚至比不上自主创新企业前五名（长城、吉利、奇瑞、比亚迪、江淮）的平均数 400 项，而这些自主创新企业的成立时间要晚得多。基于这种情形，可以认定本土自主创新企业是国内研发活动的领导者。

如果我们观察合作申请专利，可以发现更有趣的现象。如果将国有骨干企业的专利数据汇总，例如将上汽集团的数据汇总，即包括了上汽、上汽通用、上汽通用五菱、上汽大通和上汽大众，那么上汽集团及其合资公司与发动机相关的 329 项专利申请中，只有 106 项是与跨国合作伙伴设立的合资企业申请的；如果时间前推几年到 2018 年，这个数字则仅有 38 项。但以上汽为主体的“市场换技术”实践已经有超过 30 年的历史。就一汽和东风而言，截至 2022 年，它们与跨国公司组建的合资企业在发动机领域的专利申请分别只有 3 项和 7 项，在其专利申请总量 425 项和 387 项中几乎是可以忽略不计的。这再次表明在“市场换技术”政策框架下，国内企业在关键零部件和产品研发领域的学习效率是相对较低的。

反观跨国公司，其中在中国就发动机相关技术申请专利最多的是丰田。它在 1980—2022 年总共申请了 2 648 项与发动机相关的专利，但其中没有任何一项专利是在中外合资企业的载体上申请的。如果我们推至所有与汽车相关的专利，截至 2018 年，丰田在中国申请了 16 708 项专利，其中只有 5 项是与中国企业合作申请的。丰田在中国的子公司，包括丰田（中

国）研究中心、一汽丰田研发中心和广汽丰田研发中心，在过去 40 年间只申请了 19 项发明专利。离岸研发的主要功能只是帮助跨国公司将其技术能力本地化，以更好地适应当地市场，或将当地消费者的意见反馈至全球总部，而非培养当地的技术能力。

电动汽车领域的情况则更突显了“市场换技术”实践在关键技术学习上的劣势，以及自主创新企业的重要贡献。跨国公司因为起步更早、财力更强，在专利申请上依然占据了优势；自主创新企业在这一领域也奋起直追。排名前五的跨国公司在华专利申请的平均数为 2 973 项；如果把高居第一的丰田公司 6 056 项这一数据剔除，另外四家跨国公司的平均数为 2 202 项。前五位自主创新企业的平均数为 712 项；如果把高居第一的比亚迪 1 544 项这一数据剔除，另外四家自主创新企业的平均数为 504 项。国有骨干企业前五位的平均数为 420 项，如果把高居第一的一汽的 710 项这一数据剔除，那么另外四家国有骨干企业的平均数为 348 项。关于电动汽车的专利数据，读者可以自行做更深入的探索。跨国公司在中国的专利布局虽然占据数量上的优势，但是它们早期更多地将资源投放在传统混合动力等技术路线上，而目前在中国乃至世界电动汽车市场上占据主导地位（就产销量而言）的是纯电动、增程式混合动力或者插电式混合动力汽车——这些是由中国本土企业引领的，因此，专利申请数量并不能充分表现不同企业群体在技术路线以及特定路线上的相对优势。就这一部分的分析，我们需要额外

强调的是，中外合资企业在电动汽车领域几乎完全没有专利申请。

4.2 通信设备制造业

通信设备领域的专利数量对比则展现了另一幅景象。在这个领域中，自主创新企业的崛起时间更早，并且在长期贯注关键技术研发的历程中已经完成了多次竞争位次的转变——从固话交换机和 2G 移动通信时代的创新性追赶，到 3G 时代开始尝试在技术前沿开展竞争，再到 4G 和 5G 时代开始成为全球的主要创新竞争者，所以自主创新企业在本土专利申请格局中的优势更为突出。其中华为和中兴 1980—2022 年在中国累计申请专利分别达到 43 626 项和 30 234 项，不仅在国内领先于行业其他竞争对手，在国际上也是令人瞩目的。当然，三星和爱立信等跨国公司分别有 11 198 项和 8 348 项专利申请，同样说明了其雄厚的技术积累。紧跟在华为与中兴身后的其他自主创新企业，如大唐、展讯和烽火等，也对位列跨国公司前五的其他企业形成了对位优势。专利申请数前五的自主创新企业的平均数为 17 085 项，甚至高于三星的专利申请数；而跨国公司前五名企业专利申请的平均数为 5 328 项。

更重要的是，在中外合资企业中，除了上海贝尔（现名为“上海诺基亚贝尔”，对外简称“诺基亚贝尔”）的累计专利申请数为 2 396 项，其他中外合资企业 1980—2022 年累计专利申请数都没有超过 100 项。而即便是上海贝尔，其绝大多数的

专利申请也是在 2001 年企业的控股权交给阿尔卡特之后才实现的。这充分说明了自主创新和“市场换技术”两条道路在发展本土技术能力上的明显差异。

5. 熊彼特式的竞争

本章简要回顾了中国汽车行业和通信设备行业的市场演变，并比较“市场换技术”企业和本土自主创新企业在产品开发和专利申请方面的行为及绩效差异，展现了 20 世纪 80 年代中期至 2005 年中国产业结构变化和市场竞争的图景。本土自主创新企业的崛起不仅重新塑造了中国的市场结构，也改变了市场竞争的规则。它们的竞争对手，即那些在“市场换技术”政策框架下被选中的国有骨干企业及其与跨国公司组建的中外合资企业，则需要推出更多的创新型产品或者发展出创新型组织来应对挑战。否则，“市场换技术”企业将不得不面临在中国市场逐渐被边缘化的局面。有些观点指出，“市场换技术”的做法至少实现了最初的目标之一，即进口替代。简单来看的确如此，随着中外合资企业的发展，中国的生产能力得到提升，进口比例也随之下降。然而，如果从整体上考虑过去 40 多年的发展，可以发现，本土自主创新企业的崛起及其后续影响，改变了整个中国工业的行为模式。如果仅有“市场换技术”企业，中国市场上对新技术和新应用的需求依然无法得到及时满足，中国依然会依赖大量进口并且难以实现进口替代。当然，这可能正是跨国公司所期望和设想的局面。自主创新企

业的崛起，改变了中国工业原有的发展轨迹，打破了中国反复进入“引进—落后—再引进”的循环；同时，自主创新企业的崛起还发掘与创造了更为广阔的市场需求，激发了中国市场的活力，使其成为全球企业开展创新竞争的舞台。

本章对新产品、新技术、新组织、新的竞争模式和新的经济运行状况的分析，都指向一个事实：中国工业经济在过去40多年的发展是一个熊彼特式的创新竞争过程。中国的发展不能仅仅用“世界工厂”模式来解释，更不是中国工业对西方国家技术单纯借鉴或模仿的结果。

当然，本章对汽车制造业和通信设备制造业中两组企业的对比也引出更多问题。例如，为什么“市场换技术”企业在拥有更好的财务状况、更充足的人力资源和更有力的政府支持的情况下，依然会在技术创新领导权的竞争中输给新兴的自主创新企业？中外合资企业为何没能实现发展本土工业技术能力的目标？自主创新企业与“市场换技术”企业之间的根本性差异是什么，以至于有效且快速的技术学习与能力积累只出现于前者？为什么国有骨干企业及其中外合资企业未能成为创新型企业？

要想回答这些问题，则必须深入组织层面进行探究，以发掘参与“市场换技术”政策实践的企业如何吸收与消化技术，以及创新型企业如何发展其组织和学习模式。

第三章
“市场换技术”政策中创新的缺席

在迷雾中，“市场换技术”企业强调生产的本土化和国产化对于自主创新的必要性。在迷雾之外，自主创新的机器已经开始轰鸣。

要想理解“市场换技术”企业为什么没有走上自主创新的道路，我们就必须要回到这一政策发生与发展的历程中去寻找答案。理论上，放弃自主创新并不符合“市场换技术”政策设计者最初的期望。相反，这一政策推出的初衷恰恰是为了解决中国工业的发展瓶颈，即弥合中国在工业技术上与西方发达国家的显著差距。“市场换技术”政策之所以被提出来，是为了实现双重政策目标，即实现进口替代和推动中国工业技术快速进步。

然而，无论是政策制定者还是执行政策的企业，在迈进“市场换技术”实践之前都并不拥有对能同时实现以上双重目标的有效企业模式的充分认识。当时中国恰好同时进行着从计划经济向社会主义市场经济体制转变以及从被美苏阵营隔绝的状态向对外开放转变的双重改革。一时间各种挑战和信息纷至

沓来，面对问题，改革者们没有现成的答案，只能在迷雾中探索和试错。对于要将“市场换技术”转变为实践的企业而言，它们需要与跨国公司进行协作以达成“市场换技术”的目标，但事实上跨国公司所持利益立场与本土企业差异巨大。当时，资本主义国家正经历机电时代的产能过剩以及资本主义国家之间的激烈竞争，跨国公司具有强烈的动机要将中国规模庞大且高性价比的劳动力与同样庞大的潜在市场拉入它们的经济循环体系，它们到中国来的根本目标是寻找资源和劳动成本低的合作伙伴，增强其生产体系的国际竞争力，并将中国的人口拉入其消费版图。当中国的决策者号召参与“市场换技术”的国营企业向它们的合资伙伴学习时，这些跨国公司获得了从组织模式上影响中国企业的机会。然而它们并未传授本国发展创新型企业的经验，而是将它们对发展中国家企业开展制造和组装活动的设想包装成“现代企业”的经验传递给它们的中国合作伙伴。当然，我们不能说跨国公司刻意地用错误的认识误导了中国企业，但起码它们是刻意地仅传递了其中部分经验（开展生产），对于产品和技术开发的部分则避而不谈或者刻意渲染相应的困难。

对于中国的改革者们而言，不利的情况还来自实践效果往往无法在短时间内被观测到，这使得“及时纠错”变得非常困难。在工业发展中，无论是产业层面还是企业层面，政策的效果往往需要相对较长的时间来显现。政策要实现的进口替代以及相关联的生产本地化率尚且还有相对明晰的数据可以衡量，

相比之下，工业技术进步不仅周期更长，而且也更难被观察和度量，这加剧了决策者和企业管理人员认识政策实践过程的难度。

实践中，“市场换技术”政策是有贡献的。实践者的努力加快了中国工业在生产规模上的增长，部分实现了当时进口替代的目标。但对于一项具有双重目标的政策而言，当其中部分目标被实现而另一部分目标难以在短期内被观察和度量时，想要轻易地认识到其中的问题总是困难的。尤其是在现实的政治经济活动中，对政策的评价或者反思难免会被人们转化为对特定的参与者、组织与组织模式的质疑、挑战甚至否定。显然，这往往会减少人们直面问题的可能，从而增加政策固化的可能性。只有经过相当长时间的实践，当政策实效和预期目标的落差被人们清晰地界定出来，全社会认识到这一政策范式的关键瓶颈并且对其负面影响形成共识时，新的政策议程才会被开启。

本章研究了“市场换技术”政策的起源以及阻碍其最初目标充分实现的原因。先介绍“市场换技术”政策出台的背景，随后深入研究参与“市场换技术”实践的企业主体的组织系统。

20 世纪 80 年代中国“市场换技术”政策的推出主要归结为三方面原因：一是国家用于发展工业的财政资金（尤其是外汇）的短缺，二是政府对国有企业现代化改革的期望，三是政府对解决进口替代和提升国内产业技术竞争力的紧迫感。在三

重问题叠加下，跨国公司被视为国内企业的理想合作伙伴。政策制定者认为，中外合作不仅能够增加工业投资，而且是国有企业解决技术和管理问题的捷径。政府的这些判断和预期塑造了一系列政策原则，而这些原则随后成为“市场换技术”实践中国有企业的行动指南。

在研究“市场换技术”企业的组织系统时，本章剖析了这些企业的主要生产性活动如何被锁定在生产制造环节，以及原有的产品开发功能何以被终止或者被边缘化。大量案例显示，当国有企业与其跨国伙伴在合资初期就发展开发性活动产生分歧时，跨国公司凭借着在产品技术方面的话语权和塑造出来的“更先进管理经验”代表的形象，明显掌握着合资企业发展的主导权。本章详细分析了跨国公司如何牢牢占据合作关系中的主导地位，并塑造了中外合资企业的组织模式；进而解释国内企业在“市场换技术”实践中的脆弱性的来源。这种脆弱性导致了它们在技术上对外国伙伴的过度依赖。

1. 迷雾中的探索：寻找引进外国技术的新方案

如果跨国公司能够有效促进中国本土企业的技术进步，尤其是推动本土企业产品平台和复杂技术的升级，那么 2005 年前后中国社会就不会兴起对“市场换技术”政策的广泛批评。解决中国本土工业落后于先进工业国家的问题是“市场换技术”政策的起因之一。之所以要以建设合资企业的方式来获得

技术，除了因为当时中国外汇短缺，还因为技术不能以采购的方式进行直接、即时的转移。发展中国家获得了图纸和设备并不必然确保其能够有效运用相关设备来生产相应的产品。此外，正如前文所提到的，技术能力与生产能力是两回事，能够运用设备生产相关的产品并不代表着有能力管理并改动产品设计和生产系统设计。

政策设计者认为，引入跨国公司作为合作伙伴，甚至与跨国公司进行产权合作创办合资企业，将使得本土企业与代表先进技术和先进管理经验的跨国公司建立近距离的、长期稳定的合作关系，从而有效获取技术和管理经验。

然而，这只是政策设计者的美好意愿。事实上，很少有跨国公司愿意向中国本土企业转让技术。在实践中，大部分跨国公司都极力避免向中国合作者“过多地”透露技术信息，甚至都不履行原本在合资合同里已经明确约定的技术性合作。这使得中方想从“市场换技术”中有效获取技术能力成为一件极富挑战性的事情甚至是一种奢求。

在实践中，“市场换技术”政策框架可以概括为以下几点：

首先，决策者鼓励特定国有企业与跨国公司建立生产型合资企业。

其次，决策者希望在中外合资企业中中方能够密切地向外国伙伴学习。这也就是“换技术”一词的含义。为此，中国政府将最好的资产，即那些国有骨干企业，投资于“市场换技术”实践，以期达到更好的技术学习的效果。

再次，通过引进跨国公司，和国有骨干企业组建中外合资公司进行本地化生产，以实现进口替代。这正是“市场”一词的含义，即向相关的跨国公司开放对中国市场的准入。为此，中国政府向中外合资企业提供了政策优惠。

最后，因为“技术进步”很难具体测度，所以在具体的政策实践中，生产（从国外引进的产品设计）的本地化——提高零部件的本地化率——成为中外合资企业第一阶段的首要任务。

中国的“市场换技术”企业被要求采用具备线性特征的三步走模式，即“引进—消化—吸收”，转化为理论术语，就是“引进产品设计—本地化生产—构建能力”。[①] 这一模式隐含的假设是，对引进产品模型进行本地化生产能够有效、充分地发展技术能力。显然，这种认识是存在谬误的，而这也决定了“市场换技术”实践无法实现其原定的目标。

1.1 20 世纪 70 年代末面临的挑战

政策辩论、出国考察：早期的探索

具体来说，“市场换技术”政策起源于 1978 年以来的政策辩论，并最终在 20 世纪 80 年代中期开始正式施行。

在 1978 年经济改革之前，中国已经克服了许多困难，并

---

① 路风，封凯栋. 发展我国自主知识产权汽车工业的政策选择. 北京：北京大学出版社，2005.

且实现了经济全面增长。1972 年国内生产总值是 1952 年的 3.73 倍。[①] 然而，由于中国在 1960—1972 年被社会主义阵营（苏联及其盟国）和资本主义阵营（美国及其盟国）孤立，与先进的工业化国家相比，中国工业的落后情况是结构性的。当时，由于种种原因，中国在石油化工及电子领域与世界前沿技术水平差距显著。1972 年中美两国之间结束敌对状态后，中国开始实施“四三方案”，计划在 1973—1978 年从美国、英国、法国、日本等发达国家进口总价值为 43 亿美元的成套设备，这一计划也得名于此。[②] 后来，中国又追加了约 200 亿元人民币投资，最终建成 26 个大型工业项目。[③] “四三方案”的实施突破了中国一系列发展瓶颈，受到社会的普遍赞誉。[④]

1977 年，中国政府新上任的领导层制定了 20 世纪 70 年代继“四三方案”后第二个进口外国技术和全套设备的全国性计划。[⑤] 具体来说，中国政府从 1978 年开始实施《八年引进计划》，到当年年底就已经从西方国家集中引进了 22 个成套设

① 人们通常将 1952 年视为中华人民共和国将工作重点从战争转移到国内经济建设的第一年。

② 加上额外的补充经费，“四三方案”总支出为 51.4 亿美元。

③ NAUGHTON B. Growing out of the plan：Chinese economic reform，1978—1993. Cambridge：Cambridge University Press，1996：67 - 74.

④ 陈锦华. 国事忆述. 北京：中共党史出版社，2005.

⑤ 1977 年，中国政府在经济建设过程中推出了三个重要文件，即《八年引进计划》（该文件的全称是《关于引进新技术和进口成套设备规划的请示报告》）、1977 年修订的《1976—1985 年发展国民经济十年规划纲要（草案）》、《二十三年设想》。这些政策文件都是政府新一届领导集体为了在 2000 年前实现“建设四个现代化”目标而设置的关键议程。

备项目。这一计划于1978年启动，因此也被人们称为“七八计划”。通过引进国外成套装备来加强工业技术能力，不仅仅是“四三方案”中的做法，早在20世纪60年代中国就从日本和西德等国引进过设备。然而，“七八计划”实施期间却面临巨大的外汇支付困难，这成为“市场换技术”政策出台的重要原因。

1978年，中央政府对外派出了21个代表团。这些代表团由副总理和副委员长以上的领导人率领，共前往51个国家寻找经济现代化的成功经验。[①] 实施对外开放政策后，外国资本开始以贷款形式被引入国内。1978—1980年间，国务院副总理谷牧[②]先后率领三个代表团考察日本、美国和欧洲五国（法国、瑞士、德国、丹麦和比利时）。考察团不仅仅考察技术设备，同时也考察各国企业的管理模式。考察团回国后所写的报告以及在各类研讨会中所发表的考察感想，对当时领导人关于改革方向的思考产生了重要影响。事实上，除了明确的合资理念，当时中国各部委与跨国企业的几次谈判提出了不同的合作模式；其中，引进资本主义国家直接投资也成为一种潜在方式被引入讨论。谷牧本人提出了三种新的合作方式，即补偿贸易、共同生产和引入国外投资。然而，当时的主要思路还是通过向国外贷款来完成设备引进。代表团的访问经历使得一些领

---

① 《李先念传》编写组．李先念传（1949—1992）．北京：中央文献出版社，2009．

② 在时任副总理中，谷牧分管工业经济发展。

导人对于从西方国家获得贷款以促进中国发展的前景相当乐观。尤其是，在此前的访问过程中，"仅在一次宴会上，一群欧洲人就宣布计划为中国提供高达 200 亿美元的贷款"[①]。

1978 年国务院务虚会：加大技术引进的规模

1978 年 7 月 6 日至 9 月 9 日，国务院召开为期两个月的务虚会，研究如何加快中国现代化建设，会议重点讨论了引进问题。在这 2 个月零 3 天的时间内，中央总共在 23 天组织了会议。这一系列务虚会的重点在于讨论技术引进问题。在会议之前，中共中央政治局听取了谷牧代表团和林乎加代表团[②]的报告，这为中央组织 7—9 月的务虚会讨论通过引进和开放来加速经济发展的准备工作打下了基础。[③]

务虚会以中共中央副主席、国务院副总理李先念的发言开始。李先念的发言强调务虚会的重要任务是总结经验、为充实和补充《1976—1985 年发展国民经济十年规划纲要（草案）》服务，其中重要的一条就是技术引进。中央对要搞技术引进已经形成了共识，所以要讨论的是技术引进要怎么搞、怎么样能搞得快一些好一些、怎么样能把技术引进和提高国内的能力结合起来；引进新技术要把自己的机械工业带动起来，其中所涉及的机械工业应当不仅限于一机部下辖的工业，还要把整个机

① VOGEL E F. Deng Xiaoping and the transformation of China. Cambridge, MA: Belknap Press of Harvard University Press, 2011.

② 林乎加是时任国家计委副主任，他在 1978 年 3—4 月率团访问了日本。

③ 李正华．1978 年国务院务虚会研究．当代中国史研究，2010（2）：4－13＋123.

械工业都带动起来。[①]

《1976—1985年发展国民经济十年规划纲要（草案）》是中央在1975年拟定，并在1977年12月修订的。在修订之后，当时的纲要计划设立120个大规模项目，其中包括10个大型钢铁基地、10个新油田、30个大型发电厂和5个新港口等。[②]而务虚会的任务就是要考虑怎样在原有的基础上加快发展计划的实施。

在后续两个多月的务虚会中，国务院各个部委的负责同志分别汇报了自己部门的想法和工作计划，国家领导同志也都进行了非常活跃的讨论。[③] 人们原来期望能在十年间获得180亿美元的外国贷款以加强技术引进，但在务虚会期间，与会人员的态度普遍乐观。

在务虚会尚未结束时，国务院从9月6日开始召开全国计划会议，该会议一直持续到11月3日，其主要任务就是落实务虚会的精神。《1976—1985年发展国民经济十年规划纲要（草案）》在这次会议中又计划追加了投资，其中对1978年的基本建设投资再追加48亿元，使之最后实际达到395亿元，

---

① 李正华. 1978年国务院务虚会研究. 当代中国史研究，2010（2）：4-13+123.

② NAUGHTON B. The Chinese economy：transitions and growth. Cambridge，MA：MIT Press，2007：78.

③ VOGEL E F. Deng Xiaoping and the transformation of China. Cambridge，MA：Belknap Press of Harvard University Press，2011；李正华. 1978年国务院务虚会研究. 当代中国史研究，2010（2）：4-13+123.

比 1977 年增长了 100 亿元；全国投资的大中型项目由 1977 年的 1 433 个增加到 1 723 个。

然而，这个规划的执行还存在一些隐忧。首先，中国国内还没有制订出一个令人信服的贷款偿还计划。在国务院务虚会上，与会者就贷款偿还策略问题展开了激烈辩论。部分决策者，特别是时任财政部部长张劲夫[①]，出于对中国工业赚取外汇能力的担忧，建议放慢项目进度。华国锋、李先念和王震等同志都先后强调过要注重国家经济平衡的问题。然而，出于对加快推动工业化的强烈愿望，各个工业部委的部长们最终还是推动会议形成了一项决策。根据 Naughton 的记述，该决策是要通过增加石油出口来获得更多的外汇收入。从 20 世纪 60 年代初到 1977 年，中国石化产业产量的年均增长率为 15%，这给人们带来了较好的预期。然而，当人们尝试执行“出口增加”计划时，却发现事情远非预料中那么简单。当时派出去的石油勘探队在钻了近 1 500 万米的新井后，只在新疆一个偏远地区发现了石油，这意味着通过增加石油出口来获得外汇的办法是不可行的。[②] 当时的情况是：1978 年年底已经签署的 22 个大项目需要进口设备费用 130 亿美元[③]，相应的配套基础设

---

① 1982—1987 年间，张劲夫被任命为国务委员，其中 1982—1984 年兼任国家经委主任，负责经济领域改革工作。

② NAUGHTON B. The Chinese economy：transitions and growth. Cambridge，MA：MIT Press，2007：78.

③ 为了这 22 个项目，中国政府当时需要支付 60 亿美元的现金，占 1978 年总体技术进口费用的 80%（陈锦华，2005：124－125）。

施建设费用超过200亿元人民币，《1976—1985年发展国民经济十年规划纲要（草案）》所列的120个项目总共需要180亿美元的技术进口费用和额外1 300亿元人民币的国内建设费用。然而，1977年中国政府的总财政收入、出口外汇收入、基建总投资分别为874亿元人民币、76亿美元和382亿元人民币。[①] 与此同时，中国的决策者们发现，向其他国家或国际组织申请贷款并不像外国谈判代表所说的那样容易，部分曾经许诺给予中国支持的外方并没有如期兑现承诺。[②] 外汇支付能力的不足给决策者们带来了巨大的压力。

谈判被全面叫停

在“七八计划”被完全叫停之前，各个工业部委对引进国外的成套设备热情高涨。仅在1978年最后两个月，各个工业部委与外方签订的合同总值就高达78亿美元，相当于1950—1977年技术进口总额的89.2%。[③] 值得注意的是，“七八计划”是一个八年计划，但各部委的大干快上使得该计划一开始就进入了过热状态。到1978年年底，中国领导人已经意识到必须给计划降温，在叫停之前尝试说服各工业部委放缓与外方谈判和签订合同的节奏。然而，当各部委意识到中央政府缺乏外汇支付能力后，一些部委意识到自己部门的计划有可能会被

① 陈锦华. 国事忆述. 北京：中共党史出版社，2005：98.

② 李岚清. 突围：国门初开的岁月. 北京：中央文献出版社，2008.

③ 李健，黄开亮. 中国机械工业技术发展史. 北京：机械工业出版社，2001：648.

搁置甚至取消，不仅没有放缓，甚至还急于与外方签署合同以落实合作。于是，在1978年的最后10天里，各部委签订的项目引进合同价值高达31亿美元。[①] 这使得财政危机最终于1979年年初爆发，各部委的谈判被全面叫停。

各部委在短时间内对财政资源的争夺导致整个引进计划出现了一定程度的混乱：一些在工业体系中发挥重要作用的大型引进项目未能被及时签署；而在1978年已经签署的22个大型项目中，有13个项目因为中方的支付能力不足而受到影响，这些项目最后不得不被调整、推迟甚至撤销。[②] 更糟糕的地方在于，在最初制订计划时，所设计的不少项目之间是存在关联的；然而，不少应当先于其他关联项目执行的项目没有得到签署，导致部分已签署项目事实上无法获得其他项目的支持，造成设备引进的实际成效不理想，难以及时转化为有效的生产力。这无疑又进一步增加了日后中方偿还贷款的困难。

简言之，这一轮成套设备引进计划没有预想中的顺利。在接下来的2～5年里，政策制定者们不得不艰难地讨论那些尚未执行的项目该怎么办，是应该继续投资还是干脆直接放弃。此时，陈云同志被党中央安排来重新主持财经工作。1979年，陈云同志出任国务院财政经济委员会主任，李先念同志担任副主任。陈云对“七八计划”中的冒进思想进行了批评，认为这一

① 数据来自《中国经济年鉴》(1981)，北京：经济管理出版社，1982。李正华(2010)也采用了这一数据。

② 陈锦华．国事忆述．北京：中共党史出版社，2005．

轮冒进造成了国民经济失调和经济总体大起大落的“马鞍形”走势。陈云和李先念都认为，中国需要利用2～3年的时间才能完成宏观经济的调整；他们认为借外债必须要充分考虑还本付息的能力，鉴于当时中国缺乏充足的资金或持续偿还高额本息的能力，中国在1980年开始迅速减少引进计划的执行。①

合资经营方式进入决策视野

经济调整的决定获得了党中央的批准。由于看到这一时期西方国家对中国呈现出难得的友好态度，邓小平鼓励政策制定者们探索一些新的利用外国技术的方法。② 因此，政策制定者们再次进行了关于如何更可行地学习外国技术的讨论。其中，许多讨论都立足于对此前引进方式的反思，尤其针对成套设备引进。相关讨论可以概述如下③：

- 对成套设备引进战略的依赖不利于国内设备生产部门的发展，挫伤了国内设备生产部门的积极性。
- 在成套设备引进的过程中，人们忽视了对互补性的生产技术和设备技术的进口，导致国内生产部门制造能力的发展未达预期。

---

① 陈云. 陈云文选：第3卷. 2版. 北京：人民出版社，1995：248；熊亮华. 红色掌柜陈云. 武汉：湖北人民出版社，2005：289-292.

② 邓小平明确指出，二战后西欧国家和日本都利用引进外国技术实现了经济腾飞，中国也不应该错过这一机会。在1978—1979年的外汇危机后，他在1979年10月表示，建立合资公司或外资公司可能是一个很好的策略。参见：邓小平. 邓小平文选：第2卷. 2版. 北京：人民出版社，1994：198-199。

③ 李健，黄开亮. 中国机械工业技术发展史. 北京：机械工业出版社，2001.

● 由于国内吸收能力有限，而且相关部委未能有效地组织相关企业和机构对进口设备进行研究，国内产业部门对引进技术的消化、吸收和再创新没有达到预期效果。

● 实际上，1973—1982 年中国进口设备的平均成本高于国际市场价格，尤其是显著高于日本在 1970—1979 年的设备进口成本。

● 1973—1982 年设备引进计划的执行存在冒进现象，而这种冒进破坏了外汇平衡和计划经济体系的宏观经济平衡。

考虑到这些因素和经验教训，政策制定者试图寻找一种新的技术转让途径，特别是降低投资数额要求、增加实际操作便利的途径。一个由一机部派出赴南斯拉夫和罗马尼亚访问的综合考察团回国汇报，他们发现南斯拉夫和罗马尼亚两国发展工业的方式与中国大相径庭，这两个国家广泛采用技术许可、合作生产和合资经营的方式从西方国家引进技术，迅速提高了本国机械工业的制造水平和设备自给能力。[①] 这使得单项（而非成套）技术引进和合作生产、合资经营等方式进入决策者们的视野。

合资生产的初期探索

汽车产业率先开始了利用国外技术的新战略的探索。1978 年，时任一机部副部长饶斌向国务院提交了一份报告，建议在

---

① 李健，黄开亮．中国机械工业技术发展史．北京：机械工业出版社，2001.

本地制造和装配环节开展中外合作。饶斌[①]和他的同事们对潜在的外国合作伙伴主要有三点期望：（1）合作伙伴将在中国市场投放新推出的汽车型号；（2）合作生产将增加出口，以帮助平衡中国的经常账户；（3）合作伙伴将为提高本地生产商和供应商的技术能力提供必要的帮助。经国务院同意，饶斌邀请了一系列跨国汽车制造商访问中国，并讨论潜在的合作机会。他希望利用外国的技术和资金在上海建设一条出口导向的汽车生产线，以提高中国的创汇能力。当时全球汽车产业正在进行着空前激烈的竞争，在竞争压力的驱动下，美、日、德、法等国的主要汽车企业都尝试开拓中国市场。但大多数跨国企业不愿意接受中国搞合作或合资生产的设想，因为它们认为当时中国汽车制造业过于落后，中国国内缺乏汽车生产制造的技术条件，生产制造流程中甚至不少环节还需要依靠手工作业。[②]1978 年 10 月 21—28 日，由通用汽车董事会主席托马斯·墨菲（Thomas A. Murphy）率领的通用汽车代表团访问北京，就当时中国拟建设“三汽”（第三汽车制造厂）的合作前景进行洽谈。通用汽车公司向中方提出了产品进口、转配许可、技术转让、外方包建工厂等九种不同的合作方式，而他们所提出的第十种合作方式则是合资生产经营（joint venture），即中国

① 饶斌（1913—1987）创建了一汽和二汽（后来的东风），他曾在汽车领域担任部长级别的专业官员，是新中国成立直至 20 世纪 80 年代中国汽车工业的重要官员。

② 徐秉金，欧阳敏. 中国轿车风云：1953—2010. 北京：企业管理出版社，2012：346.

可以与外国企业设立合资公司，双方共同投入资金、技术和经营管理等要素来一起推动中国工业的发展；美方甚至还向中方详细介绍了通用汽车在英国、波兰和南斯拉夫等国创办的合资企业的情况。[①②] 国家计划委员会副主任顾明回京后就此向邓小平同志请示，并询问中央是否允许轿车生产企业率先尝试与跨国公司搞中外合资经营。邓小平做出了积极的回应。

与此同时，即1978年11月，一机部部长周子健率领代表团在欧洲访问。在获知中央允许轿车企业尝试与跨国公司谈判建立合资企业后，周子健当即向他们此行访问的对象戴姆勒-奔驰提议组建合资企业。然而，戴姆勒-奔驰公司的反应却并不积极，它只给出了模棱两可的反馈。[③] 周子健决定在没有事先打招呼的情况下从斯图加特（奔驰总部所在地）出发去沃尔夫斯堡拜访大众汽车公司。虽然事出突然，但大众公司却给出了非常

① 李岚清. 突围：国门初开的岁月. 北京：中央文献出版社，2008：210-211.

② 当时通用和中国洽谈的依然是“三汽”的重型卡车项目。在1978年11月，中方和墨菲代表团曾签订了合作备忘录，通用计划先送6辆重型卡车来中国开展试验，双方将各自互派6名专家来对项目的可行性开展研究。然而，在通用汽车代表团回国后，通用汽车董事会却拒绝了墨菲的提议。美方非常担忧中国外商投资体制环境的稳定性，以及中国工业能力的落后性。后来决策者们考虑到国内财政能力有限，“三汽”项目并没有按计划执行。

③ 中方当时多次与奔驰等西方汽车企业接触，在周子健代表团之前，一机部副部长杨铿带领的代表团曾就组建“三汽”（计划生产重型卡车）与美国通用、美国万国、德国奔驰、瑞典沃尔沃以及法国贝里埃公司接触过，但除了通用比较积极，其他跨国公司都出于对中国汽车工业不信任和先进技术出口受“巴统”协议制约等因素，并不积极。参见：徐秉金，欧阳敏. 中国轿车风云：1953—2010. 北京：企业管理出版社，2012.

积极的回应，大众抓住了这个事实上对其影响深远的机遇，成为第一个实质性深入计划与中国建立合资企业的跨国公司。正如1982—1993年大众汽车董事会主席卡尔·哈恩（Carl Hahn）所言，大众汽车不仅将其在中国建立的合资企业视为开拓中国潜在市场的阵地，也视其为全球竞争战略在东亚的桥头堡。[①]

自1978年起，中国开始与跨国公司就建立生产型合资企业进行谈判，大众汽车是当时第一家就此采取实质性行动的跨国公司。中国政府也加快推动了有利于合资企业的制度建设。在邓小平的推动下，全国人民代表大会通过了《中华人民共和国中外合资经营企业法》，赋予了合资企业合法地位。[②] 这部法律是推动合资战略落地实践的基础。实际上，在法律制定的过程中，中方也征询了大众汽车的建议，以使得该法律的实施细则更具有针对性。[③] 这一法律的迅速通过，是为了消除如大众、通用等跨国公司对外国投资制度在中国是否足够稳定的担忧。

在通信设备制造产业，中外合资企业的创建过程和汽车产业非常相似。1978年，邮电部代表团被派往国外寻找技术进口的方案。1978年年末的外汇支付困难爆发后，政府对他们的要求变得更为明确，主要体现为以下几方面：（1）引进具有大规模生产能力的高技术生产线；（2）进口集成电路制造生产

---

① POSTH M，TRAVIS I. 1 000 days in Shanghai：the story of Volkswagen：the first Chinese-German car factory. Singapore；Chichester：Wiley，2008；哈恩．我在大众汽车40年．朱刘华，译．上海：上海远东出版社，2008.

② 李岚清．突围：国门初开的岁月．北京：中央文献出版社，2008.

③ 徐秉金，欧阳敏．中国汽车史话．北京：机械工业出版社，2017.

线，这是当时被西方的“巴统”[①] 严厉禁止向中国出口的高技术设备；（3）开展补偿贸易，即通过产品出口来偿还对外方的欠款，以平衡外汇账户，这也意味着中方期望由外方合作者来负责海外市场的销售。[②] 与轿车产业遇到的情况类似，大多数跨国公司都拒绝了这些合作要求，尤其是其中的第二条和第三条。美国国际电话电报公司（International Telephone and Telegraph，ITT）是当时唯一一家既愿意与中方组建合资企业，同时又承诺去试图解决“巴统”关于集成电路生产设备向中国出口禁令的跨国公司。[③]

---

① “巴统”是巴黎统筹委员会的简称。巴黎统筹委员会的正式名称为“多边出口管制统筹委员会”（Coordinating Committee for Multilateral Export Controls，COCOM），由美国在 1949 年发起并成立，共有包括美国、英国、法国、联邦德国、日本和澳大利亚等在内的 17 个成员国，其主要目标是限制其成员国向社会主义国家出口军事武器装备、高科技产品和战略性物资。其中“巴统”在 1952 年设立了专门负责对中国实行禁运的执行机构“中国委员会”。相比苏联等其他社会主义国家，“巴统”对中国的禁运政策最为严苛。在“巴统”内部设置的四类禁运清单中，特别设立了第四类清单为“中国清单”。中国受禁运的项目要比苏联和东欧社会主义国家多 500 多种。巴黎统筹委员会及其“中国委员会”直至 1994 年才取消。参见：崔丕．美国的冷战战略与巴黎统筹委员会、中国委员会：1945—1994．北京：中华书局，2005．

② 高兆庆．引进程控三原则：国外考察谈判的回顾//上海贝尔．如歌岁月：回眸上海贝尔的创业历程．上海：上海贝尔有限公司，2001：37－42．

③ 根据张劲夫等中方决策者的理解，比利时 BTM 能够突破“巴统”协议的限制，大概有以下几个原因：一则是比利时首相曾经担任比利时驻华大使，他个人非常支持这一合资项目，且在谈判过程中比利时政府本身也希望在合资企业中占据 10%股份（比利时政府在 1999 年之前以“比利时合作发展基金会”的名义持有 10%的股份，在 1999 年之后以比利时外交外贸和国际合作部的名义持有），同时比利时当时正面临着明显的经济困难，所以比利时首相本人三次与“巴统”及美国政府协商此次中比合资事宜；二则是比利时 BTM 的母公司是美国 ITT 公司，ITT 为此也向美国政府做了解释说明工作；三则是当时美国在比利时境内建立了针对苏联的监听系统和导弹基地，使得比方有说服美方的资本。

简言之，20 世纪 70 年代末的一系列因素为中国最终采取"市场换技术"政策提供了诱因：中国与西方国家关系的缓和，新的领导集体锐意于加快中国工业化进程的强烈愿望，"七八计划"冒进所带来的外汇支付困境使得传统的成套设备引进方式不可持续，以及合作生产、合资生产等"新"模式进入中国决策者的视野等，这些因素共同促成了"市场换技术"战略的出台。20 世纪 80 年代初，合资生产模式率先在轻工业领域实施，例如香港美心集团于 1980 年投资创建的北京航空食品有限公司成为新中国第一家合资企业，编号为"外资审字（1980）001"。此后，这一模式才日渐被对投资要求更高、影响更重大的制造业采用。

在汽车行业，1978 年 11 月邓小平同志同意在汽车产业尝试发展中外合资企业之后，时任一机部副部长饶斌等汽车工业的领导人开始与德国大众汽车接触。北京汽车工业公司拟与美国汽车公司（American Motors Corporation，AMC）[①] 组建合资公司的申请则于 1979 年 2 月递交，并于同年 3 月获得批准，随后一机部、北京市政府和北京汽车工业公司得以正式与美方洽谈合作。北汽和美国汽车公司于 1983 年 5 月签约成立的北京吉普成为汽车行业第一家合资公司。事实上，作为当时中国汽车工业的负责人，饶斌和他的同事们是相对谨

① AMC 曾经是美国第四大汽车公司，拥有 Jeep（吉普）这个品牌。但自 1980 年开始，AMC 因为经营问题，事实上已经被法国雷诺控制。1987 年，AMC 被美国第三大汽车企业克莱斯勒收购，所以后来北汽的合资方也变成了克莱斯勒。

慎的。1979年2—3月由饶斌发起、由一机部和北京市政府联合向国务院递交的申请在北汽创办合资企业的报告，在递送给邓小平同志之前，总共请了余秋里、李先念、耿飚、王任重、谷牧和康世恩六位国务院副总理签字，足见这一决策之重大。[①] 北汽的合资被视为探寻中国汽车工业的发展道路的一次重大实验。之所以选择北汽，是因为在汽车"三大三小"或"三大五小"的格局中，北汽是一个中等规模的地方国有企业，北汽建立合资企业的经验有望为规模更大的国有企业（如上汽和一汽）提供借鉴。事实上，无论是广汽还是上汽，在筹备对外合资事宜时，都到北京吉普来取过经。[②] 在1985年成立汽车行业第二个合资企业的广汽同样是一个中等规模的地方国有企业。

在通信设备领域，上海贝尔的合资合同也于1983年签署。中方的牵头企业是邮电部上海520厂，而与中方合作的是美国国际电话电报公司（ITT）[③] 的子公司比利时贝尔电话设备制造公司（BTM）。上海贝尔也是中国最早一批中外合资企业，编号为008。

---

① 闫以成，张力．中国汽车工业对外合资合作之路的开拓者//饶斌同志诞辰100周年纪念文集编委会．中国汽车工业建设杰出的奠基人和开拓者：饶斌同志诞辰100周年纪念文集．北京：北京理工大学出版社，2013：240-245.

② 颜光明，钱蕾，王从军．中国汽车四十年．上海：上海交通大学出版社，2018：28.

③ ITT是美国AT&T在1920年因为反垄断判决而被分离出来的公司，主要整合了当时AT&T的一些国际电信业务，也包括了比利时贝尔。

1.2 “市场换技术”政策的双重目标

对于20世纪80年代中国的决策者们来说，“市场换技术”政策事实上是一个政策组合体系，它具有双重目标，即技术赶超和进口替代。

推动技术进步

推动技术进步最初被认为是“市场换技术”政策的一个关键目标。例如，在决定由北汽与美国汽车公司组建合资企业的决策中，饶斌等机械工业部（原一机部改制而来）负责人的初衷是加快北汽BJ212车型[①]在产品设计和生产水平上的升级换代。事实上，北汽早在20世纪70年代末就开始尝试更新BJ212以满足北汽当时最主要的客户，即解放军和各级政府的需求。当时一机部和解放军总后勤部车船部联合向北汽下达了设计任务书，要求北汽开发一款型号为BJ213的第二代越野车，以取代现有的BJ212。[②] 当北汽在部委领导们的鼓励下与AMC就设立合资企业事宜接洽时，寻找合作伙伴共同完成

① BJ212是一款SUV，在中国享有盛誉，也因被军队和政府广泛采用而成为计划经济时期的一个文化符号。它由北汽在1966年设计定型并生产投放，BJ212在开发过程中参考了苏联高尔基汽车公司的GAZ69和重庆长安汽车厂在1957年生产的长江牌46型越野吉普车，而这两者都以福特的GPW（即二战期间Willys MB的福特版本）为蓝本。由于BJ212吉普车在计划经济时期广受欢迎，在政府的协调下，北汽还授权其他国有企业生产这一车型。因此，BJ212在当时缺少汽车的中国社会不仅是明星产品，而且还成为中国社会的一个特别的文化符号。

② 郑焕明．在合资谈判中他最关心的是能换回技术//饶斌同志诞辰100周年纪念文集编委会．中国汽车工业建设杰出的奠基人和开拓者：饶斌同志诞辰100周年纪念文集．北京：北京理工大学出版社，2013：195－197.

BJ212的升级是其重要的出发点。所以，在北汽与AMC合作成立北京吉普合资公司的合同中，开发BJ213毫无疑问被约定为合资企业的一项主要任务。具体来说，中国政策制定者期望合资企业能在三年内完成BJ213项目；BJ213将以AMC的CJ系列吉普车作为技术平台发展而来。①

既然升级BJ212是合同指定的重要任务，那么在中美双方组建合资企业时，BJ212就被放到了合资框架内。由于BJ212当时在中国市场上广受欢迎，具有较强的盈利能力，它被计作北汽在合资企业中所投入资产的一部分。由于中方预计新产品BJ213将在三年后陆续成型，中方就在合同中明确约定，BJ212系列将在五年内由北汽收回，并作为北汽未合资部分的营利性项目，而当时的决策者们期望北京吉普从第六年开始基于合资后所搭建的新的技术平台来继续推动后续新产品的开发。② 基于此目的，合同中也明文约定，合资企业需建立一个内部研发中心以构建企业核心研发能力。③ 事实上，在筹备北

① 饶斌同志诞辰100周年纪念文集编委会．中国汽车工业建设杰出的奠基人和开拓者：饶斌同志诞辰100周年纪念文集．北京：北京理工大学出版社，2013：140.

② 需要指出的是，AMC最初并不想接受BJ212车型，原因是它认为这一车型已经过时。然而，由于切诺基的本地生产项目在推出后连续七年出现亏损，而BJ212则不断创造利润，因此AMC不同意北汽从合资公司收回BJ212车型。为了北京吉普的可持续发展，中方也没有坚持合同中的原有协定。因此，合资公司一直保留着BJ212平台。参见：郑焕明．半世车缘．北京：作家出版社，2013：118；徐秉金，欧阳敏．中国汽车史话．北京：机械工业出版社，2017：474.

③ 然而，由于美方不合作，这样一个内部研发中心当时并没有真正建立起来。参见：郑焕明．半世车缘．北京：作家出版社，2013：120。

京吉普合资公司的过程中，饶斌多次指出，有效的技术学习和BJ系列的产品升级是他对北京吉普的主要期望。1985年12月，在由中汽公司[①]组织的全国汽车行业规划会议上，时任国务院副总理李鹏同志强调了自主技术进步的重要性，李鹏指出："（发展汽车工业）不能老是装人家的车，如桑塔纳，主要应是引进国外先进技术，搞自制，发展民族汽车工业。"[②]

决策者们通过"市场换技术"战略发展轿车产业的想法，最终体现在1988年受国务院委托，由国家计委工业综合二司副司长徐秉金所起草的《关于我国轿车工业的发展战略》中。该文件明确提到："……产品发展上，1995年以前，以引进技术、消化吸收和联合开发为主；1995年以后，以引进技术和自主开发并重；2000年以后，以自主开发为主。"[③]

通信设备部门的政策制定者也是"市场换技术"政策的早期倡导者。在通信设备制造业，政策制定者在推动组建中外合资企业时，反复强调本土工业从国外合作伙伴获得技术转让和技术学习机会，是实施"市场换技术"战略的重要出发点。事实上，与上述筹建"三汽"时的情况非常相似，在筹建通信设备领域的第一家合资企业时，中方接触了AT&T、北电和

① 中汽公司即中国汽车工业公司，由中央在1982年设立。国务院在设立中汽公司的同时，取消了一机部汽车总局，因此中汽公司实质上是当时中国汽车工业的行政管理机构。中汽公司在1982—1985年的首任董事长由自1981年开始担任一机部部长的饶斌担任。

② 郑焕明. 半世车缘. 北京：作家出版社，2013：120，136.

③ 徐秉金，欧阳敏. 中国汽车史话. 北京：机械工业出版社，2017：313.

NEC 等跨国公司。但这些企业各有顾虑，不论是出于对中国电信市场潜力缺乏信心而对出资比例存在顾虑，还是对中美两国所采用的电信技术制式差异的顾虑（会导致产生额外的技术转化成本），有一点是共通的，即它们都只愿意向中国卖硬件产品，不愿意输出技术。[①] 事实上，与中方达成合资协议的比利时贝尔电话设备制造公司，最初也仅愿意向中方输出过时的半电子化的 Metaconta 10C 系统。[②]

1979 年，邮电部派代表团到世界各地洽谈潜在的合资项目，技术转让和技术学习是官方关注的首要问题。在当时接洽的诸多跨国公司中，只有比利时贝尔电话设备制造公司愿意向中国输出 S1240 程控交换技术。S1240 当时在全球范围内都处于技术领先地位，并且还在不断优化调整，就连比利时贝尔所使用的都是 S1240 最早的 ALIC 版本，计划换代的版本为 ELC。邮电部不仅要求比利时方向中方提供 ELC 版本，而且还要求比利时方不断更新升级其向中方输出的产品和技术。至于引进技术的消化吸收问题，邮电部承诺将国内大批专家集中调动到上海贝尔，以提高中方技术学习的效率。[③] 在讨论建立

---

① 宋直元. 成功之路艰难多//吴基传，奚国华. 改革，开放，创新：上海贝尔发展之路. 北京：人民出版社，2008：211－219.

② 莫瑞尔. 人生中的二十五年//吴基传，奚国华. 改革，开放，创新：上海贝尔发展之路. 北京：人民出版社，2008：254－261.

③ 侯德原. 谁站在最前列，谁就有成功的希望//吴基传，奚国华. 改革，开放，创新：上海贝尔发展之路. 北京：人民出版社，2008：198－206；宋直元. 创业初期艰难多//上海贝尔. 如歌岁月：回眸上海贝尔的创业历程. 上海：上海贝尔有限公司，2001：30－36.

上海贝尔合资企业时，国务院分管电子类产业的负责同志、时任国务委员和国家经委主任的张劲夫，在1983年“中国—比利时就公共数字交换系统开展合作的可行性研究”会议上给出了以下指导意见①：

“……我们的政策是‘以市场换技术’，要在引进外资的企业里引进、消化、吸收外国的高新技术，提高我们自己的设计和制造能力……技贸结合要硬件、软件、合建相结合，其中合建是关键，即中方专家与外方专家要共同设计、共同建设各个生产部门，资金、技术要同时引进，在引进的过程中逐步努力消化、吸收，并且在这个基础上不断创新。”

张劲夫同志甚至已经意识到中外双方在“市场换技术”实践中可能会有不同的立场、不同的利益趋向。张劲夫特别提出：“……我们绝不能盲目引进，也不能降格合作。我们在外国人面前是顾客，是‘上帝’，在对外招商引资的时候要用足这个条件。”②

为了保证技术引进消化吸收的有效进行，邮电部为上海贝尔的成立充分动员了国内的科技力量。邮电部甚至在1984年专门成立了“1240工程局”（以上海贝尔的产品型号，即S1240大型局用程控交换机命名），争取在全国范围内动员资源为上海贝尔提供支持。邮电部任命上海贝尔公司董事长兼任

① 张劲夫. 上海贝尔诞生前的序幕//吴基传，奚国华. 改革，开放，创新：上海贝尔发展之路. 北京：人民出版社，2008：194-197.

② 同①。

该局局长，这使得上海贝尔作为一个企业可以名正言顺地在全国范围内调动资源。在1984—1987年短短四年间，“1240工程局”从各地附属于邮电部的生产和研究部门调来了十余位高级专家和教授、60余位工程师和科研人员、70余位管理人员。为了提高上海贝尔的计算机和软件技术水平，上海市政府在1985—1987年花费100万美元，邀请斯坦福大学的教授在复旦大学教授研究生课程。这个项目培养了大约100名研究生，其中60%被分配到上海贝尔工作。这些努力都增强了上海贝尔的一流人才资源储备。

简言之，“市场换技术”政策确实优先考虑了技术向国内转移和本土企业的技术学习。根据这一原则，政府将最优质的资产和资源分配给相应的企业。以北汽为例，1983年78%的固定资产被分配给北京吉普合资企业，这部分资产最终创造了公司82%的产出和84%的利润。相较之下，只有40%的北汽员工被合资公司选中。其中所有年迈、退休或低技能的员工都被排除在合资企业之外。[①] 可以说中方已经将国企最好的资产配置给了合资企业，甚至使得剥离了优质资产的国企处于非常困难的境地。

实现进口替代

“市场换技术”战略要实现的第二个目标是进口替代，或

① 由于主要的业务线BJ212已经成为合资公司的业务，因此北汽剩下的60%的员工不得不从头开始建立一条新的轻卡业务线。参见：郑焕明．半世车缘．北京：作家出版社，2013：162.

者说实现本地化生产。1987 年 5 月，国务院经济技术社会发展研究中心在湖北十堰组织了一场极具影响力的“中国汽车工业发展战略研讨会”，会议由国务院决策咨询协调小组负责人马洪主持。当时，作为国内最重要的两家汽车企业的代表，一汽和二汽的负责人相继发言，两家企业都强调经营活动要从以卡车为主向以轿车为主转型，主张用轿车的发展来带动其他汽车的发展。在谈及轿车发展的思路时，一汽厂长耿昭杰在发言中强调的是“进口替代”，而二汽厂长陈清泰强调的是“出口导向”。[①] 两种思路所使用的术语不同，但实际都反映了当时中国在轿车产业的国际贸易和引进技术本地化生产中所面临的巨大财政压力，而这种压力使得完成先进轿车产品的本地化生产变得尤为迫切。

首先是汽车进口所带来的财政尤其是外汇支付方面的压力。当时，随着中国对外开放政策的实施，许多领域的进口都以超乎寻常的速度增长。特别是在轿车领域，进口量在很短的时间内就超过了国内工业的全部生产能力（见表 3－1）。由于 20 世纪 80 年代汽车的主要购买者是各级政府以及政府的各种机关，因此进口激增也对中国政府的外汇储备产生了巨大压力。1985 年，进口量是国内产能的 20 倍。除了外汇储备压力，进口的快速增长还抑制了国内生产。甚至后来“市场换技

---

① 徐秉金，欧阳敏．中国汽车史话．北京：机械工业出版社，2017：304－305.

术”中外合资企业的外方也批评中国在进口轿车方面支出过多，影响了中方对本土化生产的投资。

表 3-1 中国轿车进口情况（1981—1985）

年份	1981	1982	1983	1984	1985
轿车进口量（辆）	1 401	1 101	5 806	21 651	105 775
轿车进口量占所有汽车进口量百分比	3.37%	6.85%	23.08%	24.40%	29.88%
轿车进口量与国内汽车产量之比	40.87%	27.32%	96.03%	360.25%	2 031.40%

注：根据《中国汽车工业年鉴 2003》第 26 页计算得到。

1983 年，时任中汽联主任的饶斌向国务院提交了一份报告，这份报告被广泛认为是“市场换技术”具体操作思路的起源。作为中国汽车工业的重要部级官员，饶斌在这份名为《关于在汽车部门产品进口过程中强调技术贸易的建议》的报告中指出了政策举措的两个目标，具体如下①：

“近 10 年进口（汽车）27.2 万辆……进口金额 112 亿元人民币（不含进口汽车配件金额），相当于第一汽车制造厂累计投资的 12 倍……

“（因此）批量进口汽车必须贯彻技贸结合、进出口结合，走引进技术、合作设计、合作生产的道路……建议对当前进口汽车的审批工作和有关进口业务进行适当调整。”

① 滕伯乐. 中国汽车“三步”走过五十年//中国汽车报《半个世纪的纪念》编委会. 半个世纪的纪念. 北京：机械工业出版社，2003：258-289.

可见，当时轿车直接进口的飙升及其对外汇的占用已经对决策者形成了巨大的压力。1985 年，中国的外汇储备仅剩 14 亿美元，为此，当时主管经济工作的姚依林副总理严令时任国家经委副主任朱镕基采取非常手段以控制轿车的进口。[①] 国务院在 1985 年 10 月下发了《关于加强汽车进口管理的通知》，在 1987 年 10 月再次颁布《关于进一步严格控制轿车进口的通知》，其目的就是遏制当时国内多个地区大量进口汽车、过度消耗外汇的现状。

“市场换技术”战略正是中方决策者为了解决外汇支付能力不足问题而发展起来的引进外国技术的新方法，不料当时的合资企业却同样制造了严重的财政压力，这就使得“市场换技术”政策也必须尽快完成本地化生产。

在“市场换技术”政策实践的过程中，尽管引入了外方合作伙伴，但在引进技术、设备和雇用外方人员的过程中依然需要消耗大量外汇。所以，当时中方在启动各个合资项目时一度寄希望于合资公司能够通过规模化出口来获得外汇收入，以平衡外汇账户——无论是在北京吉普还是在上海贝尔的合资协议中对此都有明文说明。北汽与 AMC 在 1983 年正式签署的合资协议书上明确注明合资企业要在七年内出口创汇 7 000 万美元[②]，而上海贝尔的合资协议中则明确注明企业要从第四年开

---

① 徐秉金，欧阳敏. 中国汽车史话. 北京：机械工业出版社，2017：292.
② 郑焕明. 半世车缘. 北京：作家出版社，2013：125.

始外销以平衡外汇[①]。然而，这些目标鲜有达成。事实上，合资企业直到2008年国际金融危机之后才实现轿车整车出口，在此之前轿车整车出口一度由奇瑞、长城、吉利等在20世纪90年代末之后崛起的新兴企业所主导。在20世纪80年代，相对于决策者们所设想的通过合资企业的出口来平衡外汇，"市场换技术"实践带来的更直接也更现实的挑战恰恰是更多的外汇消耗。由于合资企业要按照跨国公司提供的产品图纸进行生产，而当时中国本地的产业链相对薄弱，无法在短时间内实现各种零配件的本地化生产，合资企业在设立后相当长的一段时间里，都不得不依赖KD模式[②]来启动生产活动。也就是说，它们需要从跨国公司及其海外供应商手里购买成品零部件或者半组装的套件，然后在本地组装来完成生产。这导致中方不得不在设立合资企业的开支之余，再支付大量外汇用以购买

---

① 上海贝尔1990年获得向苏联高尔基市出口S1240的订单，开启了其出口的历程。但出口依然不是它当时的主要业务，详细的数据参见：吴基传，奚国华．改革·开放·创新：上海贝尔发展之路．北京：人民出版社，2008：426-427.

② KD（knocked down）是贸易领域的专用词汇，指的是"散件组装"。它是全球化兴起后，以非直接产品进口而进行的一种贸易和本地化生产模式，即通过购入其他地区、其他企业生产的零部件，利用本地较低的劳动力工资，在本地完成产品组装的方式。KD一般来说有三种形式：CKD、SKD和DKD。CKD（complete knocked down）指的是全散件组装，即组件在购入时为未经任何组装工序的零部件形式；SKD（semi-knocked down）指的是半散件组装，即组件在购入时，已经有部分模块（汽车行业称为总成）被组装好了，或者部分模块已经完成了一定程度的组装。CKD和SKD是复杂产品贸易与生产中比较常见的类型，此外还有DKD（direct knocked down），指的是直接组装或者成品组装，即组件在购入时，组装程度已经非常高，如汽车各部分总成都已经组装好，最后仅需要把不同的总成整合起来。

KD件。在20世纪80年代几个合资案例中，这笔开销远远超出人们的预想，因为购进KD件成本甚至要超过相应的整套产品的直接进口。因此，提高合资企业生产过程的本土化率，减少对终端产品或KD组件的进口，对于中方而言极为紧迫。

“市场换技术”实践中中方与外方的目标并不一致

然而，在“市场换技术”政策实践中，外方与中方的目标显然存在差异。外方的目标是争夺中国市场，争取中国的低税收优惠并利用中国的低劳动成本。为了推行“市场换技术”政策，中国政府实施了一系列有利于外资的政策，包括设立免税期限、降低进口关税等。在税收政策方面，1991年通过的《中华人民共和国外商投资企业和外国企业所得税法》为外商投资企业提供了特殊的税收优惠。此后，《企业所得税暂行条例》于1994年开始实施。这一条例规定企业所得税税率为33%。然而，为了继续吸引外国直接投资，1991年的法律仍然适用。在各种针对外国投资的税收优惠政策下，外商投资企业的实际所得税率只有11%～15%，而国内私营企业的所得税率为23%，大型国有企业的所得税率超过30%。如果考虑流向政府的留存收益，那么国有企业的实际税率要高得多，在许多情况下甚至达到55%。[①] 此外，外资企业还享受一项特殊的待遇——“两年免税、三年减半”。这意味着，符合特定要

① 张欢．外商直接投资与地方政府：一个演进理性主义的制度分析．北京：清华大学，2004.

求的外资企业在获利的前两年可以免缴税金，在随后的三年里可以减免50%的税费。政府也豁免了外资企业进口机械和设备的关税与增值税。因此，特殊的税收优惠吸引了外国投资者，它们在税收方面相对国内国有和民营企业都普遍具有优势。这种情况直到2008年新的《企业所得税法》生效才有所改变，这部法律将所有公司的名义所得税率统一为25%，并废除了上文提到的1991年和1994年的法律。

政府也对进口关税进行了调整，以增强技术学习的进口替代效应，同样起到了促进在“市场换技术”政策下组建的中外合资企业本地化生产的作用。这可以被理解为中国政策制定者和外国投资者在“市场换技术”框架下的非正式协议。事实上，中国在“市场换技术”实践中在部分产业采取“幼稚工业保护原则”是源自合资外方的请求。例如在1983—1986年上海贝尔履行其第一个电话交换局（合肥电话局）设备的交付过程中，日本两个厂商为了争夺订单，在中国市场上进行低价倾销，使得S1240价格高出日本产品46.8%之多，并对用户的决策造成了影响，由此比利时方紧急要求中国政府给予政策保护。① 后来，为了激励邮电用户采购上海贝尔的产品，财政部和邮电部在1988年各出3 000万元人民币对用户予以补贴。随后又颁布政策，对上海贝尔产品按美元计的售价，以人民币

① 莫瑞尔．人生中的二十五年//吴基传，奚国华．改革，开放，创新：上海贝尔发展之路．北京：人民出版社，2008：254－261.

进行币值 1∶1 补贴，因当时美元兑人民币汇率为 1∶3.7，所以补贴份额达 25%。甚至在上海贝尔稳定经营后，邮电部依旧发动各邮电管理局使用 S1240 交换机来建设长途电话网，财政针对 230 美元/线的价格予以 50%的补贴。[①] 在汽车行业，1985 年政府提高了整车进口关税，降低了零部件的进口关税。在 1985—1986 年，整车进口关税从 120%～150%提高到 180%～220%，而零部件的关税则从 1985 年的 60%降低到 1996 年的 35%～60%。[②] 关税调整导致 CKD 和 SKD 生产模式的普及，这也是当时的中外合资企业采用的主要模式。

通信设备行业是中国早期向国际市场开放的行业之一。政策制定者希望推动通信基础设施的建设，以此来带动整体经济增长。因此，为了促进设备进口，关税被维持在较低水平。在 20 世纪 80 年代至 90 年代，进口关税为 12%，而其他产品的关税则在 12%以上。至于涉及外国政府或国际金融组织（如世界银行和亚洲开发银行）的信贷或贷款的交易，政府制定了取消关税的特别条款。

低水平关税和快速增长的市场需求使得中国成为跨国企业的现货市场。为了鼓励内部技术转让和制造本土化，中国政府在 20 世纪 80 年代末实施了一项新兴产业保护政策，以保护早

---

① 侯德原. 谁站在最前列，就有成功的希望//上海贝尔. 如歌岁月：回眸上海贝尔的创业历程. 上海：上海贝尔有限公司，2001：18-24.

② 夏大慰，史东辉，张磊. 汽车工业：技术进步与产业组织. 上海：上海财经大学出版社，2002.

期的中外合资生产企业免受日本竞争对手倾销行为的影响。该保护政策包括中国政府为在位企业提供的特殊补贴。在进口关税方面，对于生产型合资企业的零部件进口，前两年免征关税，后三年减半征收关税。此外，1999 年印发的《技术改造国产设备投资抵免企业所得税暂行办法》规定，项目所需国产设备投资的 40%可从企业技术改造项目设备购置当年比前一年新增的企业所得税中抵免。

上述这些因素带来了中外合资企业的快速发展。在汽车行业，1983—2000 年签署了 71 个生产型合资项目和 5 个技术合作项目。在这 76 个项目中，有 58 个项目以机器设备、技术图纸、技术许可和技术培训的形式引进外国技术。如果把零部件项目计算在内，到 1998 年年底之前，国内已经建立了 557 个合资企业。[①] 就整车制造领域而言，国有骨干企业，即 1987 年北戴河会议确定的“三大”和“三小”，在 20 世纪 90 年代中期之前都参与了“市场换技术”实践。除了这六家龙头企业，另外两家被主管汽车产业的政府部门称为“两微”的国有企业，即有军工背景的长安和云雀，也被国务院批准与外国伙伴合作生产微型汽车。[②] 如表 3-2 所示，这八家国有企业都与

① 张欢. 外商直接投资与地方政府：一个演进理性主义的制度分析 . 北京：清华大学，2004.

② 长安（作为兵器工业的国有企业代表）和云雀（作为飞机制造业的国有企业代表）被允许生产微型汽车，以促进与军事有关的生产系统转移至民用市场。自 20 世纪 80 年代起，中国为改善与西方的外交关系而减少了军事部门的预算，军工企业如何开拓民用市场成为一个关键问题。

跨国公司组建了合资企业。

表 3-2　汽车部门的中外合资企业

	国企	首次合作的外国企业	目前合作的外国企业（截至 2022 年）
三大	一汽	1988 年奥迪（合作生产）	大众（建立合资企业，包括奥迪），丰田（建立合资企业），马自达（CKD），大宇（建立合资企业）
	东风	1992 年雪铁龙（建立合资企业）	标致（建立合资企业，包括雪铁龙），日产（建立合资企业），起亚（建立合资企业）
	上汽	1983 年大众（CKD）	大众（建立合资企业），通用（建立合资企业）
三小	北汽	1983 年美国汽车公司（建立合资企业）	戴姆勒-克莱斯勒（建立合资企业，包括美国汽车公司），梅赛德斯-奔驰（建立合资企业），现代（建立合资企业）
	广汽	1985 年标致（建立合资企业）	丰田（建立合资企业），本田（建立合资企业）
	天汽*	1986 年日本大发和丰田（技术进口）	无
两微	长安	1993 年铃木（建立合资企业）	铃木（建立合资企业），福特（建立合资企业），马自达（CKD）
	云雀	1992 年富士重工（合作生产）	富士重工（建立合资企业，1998—2002 年）

注：* 天汽在 2002 年被一汽收购。

在通信设备部门，中外合资企业也迅速建立起来，当时邮电部下辖的各地邮电设备厂，也普遍以建立合资企业的方式与跨国公司合作，如表 3-3 所示。

表 3-3 通信设备部门的合资企业

公共数字交换系统*	合资企业	外资企业所在国	中方持股比例	成立时间	合同约定的生产能力（单位：门/年）
S1240	上海贝尔	比利时	54%	1984	2 000 000
F150	江苏富士通	日本	35%	1987	500 000
DMS100	广东北电	加拿大	60%	1988	1 000 000
NEAX61	天津日本 NEC	日本	60%	1989	1 000 000
EWSD	北京国际	德国	60%	1990	1 000 000
AXE10	南京爱立信	瑞典	43%	1992	500 000
5ESS	青岛朗讯	美国	49%	1993	1 000 000

注：*指的是最初进口的公共数字交换系统模型。

“市场换技术”实践的快速推行可以用两个指标来说明。第一个指标是当时快速增长的相关工业品的进口替代。在轿车领域，1985 年后，进口产品的市场份额迅速下降，由 1985 年高峰时期的 95.6%，迅速下降至 1991 年的 57%，再到 1996 年的 14.3%。[①] 第二个指标则是外商投资企业（包括中外合资企业）的市场份额。根据 1995 年第三次全国工业普查的数据，外资企业在 27 个主要制造业部门的市场份额超过 60%，在 30 个部门占有 50%～60%的市场份额，在 26 个部门占有 40%～50%的市场份额，在 50 个部门占有 30%～40%的市场份额。其中，汽车和通信设备行业也是外资企业市场份额领先的两个产业部门，外资所占的市场份额分别为 60%以上、50%～60%。这些数据勾勒出“市场换技术”作为工业发展主流模式

① 数据来自历年《中国汽车工业年鉴》。

在受到本土创新者挑战之前在国内工业部门的发展状况。

“市场换技术”政策的产生和盛行并不是来自纯粹的理论讨论，而是来自现实发展实践的政策争议。国际政治经济关系的转变、中国当时的外汇短缺、其他技术引进战略的潜在缺点以及中国社会自身意识形态的转变，共同促成了中国的决策者在引进外国技术方面方式方法的转变。决策者试图寻找一种更有效、成本更低，而且看起来“打包度”更高的技术转让模式——与掌握先进技术①的跨国公司建立合资企业，利用外资降低引进先进技术的本土投资压力；通过组建合资企业可以将外方先进的产品引入本土来生产，解决当时国内不少产业的产品与国外先进水平的代差问题；附带引入跨国公司的全球供应商在国内建立合资企业，以此来整体带动中国工业水平的提升；更重要的是，当时中国致力于将国有企业转变为真正具有独立经营能力的现代企业，而与跨国公司合作无疑被人们认为能够让国内企业深入学习先进企业的管理经验，从而以更先进的治理模式取代当时落后、僵化的组织模式。简言之，“市场换技术”战略被中国决策者选择，是因为它看起来能够有效地帮助中国工业走出一系列困境。

① 在转型过程中，由于政策制定者认知能力的局限性，“先进技术”对其而言是一个模糊的概念。他们由于缺乏开发复杂产品和系统的经验，也会经常犯错误。20 世纪 80 年代和 90 年代，“进口过时的设备或设计”经常被报纸和政府文件批评。在电力设备领域，昔日亚洲最大的仪器厂西安仪表厂与日本的横河公司合作，并将主要资产投资于建立合资公司。之后，中方才发现横河公司并没有此前预期的电力设备数字控制系统的具体产品。

平心而论，通过“市场换技术”实践来解决进口替代的目标实现了。尽管与今天中国工业庞大的生产能力相比，“市场换技术”企业在当时的生产规模依然极为有限。但在尚处于短缺经济的时期，合资企业的崛起，的确解决了中国当时紧迫的问题，即为进口商品创造有效的国内生产供应，从而解决直接进口飙升的问题。然而，在实现有效的生产本地化的过程中，“市场换技术”企业在培养本土技术能力方面遭遇了超出预期的挑战，这引起了企业和政策制定者的高度重视，但不恰当的措施反过来又使技术学习这一目标在合资企业里被进一步边缘化了。

2. “北京吉普风波”：合作伙伴？

在推动“市场换技术”实践的过程中，一些高层决策者已经充分意识到外方很有可能会不愿意进行技术转移。无论是在筹建“三汽”还是在筹建通信设备业的第一家合资企业（上海贝尔）与跨国公司接洽时，众多跨国公司都明确表明不愿意向中国输出技术。为此，决策者明确将本土技术进步列为“市场换技术”战略的两个目标之一，张劲夫还特意强调中方要在技术引进中用足自己相对于跨国公司而言“是顾客，是‘上帝’”这个条件。但中国通过“市场换技术”实践来构建本土技术能力的过程依然偏离了预期的轨迹。当然，在20世纪80—90年代这一代实践者中，几乎没有任何国企负责人会认为，本土技术能力的提高不是他们“市场换技术”实践的重要任务，他们

更多的是在实践中陷入了一系列意料之外的困难。相比“提高本土技术能力”这个看起来难以直接度量的目标，实践当中的其他困难往往更直观，也更紧迫。这些困难既包括财务方面的巨大压力，也包括外国合作伙伴的极度不配合。人们在尝试解决这些看起来更直观也更紧迫的问题的过程中不断做出妥协，而这些妥协深刻反映为企业的组织结构安排、组织资源配置和组织价值认同。当企业完成了一系列为引进产品的本地化生产服务的组织变迁之后，构建本土技术能力的重要性实质上被极大地边缘化了。

其中最突出的，就是发生于 1985 年前后著名的“北京吉普风波”。“北京吉普风波”特指在 1985 年前后，美国汽车公司（AMC）利用公众传媒质疑中国是否适合开展中外合资来给中方施加压力。这一事件本身就暴露出中方尝试通过创建中外合资企业的方式推动中国本土技术能力持续成长的方案存在不容忽视的问题。作为汽车行业第一个执行“市场换技术”战略发展起来的中外合资企业，北京吉普的中外双方在 1985 年前后围绕中方本土工程师开展技术学习所发生的种种冲突、博弈和妥协，后来在大量“市场换技术”实践中高频率重演。

“北京吉普风波”的标志性事件发生于 1985 年 11 月。当时，因北汽无力支付外汇以清关 AMC 已经投放到美方码头待运的 1 008 套切诺基汽车的散件组装配件，AMC 的高管在美国召开新闻发布会，宣布要从北京吉普撤回美方人员，停止资金、技术和培训资源的投入。1986 年 2 月 21 日，AMC 的董

事长戴德瓦代（Jose J. Dedeurwaerder）甚至公开在美国《汽车工业》杂志上发表文章质疑中国“不适合搞中外合资”。该论调被美国大批主流媒体转载和评论，一时间西方世界甚至质疑中国改革开放的步伐已经停滞。

正如前文所提到的，北汽—AMC 的合资协议中明确表明合资企业的关键任务是联合研发 BJ213，使 BJ213 在六年之后成为北京吉普的主力车型，同时通过出口在合资七年内创汇 7 000 万美元。在北京吉普成立后，中国工程师的确开始了 BJ213 的设计工作，他们试图在设计中加入 AMC 投放到合资公司的 CJ 系列车型的一些技术，并在 1984 年 7 月征求美方的意见。然而，美方否决了这一提议，他们列举了 200 多个问题，并声称该设计过于落后。[①] 事实上，美国人最关心的是成本效益问题，他们认为这样的计划风险太高。对于美方来说，接受与中方联合研发 BJ213 的唯一方案是，新设计的 BJ213 必须要与 AMC 现有车型在部件上具有高度的互换性。[②] 美方名义上的理由是要降低风险、控制成本。实质上，这就意味着北京吉普的新车开发需要受到 AMC 的严格控制，甚至可以认为，BJ213 本质上就是 AMC 现有的某个或某几个车型的改款。那么通过合资来研发新的 BJ213 的计划也

① 徐秉金，欧阳敏．中国汽车史话．北京：机械工业出版社，2017：474；颜光明，钱蕾，王从军．中国汽车四十年．上海：上海交通大学出版社，2018：28.

② MANN J. Beijing Jeep：a case study of western business in China. Boulder，CO：Westview Press，1997.

就变成另一个本地化组装项目。不管如何，美方无视合资协议里已经签订的条款，拒绝配合中方联合研发 BJ213。受到资金和技术制约，北京吉普作为一家合资企业难以实质上推动 BJ213 项目。

这一问题随后被反映到中央，中方的决策者们产生了不同的意见。饶斌和当时北汽的主要负责人反对接受 AMC 的方案，认为切诺基不一定适合中国国情，更重要的是不能放弃开发第二代越野车车型的初衷。而中方某部门负责人在 1984 年 7 月访美回来后认为 AMC 的 XJ 系列即切诺基的车型相当新，在北美获得过多个奖项；她将一台 AMC 赠送的切诺基转赠给北京吉普，要求中方跟美方协商折中方案，引进 XJ 系列开展 CKD 生产。[①] 最后，在 1984 年 10 月底特律召开的北京吉普特别董事会上，中方放弃了开发第二代越野车的方案，接受通过 CKD 方式组装切诺基车型的做法。[②] 对于美方来说，尽管他们一开始对于向中方输出 XJ 这个新车型犹豫不决（当初合同商定的 CJ 车型是一个老旧车型），但他们还是同意了这项交易，因为切诺基的生产将从全散件组装模式开始，AMC 可以通过出口全散件获得巨大的经济利润。[③]

---

① 部分信息来自北京吉普原副董事长赵乃林在 2012 年 5 月接受搜狐汽车的专题采访记录，详见 https：//auto. sohu. com/s2012/zhaonailin/.

② 颜光明，钱蕾，王从军．中国汽车四十年．上海：上海交通大学出版社，2018：28.

③ 根据赵乃林在 2012 年接受搜狐汽车采访时所提供的信息，在引进切诺基的 CKD 件时，美方原定的 CKD 件利润率为 15%，后经中方砍价，定为 8%。

美方极力主张多生产，随之也多进口美国的CKD件，使得中方在1985年订立了高达7.8亿美元的进口计划。然而，这不仅违背了建立合资企业的初衷，也不符合中国当时的外汇管控要求。前文提到，1985年主管经济的姚依林副总理严令时任国家经委副主任朱镕基采取非常手段控制轿车的进口，其主要抓手就是加强外汇管控，这是政府对于突然增加的直接进口和潜在的外汇支付危机的反应。当时AMC所主导的北京吉普的CKD引进计划仅为北京吉普企业内中美双方的协商结果，尚未经过中方外贸主管部门和外汇主管部门的审核，部分中方当事人也以为中美双方可以在中方主管部门审核时进一步协商这一方案。然而美方却基于第一批（主要在1985年）组装的700套CKD件，预估1986年将组装4 000套，并按照自己的生产节奏，计划于1985年10月向中国发出1 008套CKD件。然而，无论是生产规划所需的投资，还是相应的外汇指标，都尚未经过中国政府相应管理部门的审核。北汽与AMC多次谈判协商未果①，随即爆发了AMC董事长戴德瓦代利用公众媒体向中方施压的一幕。双方在多次谈判中矛盾非常突出，中方明确意识到，“你们（美国人）想要的是多卖CKD件，而我们想要的是生产本地化”②。经由中国最高政治领导人介入，双

---

① 1985年11月，当初力主以CKD生产方式引进AMC的XJ车型的相关部门负责人已经认识到自己犯了“技术饥饿症”。参见：郑焕明．半世车缘．北京：作家出版社，2013：138.

② 可参见赵乃林在2012年接受搜狐汽车采访时提供的信息。

方协商调整进口数量，中方协调安排外汇，最终危机方得以解决。[①]

虽然CKD进口件的支付危机在1986年以双方商定五年内CKD进口套件总量的方式得以最终解决，但中方未能进行技术学习和技术升级的危机却遗留了下来。部分评论家认为，这给中国汽车产业的中外合资企业起到了不好的带头作用。[②] 北汽的工程师们通过自力更生在BJ212上做了多项技术改进，在该车型上采用了不少切诺基的零部件，尽力延长了这一著名产品的寿命。但美方却始终不愿意履约参与中方的技术改进——更为荒谬的是，从美方引进的产品效益不好，所以在20世纪90年代中期之前，BJ212都是北京吉普最重要的利润来源。而在合资合同里明确规定要建立的研发中心，直至合资11年后方才建成。此外，在组建研发中心的过程中，当中方人员赴美

① 根据赵乃林在2012年接受搜狐汽车采访时提供的信息，美方在1986年年初选择向公众传媒披露此事是有周详考虑的。因为在1985年年底时任美国副总统老布什访华，参观的唯一一家企业就是北京吉普，并将其视为中美在工业领域合作的典范。所以通过公众传媒的方式喊话，AMC的管理者的意图非常明确，就是要利用潜在的政治影响作为谈判的筹码。1986年，AMC还直接发传真给时任国家经委副主任朱镕基，后者当时正在姚依林副总理的指示下主管严控轿车进口的事宜，AMC非常直接地要求在5月8日与朱镕基在北京面谈。选择这个日期是因为，美国财政部部长将于5月6—9日在京与中国领导人召开中美经济贸易协调委员会年会，而5月11—16日中国国务院主管经济工作的姚依林副总理将会赴美，并与美国总统里根、副总统老布什进行会谈。两国领导人的这几次会谈都势必会提及北京吉普的经营情况，而AMC这家企业则精明地期望通过这种政治压力来为自己在谈判中争取优势。

② 颜光明，钱蕾，王从军．中国汽车四十年．上海：上海交通大学出版社，2018：28.

接受技能培训时，美方竟然设阻禁止中方人员进入美方进行研发活动的场所。更离奇的是，2002 年合资企业办公场地迁址后，该研发中心未得到及时重建。由于长期没有开展产品开发性项目，2005 年北汽在响应国家“自主创新”的号召组建汽车工程研究院时，整个企业的产品开发力量已然捉襟见肘。

3. 预料之外：生产本地化成为中心任务

北京吉普的例子说明了“市场换技术”实践远不可能像它的设计者们所设想的那样顺利地实现它的两个目标。设立合资企业、引进国外产品设计和生产设备同样占用了中方大量的资金。而从大量案例的记录和当事人的回忆来看，CKD 生产所带来的配件进口成本以及 CKD 模式持续的漫长时间，似乎都出乎当初推动合资企业的中方建设者们的预想。财务上的压力使得他们不约而同地将尽快完成引进产品的生产本地化作为“市场换技术”的核心，而本土在产品开发和复杂技术上的能力构建，则往往在为促进生产本地化所做的各种妥协中被边缘化了。

3.1 “市场换技术”实践的财务压力

如前所述，资金短缺，特别是在引进外国成套设备时的外汇短缺，是“市场换技术”政策兴起的主要原因。政策制定者认为，鼓励国有企业与跨国公司组建合资企业是利用外国资本的有效模式，将有助于引入外国资本从而缓解资金短缺问题，同时本土生产的合资企业产品的外销也能解决外汇平衡问题。

当然，中国的决策者当时对于外汇平衡和资金回流所需要的时间和投入也是有心理准备的。然而，20 世纪 80—90 年代“市场换技术”战略实施过程中所出现的大量困难仍然远远超出了政策制定者的最初预期。生产本地化率增长缓慢，出口不力，都意味着中方难以从建立合资企业的实践中及时获得预期回报。因此，“市场换技术”政策给贸易平衡和外汇储备都带来了严重的压力，这反过来又使得提高生产本地化率成为政策制定者和国有企业领导人的首要任务。与这一首要任务相比，技术学习或技术升级未能得到足够的重视。

以汽车制造业为例，虽然每个项目的具体价格各不相同，但从海外进口每个汽车型号都要花费数亿美元。[①] 此外，汽车模型的生产许可协议通常与生产特许权使用费、设备采购和进口 CKD 组件的协议密不可分。这些绑定的合同进一步加大了财务成本。例如，在为进口捷达 A2 车型成立一汽大众时，按照合资协议，德国大众公司在威斯特摩兰（Westmoreland，在美国的宾夕法尼亚州）的一条业已停产的生产线于 1989 年被拆解并搬到中国长春，而捷达 A2 车型和设备的综合成本 20.9 亿美元全部由中方承担。值得一提的是，大众汽车此时在全球主流市场上已经放弃了捷达 A2 车型[②]，威斯

① 在大多数情况下，合资公司支付这笔费用获得的只是相应型号的生产许可，也就是说，中外合资公司并不拥有相关型号的知识产权。除了明确指出的特殊情况，本书中所指的进口产品型号均为此意。

② 捷达 A2 在 1992 年被大众汽车公司正式升级为捷达 A3 并投放于全球主流市场。

特摩兰的工厂早在1988年就已废弃。表3－4列出了在位企业从外国合作伙伴那里进口车型、采购相关设备的初始支出。[①] 为了说明“市场换技术”实践的成本之昂贵，表3－4也列出了后来崛起的自主创新企业初成立时的财务能力，以进行对比。对于后来的自主创新企业而言，早期阶段由于受到资金限制，它们无力从全球领先的供应商那里订购全套生产设备。相反，它们更注重根据自己的实际需要来设计生产线，购买性价比合适的生产设备；同时它们往往不需要为技术许可和KD组件付费，这使其支出维持在较低水平，也使得它们能够把部分战略性资金投放到开发自主产品设计上来。

表3－4　　汽车制造商的初始支出

企业		最初支出/注册资本*	备注
在位企业	上汽大众	35.8亿元人民币（15.4亿美元，c.p.）	成立于1984年，支出用于进口桑塔纳车型和生产设备（不包括供应链）
	一汽大众	111.3亿元人民币（20.9亿美元，c.p.）	成立于1991年，支出用于进口捷达A2车型和生产设备（不包括供应链）
	东风雪铁龙	130亿元人民币（23.6亿美元，c.p.）	成立于1992年，支出用于进口雪铁龙ZX车型和生产设备（不包括供应链）

① 当然，从外国伙伴那里采购的设备不能满足生产的基本需要。在许多情况下，国有企业为了节省开支，并不会进口全套的机器设备。

续表

企业		最初支出/注册资本*	备注
创新型企业	奇瑞	17.5 亿元人民币 （2.1 亿美元，c.p.）	成立于 1997 年；可用资金较少，只有 7 亿～8 亿元人民币，支出用于第一阶段的基础设施建设（生产线、研发实验室等）和第一个汽车模型的开发
	吉利	5 亿元人民币 （0.6 亿美元，c.p.）	成立于 1997 年；吉利真正拥有的资金较少，仅有约 1 亿元人民币，支出用于第一阶段的基础设施建设（生产线、研发实验室等）和第一个工业化汽车模型的开发
	哈飞	9 亿元人民币 （并非注册资本） （1.1 亿美元，c.p.）	2002 年车型的支出，用于基础设施的第三阶段建设（生产线、研发实验室等）。这些基础设施是为第一个车型的生产和研发以及其他两个车型的生产而建设的

注：* 新进入企业的认缴资本多于它们实际拥有的资金，这是因为行业监管机构设置了对财务能力的最低要求；“c.p.”是指外汇现价。

此外，由于跨国企业参与合作的目的是拓展中国市场，因此，向合资企业出售 KD 组件是一个稳定的可持续赢利的战略。在许多情况下，KD 组件的价格很高。例如，在前文提到的北京吉普案例中，切诺基一套完整 KD 组件的价格相当于整车进口价格。而这事实上也使得后来北京吉普生产出来的切诺基车型（从 AMC 引进的 XJ 系列，国内俗称“小切诺基”，与后来引进的“大切诺基”区别开来）定价都在 10 万～16 万元

人民币，对于当时的中国消费市场而言，这个价格非常高昂；这也使得北京吉普的 XJ 系列一直未能赢利，反倒只能依靠 BJ212 的利润维持。对中方来说，在实现高水平的本地生产之前，KD 组装不仅被视为加快实现进口替代的方法，也被视为技术学习的主要活动平台，但持续进口 KD 组件却为中外合资企业带来了一项往往不被计入合资协议的巨大开支。

尽管大多数合资协议只提到技术转让费这一主要成本，但实现生产本地化却往往需要高达数倍的实际投资。以 CKD 进口为例，按照合资协议，上海大众在实现 60%的国产化率之前需要通过进口几乎全套的 CKD 组件来生产 89 000 辆桑塔纳。每进口一套 CKD 组件，上海大众必须向大众汽车支付 9 500 美元，而最终生产成本高达 1.69 万美元。[①] 因此，在国产化率达到 60%之前，仅 CKD 组件的进口费用就接近 8.5 亿美元，超过了技术转让和部分设备进口的初始费用的一半。事实上，在 1990 年 60%的国产化率目标实现时，CKD 成套设备的实际进口量已经超过了 89 000 套。另外，国产化率目标的实现并不意味着上海大众停止从大众的海外供应网络进口零部件，它只是意味着合资公司停止购买几乎全套的 CKD 组件来生产这种车型。在所有支出中（见表 3-5），合资公司的大部分资金都流向外国合作伙伴及其全球价值网络。

---

① 朱镕基. 把"桑塔纳"轿车国产化搞上去（1987 年 12 月 24 日）//《朱镕基上海讲话实录》编辑组. 朱镕基上海讲话实录. 北京：人民出版社，2013：1-12.

表 3－5　“市场换技术”政策中建立合资企业时支付给外国合作伙伴的费用

项目	说明
技术转让费	对于本土化生产的许可和技术图纸转让
技术使用费	购买生产外国合作伙伴的产品或子系统的知识产权
KD组件进口	进口 CKD/SKD组件
设备和仪器购买	进口相关设备和仪器
培训费	用于人员培训以确保设备的正确操作
技术咨询	聘请外国专家帮助解决技术问题
技术认证	由于外国公司保留了品牌和（或）设计的所有权，合资企业的每个技术/生产环节都必须获得外国母公司的认证
佣金	关于（技术或品牌的）生产许可证费用，汽车行业通常为 4.5%～6%，在通信设备行业为2%～6%
子系统和零部件的转让费	对于在本地生产引进车型的子系统或部件的企业来说，这部分费用指的是与上述类别相关的费用

在中外合资企业的最初计划中，中国政策制定者希望通过出口合资企业的产品来重新平衡外汇。毫无疑问，这一目标也并未如期实现。即使参与“市场换技术”的少数企业开始出口，但它们通常也需要 10 年以上的时间来实现这一目标。就平衡外汇一事，这种预期之外的失败，又加重了合资企业所面临的支付困难，因为当时中国政府并没有足够的外汇来为它们提供保障。抛开建立合资企业之后中外双方在立场和行动上的巨大差异不谈，1985—1986 年的“北京吉普风波”实质就是一场外汇支付危机所带来的风波。在上海贝

尔的案例中，KD件引进造成的成本高企，加上日本厂商的低价倾销战略，使得上海贝尔在1988年之前一直遭遇较大的困难。它不仅不得不向政府索取补贴和事实上的行政指令支持，也不得不向比利时政府申请贷款。上海市政府不仅敦促国有银行提供贷款，每年还帮助上海贝尔申请贷款和外汇配额。

3.2　生产本地化成为主要任务

生产本地化引发全社会关注

自此，促成进口产品设计的本地化生产被认为是解决“市场换技术”政策实践中出现的一系列问题的关键措施，因为它对进口替代、平衡外汇储备和技术学习都很重要。国家在设立中外合资企业上所投入的人力和物力之巨大，使得重点合资项目的生产本地化进程往往引发全社会的关注。

上汽大众的桑塔纳（上汽大众的第一款进口车型）国产化进展一度成为当时整个中国社会关注的焦点。到1987年，桑塔纳的国产化率只有12.7%；于是，在1987年12月24日中国汽车工业联合会和上海市政府共同组织的上海桑塔纳轿车国产化工作会议上，时任国家经委副主任、上海市委副书记朱镕基要求上汽集团承诺，桑塔纳的生产本地化率在1988年必须达到30%，而再过一年即1989年达到50%；根据最初的合资合同，中国政府希望本地化率在1991年（即合资企业成立后的七年内）达到80%；但出于当时的压力，朱镕基希望在1990年就达

到85%以上。[①] 在1988年4月25日就任上海市市长前，朱镕基在上海市九届人大一次会议上发言详谈自己的“施政纲领”时，特意强调了桑塔纳的国产化问题，并再度要求上汽大众的国产化率在当年（1988年）达到25%，在1990年达到80%以上。[②]

在通信设备产业，上海市政府和邮电部于1988年7月联合向国家计委上报并立项了S1240程控交换机的国产化项目；上海市将S1240的国产化项目列为上海市生产科技相结合的14个重点工业项目的第二位（第一位是桑塔纳的国产化项目）；继邮电部成立“1240工程局”之后，上海市政府专门成立了上海市1240项目领导小组及其办公室，由上海市经委主任担任组长，并责成上海市仪表电讯工业局着重跟进[③]，当时提出了上海贝尔的国产化率到1993年应达到70%的要求[④]。

在全国层面，国家经委从1985年开始将工作重点转向引进技术的消化吸收，并在1987年11月下发《国务院批转国家经委关于推动引进技术消化吸收和国产化工作报告的通知》，明确对列入国家重点支持的引进技术消化吸收和国产化项目给予包括减免税

---

① 朱镕基. 把“桑塔纳”轿车国产化搞上去（1987年12月24日）//《朱镕基上海讲话实录》编辑组．朱镕基上海讲话实录．北京：人民出版社，2013：1-12.

② 朱镕基．在上海市九届人大一次会议上的讲话（1988年4月25日）//《朱镕基上海讲话实录》编辑组．朱镕基上海讲话实录．北京：人民出版社，2013：37-57.

③ 唐谷欣. 亲切的关怀，务实的支持//上海贝尔．如歌岁月：回眸上海贝尔的创业历程．上海：上海贝尔有限公司，2001：118-125；朱镕基. 发挥科技优势，打好重点工业项目会战（1988年5月11日）//《朱镕基上海讲话实录》编辑组．朱镕基上海讲话实录．北京：人民出版社，2013：73-77.

④ Shen X B. The Chinese road to high technology：a study of telecommunications switching technology in the economic transition. New York：Macmillan，1999：91.

收，产品内销可以收取部分外汇，减免进口关税和产品税，各级政府部门重点照顾外汇、银行贷款、科技开发费用和物资分配，以及对表现突出的企事业单位给予奖励五条优惠政策。①

事实上，国有骨干企业本身也急于加快生产的本地化，因为高昂的KD件进口使得它们难以赢利。在1989年之前，上海贝尔一直处于亏损状态，一个关键原因是零部件国产化率低，上海贝尔进口的KD零部件的总成本要高于直接进口S1240整机。因此，提高生产的本地化率，同时利用国内的人力资源和其他经济资源来降低生产的平均成本，是合资企业共同面临的紧迫任务。图3－1和图3－2展示了当时两个产业内部分产品生产本地化的进程。

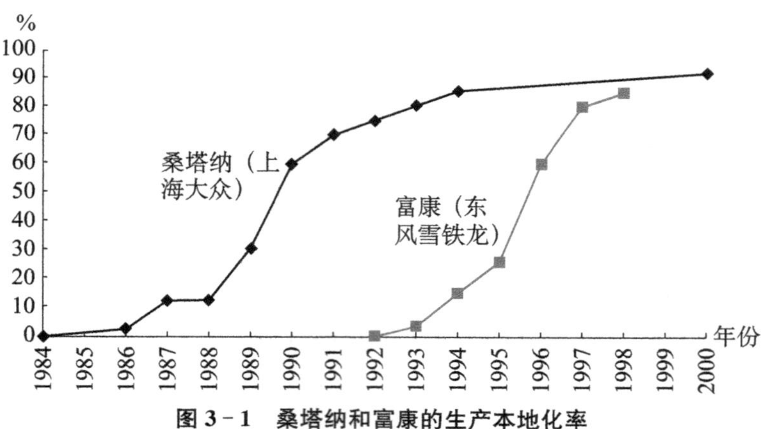

图3－1 桑塔纳和富康的生产本地化率

注：桑塔纳数据由笔者根据多种数据来源估计；富康的数据来自吕海涛（1999）②。

① 朱镕基. 把“桑塔纳”轿车国产化搞上去（1987年12月24日）//《朱镕基上海讲话实录》编辑组．朱镕基上海讲话实录．北京：人民出版社，2013：1－12.

② 吕海涛. 质量控制是富康轿车国产化的关键．汽车科技，1999（2）：59－62.

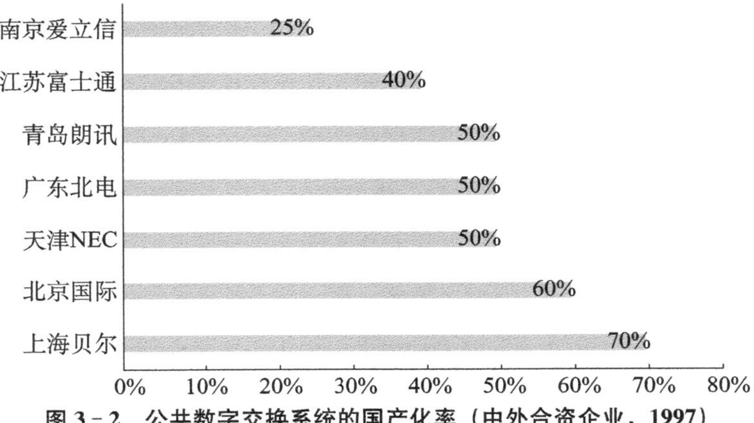

图 3－2　公共数字交换系统的国产化率（中外合资企业，1997）

注：数据由笔者通过多种来源收集而来，部分为估算值。

复杂技术研发被边缘化

由于生产本地化成为 20 世纪 80—90 年代“市场换技术”企业的主要任务，其他可能与之抢夺资源的战略性活动也就被边缘化了，如深入掌握进口产品设计中的复杂知识、自主研发新一代产品等。也就是说，由于企业认同实现生产本地化这一任务的紧迫性，并围绕这一任务集中配置了资源，以至于其他具有高风险、需要长期投入才有可能见效的任务并没有任何资源空间。当然，不少实践者都坚信技术和产品开发能力可以通过“引进国外产品设计—本地化生产—形成技术能力”三段式的线性模式来实现，因此他们虽然并未安排正式的产品开发活动来启动技术学习进程，但依然相信持续地开展本地化生产终将带来产品和复杂技术开发能力。

然而，在汽车和通信设备两大技术复杂的产业，合资企业

往往需要十年以上的时间才能实现较高水平的生产本地化率。在这个过程中，由于企业长期在对内战略、宣传和资源投放上都向企业组织成员强调要以引进产品的本地化生产为中心，这潜移默化地改变了企业最初的“提高本土工业技术能力”的组织共识。一部分工程师通过早年发生在上海贝尔工程师内部的两次争论来含蓄地解释，为何作为当时国内“正规军”（即国有骨干企业）的上海贝尔并未在中国3G方案的技术研发工作中发挥应有的骨干作用。这两次争论很好地体现了在长期以“生产本地化”为中心任务的“市场换技术”实践中，企业内的组织共识是如何逐渐发生变化的。

上海贝尔的中国工程师群体发生了两次争论。第一次争论发生在1989年，当时上海贝尔的中方工程师与邮电部西安四所合作，成功为S1240系统开发出远端自治交换模块（remote autonomous switching modules，RASM)。这个应用模块能够大大拓展S1240数字程控交换机的覆盖范围，尤为适用于区乡分散的农村地区。1992年，江苏省无锡市邮电局率先在农村通信建设中采用RASM组网，极大促进了农村通信事业的发展。当RASM的开发工作在1989年完成时，一群在加入上海贝尔之前有过产品开发经验的工程师认为，公司应该维持开发团队继续开展更深入的技术探索活动，他们认为这是企业形成对系统及复杂技术认识的一个良好起点。相反，一群年轻工程师则批评这种做法是计划经济的遗产，即投资于不会带来合理经济效益的基础研究；他们认为，上海贝尔应该利用外国合作

伙伴的技术资源，专注于提高本地生产化率。上海贝尔公司的中方管理者支持了后者的声音。管理者安抚前一批工程师，将无法继续开展技术探索归因于经济上的捉襟见肘，同时也承诺，未来企业的财务状况改善后，将在技术探索方面进行更多投资。

上海贝尔的管理者对当时经营情况的描绘是符合事实的，因为上海贝尔从创建到 1988 年的确一直处于亏损状态，而且国产化进程不如预期。甚至在 1988 年 2 月 4 日报纸上还刊登了时任国务院代总理李鹏“请朱镕基同志认真抓一下贝尔电话设备国产化”的批示，随后朱镕基到上海贝尔开现场办公会，上海市政府也成立了 1240 项目领导小组。这都使得上海贝尔将加快国产化看作最重要的任务，并于同年 8 月在企业内成立国产化部以贯彻这一目标。[①]

当经济上的困窘消失之后，企业就自动转向产品和复杂技术的研发了吗？事实上，上海贝尔在 1989 年开始赢利后，董事会就已经决意将年销售收入的 3%用于建立上海贝尔的研发基金。[②] 1992 年，与 1988 年类似的争论再次出现。当时上海贝尔的一些本地工程师在软件系统国产化的过程中成功推出一款名为客户应用工程（customer application engineering，CuAE）

① 荣丽莱．上海贝尔的国产化之路//上海贝尔．如歌岁月：回眸上海贝尔的创业历程．上海：上海贝尔有限公司，2001：126－134.

② 顾润兴．惨淡经营忆当年// 上海贝尔．如歌岁月：回眸上海贝尔的创业历程．上海：上海贝尔有限公司，2001：69－85.

的软件包[①]。部分工程师再次建议公司应当开展组织化的内部研发活动，以争取发展自主产品系统。但上海贝尔的管理者依然拒绝了这一建议，他们认为正在进行的提高生产本地化率的工作对于获取更好的财务回报至关重要，他们要将资源投入到有助于产品更新换代的工作中去。当时，连国家不少负责经济工作的高级干部都没有意识到技术引进消化吸收和自主技术创新之间的根本差异。1987 年，国家经委就 S1240 交换机的销售与国产化问题组织邮电系统的干部召开研讨会，当时经委的领导就认为技术引进工作必须要走“引进技术—消化吸收—出口创汇—再引进技术”的路子。[②] 基于这种认识和对国产化的强调，上海贝尔在完成了 S1240 的 E 型机国产化之后，又与阿尔卡特[③]签订了 J 型机的引进合同，同期还签订了引进光交换、宽带交换和企业用户交换机（PABX）等项目，后期还转向了从外方引进 GSM 移动通信设备。[④] 可以看到，经营情况的好转和研发基金的设立并没有让企业自动转向自主开发产品和复杂技术。相反，人们习惯了将引进新的产品、开展国产化

① CuAE 是应用层的一个软件包，旨在根据客户需求生成特定的客户应用。上海贝尔开发的 CuAE 非常成功，以至于 BTM 的其他子公司也从这一合资企业购买了该软件。

② 唐谷欣. 亲切的关怀，务实的支持//上海贝尔. 如歌岁月：回眸上海贝尔的创业历程. 上海：上海贝尔有限公司，2001：118-125.

③ 美国 ITT 公司在 1987 年将其欧洲业务转让给了法国阿尔卡特，自此上海贝尔的外方合资伙伴变成了阿尔卡特。

④ 吕明. 通信产业合资第一家//上海贝尔. 如歌岁月：回眸上海贝尔的创业历程. 上海：上海贝尔有限公司，2001：159-167.

工作、尝试做一些应用模块的本土化改进等同于构建自身技术能力。随着企业持续获得发展，深入开发技术能力反倒成为企业组织中的“异质性”意见。有些工程师个人回忆说，1992年之后，他们再也没有与同事发生过类似1988年和1992年的争论。

上海贝尔持续的被动地位

在1989—2001年，上海贝尔转亏为盈。2001年，它甚至以1 700万门的局用数字程控交换机产量成为全球产量最高的制造商，它的S1240交换机占据了全国已装局用程控交换机总量的1/3，甚至中国长途固话交换机由于国家统一制式而全部采用了S1240。随着生产能力的增强，它的留存利润也在增加，1994年达到11.6亿元人民币。[①] 尽管在20世纪90年代的大部分时间里，上海贝尔一直将其销售额的5%～7%注入研发基金[②]，但该公司既没有建立有效的机制，也没有有效地动员其组织成员进行深入的技术探索或产品开发。截至1999年，上海贝尔生产的产品大小种类已达100多种，并且在S1240的七号信令软件版本（CDE5X）、S1240的MFFP数字信号处理电路板、S1240的虚拟交换机等应用性模块上

---

① 此外，1994年上海贝尔和阿尔卡特成立了一个新的合资企业来生产移动通信设备，其中上海贝尔和阿尔卡特所占的股份比例约为45%和55%。然而，新的合资企业并没有取得预期的业绩。参见：吴基传，奚国华．改革，开放，创新：上海贝尔发展之路．北京：人民出版社，2008：149，427.

② 徐智群，朱战备．三个有利于是上海贝尔的指南针//上海贝尔．如歌岁月：回眸上海贝尔的创业历程．上海：上海贝尔有限公司，2001：186－190.

也做过探索性的工作，但上海贝尔只获得过一项有实质性意义的专利，也就是在第一次内部争论中所提到的 RASM 模块。该专利于 1990 年申请，并于 1993 年获授。

在这一背景下，上海贝尔的外方股东法国阿尔卡特从 1999 年开始就动议变更中外双方的相对控股地位。法方的核心出发点是要将上海贝尔的业务完全合并到自己的财务报表中，从而更有利于阿尔卡特在全球范围内的资本运作。具体的做法是让阿尔卡特一方拥有“50％加 1 股”的股份从而实现对企业的控股。阿尔卡特承诺，在接管合资公司的主导权后，它将使上海贝尔成为阿尔卡特在亚太地区的总部，使上海贝尔的业务多样化，并建设一个拥有 3 000 余名研究人员的研发中心。这就意味着，新的合资公司将承接阿尔卡特在华的主要业务，成为阿尔卡特在华业务的主要经营载体，那么这一合资企业在战略和经营上必然会受到外方的紧密控制。①

面对这一动议，由于长期依赖于进口产品设计，中方并没有太多选择。尽管相关的政策制定者将其命名为“以股份换技术”②，但这也依然无法掩盖中方的被动。在经历超过 15 年的“市场换技术”实践之后，上海贝尔仍然无法形成独立的产品

---

① 此外，1994 年上海贝尔和阿尔卡特成立了一个新的合资企业来生产移动通信设备，其中上海贝尔和阿尔卡特所占的股份比例约为 45％和 55％。然而，新的合资企业并没有取得预期的业绩。参见：吴基传，奚国华. 改革，开放，创新：上海贝尔发展之路. 北京：人民出版社，2008：149－161.

② 奚国华. 弥足珍贵的创业者的历史//上海贝尔. 如歌岁月：回眸上海贝尔的创业历程. 上海：上海贝尔有限公司，2001：1－3.

和技术开发能力，更无法形成独立的产品和技术战略。1992年，上海贝尔启动第二轮技术引进。虽然上海贝尔通过引进和国产化成功引入了阿尔卡特的一系列产品，但由于缺乏产品技术上的主动权，每一轮引进谈判都很困难，谈判周期也很长，这给企业经营带来了巨大困难。1997 年，其最主要的产品S1240 的市场份额已经开始下滑，而且产品技术已经明显老旧。[①] 20 世纪 90 年代末，随着巨龙、大唐、中兴和华为等自主创新企业崛起，上海贝尔也尝试在移动通信、接入网、宽带交换、ISDN 网络设备等产品上开启自研工作，同时承担了一系列国家重大科研项目，但由于已经错过了这些新产品和新技术研发的最佳窗口期，兼之又受到合资体制的约束，实际收效甚微。[②] 这些都使得这个曾经是中国最大、被人们寄予厚望的企业不得不接受外方改变股比的要求。

作为中国通信设备制造业“市场换技术”实践中表现相对最好的企业，即便中国邮电系统从全国范围内选拔出来的一代精英工人、工程师和管理者兢兢业业，但在中外合资企业这一框架下，上海贝尔依然没能抵达 1984 年它的设计者们所设想的远方。而此时，中兴和华为这些新兴的自主创新企业即将熬过互联网泡沫的难关，逐步挺进世界一流通信设备制造商之列。

---

① 吴基传，奚国华．改革，开放，创新：上海贝尔发展之路．北京：人民出版社，2008：153.

② 同①。

4. 外方的战略：不培养潜在的竞争对手

北京吉普和上海贝尔的案例都清楚地表明，在“市场换技术”实践中，中外双方的利益明显不同。首先，外方不愿意培养出具有潜在竞争力的对手，这一点无论是在北京吉普的例子中还是在阿尔卡特担任上海贝尔的外方合作伙伴的例子中，都曾经在中外双方的正式谈判中被明确地提起过。事实上，外方有强烈的动机控制中方技术能力的成长，因为中外双方技术能力的差距才是“市场换技术”实践中中外合资企业模式存续的前提。其次，相对于双方在中国本土技术能力成长问题上的态度的巨大差异，虽然双方对于在中国本土开展组装生产上有更多的共识，但二者的分歧也相当明显。中方出于应对进口飙升和平衡外汇账户的压力，追求的是生产的国产化；而外方则明显为了获得更多利益追求 KD 生产。

当然，在中外合作中，合资机制是限制中方执行独立的技术战略和产品战略的一个硬性障碍，即无论是中方还是外方都无法完全不管不顾对方的意见而独立行动。然而由于外方在提供引进产品图纸和生产设备上的优势地位，同时也由于中方在实现生产的本土化、国产化过程中需要从外方获得财务、技术和管理等方面的支持，外方合作伙伴事实上有一系列超越合资框架的优势来阻止中国本土工程师创建有效的学习平台，进而阻止中方产生和积累开发系统性产品与复杂技术的经验。

4.1 直接的冲突：杜绝产品竞争和潜在的技术竞争

“市场换技术”框架对跨国公司的吸引力来自中国政府提供的优惠待遇，以及中国潜在的市场规模和较低的生产成本。然而，几乎所有的跨国公司都没有帮助中国合作伙伴培养开发复杂产品与技术能力的动机，因为它们并不想为自己制造出任何潜在的竞争者。

大部分跨国公司对“市场换技术”框架下中外合资企业的产品出口持坚决否定态度，尽管在大多数情况下合资合同中都约定了合资企业承担出口创汇任务。① 上海贝尔的比利时方总经理莫瑞尔（Chris Morel）在1993年的发言中清楚地表达了这种态度：“众所周知，通过技术转让，（我们作为）技术供应商希望创造市场，而不是创造竞争者……如果上海贝尔试图出口，阿尔卡特方面的技术转让过程就会放缓。阿尔卡特并不希望制造出一个在技术上和自己一样强大的对手。”② 在这种情况下，上海贝尔的出口比例在1999年之前从未达到30%。然而，最初的合资合同明确提到出口至少要占年产量的30%，

---

① 为了避免误解，必须指出，此处的讨论只涉及在“市场换技术”框架下成立的生产型中外合资企业，而不适用于在中国的外国独资或外资主导企业。那些在1991年后大量出现的外国独资或外资主导企业（在中国政府1991年通过的《中华人民共和国外商投资企业和外国企业所得税法》的激励下），是为了利用中国在生产成本方面的比较优势而设立的，这些企业尤其集中于消费电子、服装等领域，实际上希望把中国变成“全球工厂”。

② Shen X B. The Chinese road to high technology：a study of telecommunications switching technology in the economic transition. New York：Macmillan，1999：82.

这是平衡外汇，包括偿还比利时政府贷款的关键。但这显然不符合比利时 BTM 和阿尔卡特在全球市场的利益，因此在实践中它们并未支持这样的条款。由于合资企业仍然需要依靠外国技术投入来完成相关部件的生产本地化，当上海贝尔董事会内部发生冲突时，中方高管并没有有效的办法说服外方履行合同。

轿车产业的大部分案例也与上海贝尔的情况类似。在大众和一汽的谈判中，德国人坚决拒绝了一汽关于出口导向计划的提议。[①] 毫无疑问，跨国公司这么做是出于财务上的考量。首先，在国产化程度低、主要依赖 KD 模式组装生产的时期，合资企业依托 KD 件组装的产品往往比跨国公司直接向国际市场出口的产品还贵，这意味着通过在中国的合资企业向国际市场出口最终产品几乎无利可图。不仅如此，由于中方对国际市场不够熟悉，如果合资协议中存在外销条款，这些条款往往会注明由外方来执行，而跨国公司会极力避免在合同内写上方案及数字明确的出口平汇计划。即便合资协议中有相应条款，外方也会在合资企业运转起来之后尽其所能地拖延或者拒绝执行出口计划。退一步讲，中外合资企业通过制造环节国产化使成本逐渐下降，但这无疑会对跨国公司在国际市场上的产品构成冲击，从股权收益来说，外方当然会更倾向于保护自己的利益而

① 哈恩．我在大众汽车40年．朱刘华，译．上海：上海远东出版社，2008：133.

非中外合资企业的利益。

在2005年政策转型之前，只有两个中外合资企业在这一点上例外。在轿车产业，本田、广汽和东风于2003年在广州免税区成立的合资企业本田汽车（中国）有限公司是一家专门为了出口而开办的合资企业，但这是政策制定者批准的一个特殊案例，因为该工厂的经营方针是通过大批量生产单一车型或者有限车型，获得成本优势；其产品销售全部面向海外市场，不进入中国市场。在这种特殊的“借地生产”的模式下，该合资企业突破了当时中国政府关于汽车产业中外合资结构中外方的股比上限，由本田控股65%，同时该企业在组织和人力资源上也与广汽、东风没有太大关系。[①] 因此，它并不能算作“市场换技术”战略的典型案例。另一个例外是2001年后的上海贝尔。在它被阿尔卡特牢牢控制之后，法国公司才将这家合资企业完全纳入其全球生产网络，视之为阿尔卡特的全球制造中心和东亚业务中心。这种整合导致了上海贝尔出口的快速增长，不过出口产品的品牌标识主要为阿尔卡特或阿尔卡特-朗讯；同时，合资企业为阿尔卡特产品的本土化还做了一系列技术改进工作。

相较于跨国公司对于中外合资企业在产品出口上的消极态度，跨国公司阻挠中方试图深入开发产品技术和复杂技术的态

---

① 随着中国汽车工业和汽车市场的发展，广汽本田为了加快自身的产能扩张，在2020年并购了本田汽车（中国）有限公司，并将其改名为本田汽车广州开发区工厂。

度更为坚决——尽管在大量中外合资项目中，在合资企业建立技术中心、推动产品升级都明确约定在合资协议中。

“北京吉普风波”一节详细介绍了 AMC 和克莱斯勒是如何拒绝执行与北汽合作开发 BJ213 的合资协议条款的。事实上，合资协议中还提到了合资公司需要建立研发中心。然而，这个中心在合资企业成立 11 年后才建成。[①] 此外，当北京吉普按照双方商定的计划派遣中国工程师到克莱斯勒接受培训时，美方坚持不允许中方工程师进入产品开发活动的区域，尽管培训项目是双方商定的提高研发人员技术能力的必要步骤。即使合资公司的研发中心建成后，它也不受美方欢迎。合资公司没有启动新产品的开发项目，中国工程师只能依靠自己对 XJ 车型的琢磨，通过在 BJ212 上应用 XJ 车型的零部件来改进现有的 BJ212。2002 年，当北汽整体搬迁到北京市顺义区时，研发中心暂时解体，由于当时未得到与克莱斯勒或奔驰的合作，此后该中心的重建与功能定位再次陷入了双方的拉锯之中。[②]

关于在中外合资企业中培养本土技术能力的问题，其他“市场换技术”企业大多有着相似的经历。上海贝尔的中国工程师发现，他们在生产进口的 S1240 型号的时候，甚至无法得到相关技术图纸。比利时合作伙伴坚持，只有交换机销售量达

---

① 徐秉金，欧阳敏．中国汽车史话．北京：机械工业出版社，2017：480－481.

② 戴姆勒-奔驰与克莱斯勒于 1998 年合并，奔驰从 2005 年起接管了克莱斯勒在其与北汽合资的企业中的股份。

到 10 万门后，合资企业才能获得技术图纸。

在上汽大众内部，中外双方的辩论要复杂得多。与上述案例类似，开发新车型和培育立足于中国本土的技术能力也是合资协议中明确规定的条款。然而，合资公司成立后不久，中方发现合资企业并没有制订实际的计划来推动掌握产品开发技术。① 为了回应中方的质疑，德国人描绘了将合资企业建设成单一车型——桑塔纳——的纯制造基地的美好前景，企图打消中方开发新产品的愿望。1990 年，时任上汽大众副董事长和德国团队负责人的韦尔肯纳（Burkhard Welkener）在一次会议上通过向中方“画大饼”来试图说服中方成员放弃合资协议中关于开发新产品的计划而全力贯注于生产桑塔纳。他指出，上汽大众在不对桑塔纳产品设计做重大改变的前提下，能够通过持续改进在 2000 年将桑塔纳的单位生产成本降至 5 000 美元，届时上汽大众生产的桑塔纳“将成为世界上最具竞争力的汽车”。②

意识到中方态度坚决，德方又强调了一系列“实际困难”来为自己辩护，特别是强调开发新车型所需的各种技术、设备等先决条件不足。德方的态度惊动了中国政治领导人。受到中国国家领导人直接质询后，德方提出了三个候选方案，来回应

---

① LIU W. Technology transfer，technological capability and late entry into the international automobile industry：a case study of the Shanghai—Volkswagen Automotive Corporation in China. Brighton：SPRU，University of Sussex，1992.

② 同①。

合资协议所明确约定的开发新一代车型和培育本土技术能力的要求。第一个方案是向中方输出一款大众汽车的全新车型；第二个方案是输出一款大众汽车的成熟车型；第三个则是共同设计一款适合中国市场并具有出口潜力的新车型。

中方选择了第三种。然而，在合作过程中，中方的大部分要求都没有得到德方的积极回应，包括大众向上海派出有经验的专家、使用德方的技术设备、德方向中方提供培训和咨询服务等。由于德方的不配合，项目计划甚至目标被反复调整，合作开发新车型的计划实施起来困难重重。最后，中方不得不接受了德方的建议，改为执行一个新项目，即后来被命名为桑塔纳 2000 的车型。该项目于 1993 年拟定，于 1995 年正式启动。桑塔纳 2000 项目由德国工程师主导，由大众汽车巴西分公司在巴西执行。车型的底子仍然是帕萨特 B2 平台，也即桑塔纳的原始版本，这也意味着桑塔纳 2000 项目并没有涉及产品平台的重大改变。然而，这个项目实施后，大众汽车即宣布它已经履行了合作开发的义务。事实上，中方所做的只是在大众汽车公司的许可下向巴西派遣了 10 名工程师，大部分中国工程师甚至都没能实质性参与项目开发工作，而这很可能正是德国大众刻意的安排。

4.2 控制的手段：来自技术主导者的“隐性”权力

中国的决策者在构想“市场换技术”战略时，来自发达国家的跨国公司被视为中国企业学习技术和现代公司治理经验的

对象。这一设想实质上赋予了跨国公司在合资企业内作为“现代技术”和“先进管理经验”代表的形象，也一度让中方误以为跨国公司是其技术学习和公司治理改革方面的“教师爷”。这种误会让外方能够利用双方的信息不对称来调整合资企业各种行动方案以实现自身利益的最大化。由于很难掌握外方行为背后的真正意图，中方在合资企业中开展技术学习变得困难重重。本小节尝试总结跨国公司在中外合资企业中常用的几种“隐性”的阻碍中方开展有效技术学习的手段。

隔离手段

隔离手段是指将引进产品的本地化生产制造活动与中方原有的产品开发类活动隔离开。创新研究中有一个著名的概念——“吸收能力”（absorptive capacity），它是企业吸收外来技术的基础，取决于企业已有的且与当前技术引进任务相似的经验。也就是说，如果一个组织曾经有过开发产品的经验，那么它在引进产品技术时，就能够更好地掌握相应的技术知识。虽然“市场换技术”实践以引进外方的产品图纸开展本土生产为主，并未引进产品开发技术，但在建立制造系统的过程中，不可避免地要对产品进行拆解和组合；如果在这个过程中，从事产品开发的中方团队接触、全面研究产品及部件的细节，那么依然可能会产生有限的产品技术转移。①

在合资谈判中，跨国公司都极力将中方的本土产品平台排

① 事实上，大部分基于“逆向工程”的产品开发就是利用自身的产品开发团队来对市面上已有的车型进行拆解和学习。

除在合资企业之外，这样，它们就能够在输出产品设计的本土化制造与中方的本土产品平台开发活动之间设定界限。事实上，由于中方企业有强烈的产品开发诉求，这种隔离无法从根本上杜绝中方开展逆向工程，但却杜绝了官方意义上合资企业为中方本土自主产品开发提供便利的可能；同时外方通过维系严重的信息不对称，使中方对于掌握现代化手段开发复杂产品系统产生畏惧，进一步打消中方开发本土产品的战略意愿。

在北京吉普的案例中，AMC 曾坚持反对将 BJ212 车型及相应的产品升级计划（BJ213）纳入合资协议。只是在饶斌等中方领导人的坚持下，中方认为设立合资企业的根本目的就是推动本土产品的升级，美方才不得已接受了这一安排。除此之外，不论是一汽还是上汽等其他国有企业与外方的合资，外方都没有接受中方的本土产品开发平台。上汽在引进桑塔纳之初，受限于当时上汽所拥有的厂房条件，桑塔纳不得不与上汽原有的“上海”车型共用一条生产线，但大众坚持用一批新的组织成员来进行生产。甚至对于北京吉普而言，尽管合资公司一直到 20 世纪 90 年代中期都需要依靠 BJ212 才得以生存，但美方始终坚持拒绝为 BJ212 平台的升级提供任何技术支持。

这种隔离策略直接对本土产品研发平台的可持续性产生了负面影响。在通信设备产业，由于本土原创产品与进口产品在技术上的巨大差距，本土平台很早就被放弃了。轿车产业也是如此。即便部分中国企业保留了自有品牌和企业实体，但由于中国的政策制定者强调“市场换技术”是国有企业发展与改革

的核心任务，合资企业可以优先选择高素质劳动力，使得原有的产品设计组织系统被破坏了。正如王旭辉所言①，虽然一汽保留了红旗产品平台，但是一汽先后引进奥迪和马自达开展合作生产，引入大众和丰田搞合资生产，无论是人员组织还是厂房设备，都因一汽要为合资和合作项目划拨人员和资产而受到冲击，这使得自主产品开发部门无法保持稳定的组织基础，最后留给红旗的操作工人和技术人员大多是在历次人员和资产划拨过程中无法适应规模化流水线生产方式的年长员工。甚至，最后一汽集团撤销了一汽轿车厂的产品设计科，成立了集团的技术中心轿车所，使得最后一批工程技术骨干也远离了轿车厂，导致红旗平台长期没有得到有效发展。

一汽已经是当时中国汽车行业技术能力最强的企业，因为它此前不仅拥有国内最受人瞩目的红旗轿车平台，同时也拥有原长春汽车研究所的科研与开发团队。一汽的情况都已至此，其他企业的境况更为艰难。而且在筛选过程中，留下来的人往往被定为“富余人员”或者“被优化的人员”，他们士气低沉，更难以挑起大梁重新建立起产品研发体系。以北汽为例，在将优质资产划拨给北京吉普后，北汽纯本土的部分只剩下原有固定资产的22%、总产值的18%、利润总额的16%，而且业务主要都是附件配件的生产和后勤服务。这部分业务却需要养活

① 王旭辉．技术进步与主体利益结构：朝阳轿车的技术层级结构与部门间关系变迁（1978—2008）．北京：中国人民大学出版社，2014．

60%以上的员工，包括北京吉普安排调离的“富余人员”、北汽自办三产企业员工、离退休人员总共 9 110 人。[①] 在北汽集团，中方努力维持本土产品开发团队，从头开始研发轻型卡车；然而，这仍然不是一个可持续战略，这个团队随后不断经历重组、兼并和转型。[②] 在上汽集团，此前的“上海”平台则被放弃。此外，在 20 世纪 80—90 年代，中外合资企业可以为员工提供更高的薪水，这进一步加剧了工程师的高流失率。

此外，外方还努力将中国企业内部的研发机构排除在产品的本土化生产活动之外。当然，许多国有企业此前并没有研发中心。因为在计划经济体制下，生产制造和产品开发往往由不同的主体执行：生产由国有企业进行，而研发活动则由工业部委下辖的科研院所来执行。所以，只有少数国有企业（主要是产业内的龙头企业）才内设研发机构。例如，一汽是得益于一机部在 1979 年的安排，将原来直属于一机部汽车局的长春汽车研究所并入，才拥有了国内工业界最强的研发力量。[③] 到 20 世纪 90 年代中期，一汽技术中心拥有约 2 000 名员工。然而，在与一汽谈判建立合资企业时，大众与一汽的技术中心保持了距离。一汽技术中心的主要研发活动都集中在卡车和红旗平

---

① 郑焕明．半世车缘．北京：作家出版社，2013：162.

② 徐秉金，欧阳敏．中国汽车史话．北京：机械工业出版社，2017：480.

③ 长春汽车研究所初创于 1950 年，前身与一汽一样，源自重工业部汽车工业筹备组下辖的汽车实验室，是计划经济时代中国在汽车领域最重要的专业工程研究力量。在隶属关系上，长春汽车研究所与一汽之间发生过多次变化。简单起见，本书对其复杂的过程不做详述。

台，以及承担中央政府委托的项目。换言之，它与一汽大众合资公司的日常运作几乎没有交集。东风的情况类似，其研发中心没有被纳入中外合资企业。在东风汽车公司，根据最初的合资协议，东风汽车的技术中心倒是参与了由雪铁龙主导的富康的车身升级项目。[①] 然而，除了这项任务，东风的技术中心后来很少有机会开展或者参与真正的产品开发或重大改进项目。这一研发中心被闲置，以至于东风甚至在 2000 年考虑将其解散。[②]

还有一些合资企业的技术中心是根据合资协议组建起来的，跨国公司同样采取了隔离策略。跨国公司不光拖延技术中心的组建，更通用的做法是并不委以技术中心实质性的研发任务，前文多次提到的北京吉普的研发中心就属于此类。而在上海贝尔，根据合资协议设立的技术中心被命名为计算中心，负责接受进口的产品图纸、产品软件系统的国产化以及负责在产品售出布网时的在线服务。[③] 它并没有扮演引领和推动系统性产品与复杂技术开发，从而撬动组织资源的角色。上海贝尔的开发中心在 90 年代才得以成立。

还有一类研发中心由跨国公司牢牢控制，2001 年股权变

---

① 富康是东风雪铁龙在 1992—2002 年的第一款产品，也是唯一一款产品，实际上它就是雪铁龙 ZX。它的升级版被命名为“爱丽舍”，在雪铁龙的产品系列中被称为雪铁龙 ZX988。法方为大约 30 名中国工程师在法国提供培训，以便将车身升级为“中国风格”，特别是车身的前脸设计。

② 路风，封凯栋．发展我国自主知识产权汽车工业的政策选择．北京：北京大学出版社，2005：89.

③ 周爱娣．计算中心建设纪实//上海贝尔．如歌岁月：回眸上海贝尔的创业历程．上海：上海贝尔有限公司，2001：135－141.

化之后的上海贝尔阿尔卡特就属于这种情况。泛亚汽车技术中心（PATAC）则是另一个特例，它是根据上汽通用的合资协议于1997年成立的，并且拥有链接通用汽车的全球技术数据库的权限。然而，尽管PATAC是基于上汽通用的合资协议建立的，它却并不隶属于上汽通用，而是隶属于上汽和通用成立的另一个合资企业，其中上汽集团和通用汽车各占PATAC 50%的股份。因此，PATAC和上汽通用分别对应不同的董事会，由不同的管理团队控制，这意味着二者之间的联系被切断，PATAC实质上是一个区隔于上汽通用和上汽大众这些合资企业的实体。此外，尽管PATAC拥有通用汽车技术数据库的权限，但它并没有权力在实践中应用相关技术。也就是说，由于数据库是通用汽车而非PATAC的资产，所有与数据有关的应用都必须获得通用汽车的许可。通用汽车显然并不希望PATAC自身或者PATAC帮助上汽通用发展为自身潜在的竞争对手，因此对PATAC的行为边界进行了严格的控制。尽管如此，PATAC在2005年政策转型之前也推出了数个原型产品。由于产品开发过程本身远离生产和需求，这些产品只是作为原型而存在，并未能实现产业化。在2005年政策转型之后，尤其是在美国通用遭遇了一系列困难之后，PATAC才被上汽陆续整合到自己的技术版图中，开始为上汽的产品和技术开发活动贡献力量。

通过将生产本地化活动与本土产品平台、本土研发力量隔离开的策略，跨国公司成功阻止了中外合资企业将那些从引进

产品设计的生产活动中获得的经验纳入技术学习的组织系统。换句话说，跨国企业切断了本土工程师的信息渠道，使得进口产品模型的制造活动与本地开发产品或复杂技术的潜在努力无法联系起来，而这在理论上对“从模仿到创新”的能力建设至关重要。

控制技术信息：不完整的产品图纸

在中外合资企业中，外方为中方提供的技术信息往往是不完整的、零散的。一般来说，外方只提供那些与合资公司在中国进行本土制造和组装活动直接相关的技术信息。它们有意避免传播超出生产本地化所需范畴的信息，为此甚至不惜对图纸进行额外的处理。

首先，提供给中外合资企业的技术图纸往往是跨国企业针对本地化制造活动精心修改过的，在大多数情况下图纸中并不包含与产品设计和工程开发相关的信息。外方图纸中的信息主要包括产品的结构布局、加工要求和所需材料的介绍，也就是说，图纸提供的是关于如何制造相应产品的信息，而不是关于如何开发产品的信息。“为什么需要特定的设计细节”“通过什么方法来确定设计细节”等信息并不包括在内。特别是在通信设备领域，重要部件都基于大规模集成电路，制造信息与开发信息差异显著，这就使得逆向工程难以实施。[①] 例如，按照上

① KAPLINSKY R. Trade in technology：who，what，where and when? // FRANSMAN M，KING K. Technological capability in the third world. London：Palgrave Macmillan，1984.

海贝尔合资合同要求而成立的独立合资企业贝岭（Belling），专门从事 ISP 芯片制造。通过比利时的技术转让，它具备生产 13 种不同的大规模集成电路芯片的能力，精度达到 3 微米。然而，贝岭从比利时投资者那里得到的只是生产这 13 种芯片的设备和技术图纸，所有关于设计的知识都事先被封装而无法获知。

其次，即使有产品改进项目，交付给合资企业的技术图纸也只是那些与目标领域直接相关的部分。如前所述，东风雪铁龙曾经为富康做过车型更新。但中国工程师在参与车身设计时，只获得了与雪铁龙 ZX 车身设计有关的技术文件和其他参考资料，而无法获取其他子系统（如动力总成、汽车电子等）的技术资料。

再次，即使是与制造要求相关的信息，外国合作伙伴所提供的也通常是必要信息的最小子集。其他部分的信息通常在技术图纸交付给中国之前就被删除了——在 20 世纪 80—90 年代图纸还没有完全数字化时，相关信息甚至直接被从蓝图上裁剪掉。这种夸张的处理方式往往在日韩厂商中更为典型。在一汽丰田（合资企业）和一汽马自达（合作生产）的例子中，中方工程师发现他们从日本合作伙伴那里获得的图纸曾被人为裁剪过。从被删除的信息内容判断，这种裁剪显然是行内专业人士操作的，其目的就是避免提供任何超出合资企业完成本地化制造所需要的信息。例如，关于从海外进口的 KD 组件或加工服

务的细节信息被删减了[①]，在交给主机厂的图纸中，由其他中外合资企业生产的模块的信息也被裁剪了。

上述分析揭示了一个事实：在汽车和通信设备领域，引进设计的生产本地化不可能由一家企业完成，通常由一批本地企业完成。例如，在 1987 年，中国政府最初动员了 130 家企业与大众汽车联合建立桑塔纳的本地供应网络。最后，超过 400 家本土生产企业和 16 家研究机构参与了该车型的生产本地化。至于以上海贝尔为中心的 S1240 的生产本地化，“1240 工程局”动员了 200 多家本土企业。这些本土企业，特别是核心供应商，通常也参与“市场换技术”，与作为跨国企业主要供应商的外国企业合作。最终，跨国企业提供的技术信息由几十家或数量更多的企业分别拥有，而每个参与者在技术学习方面都受到外国伙伴的制约。因此，主机企业即使试图开发新产品，也面临着集体行动的困难。在 2004 年的政策讨论中，一位自主创新企业的代表曾经公开质疑上海大众在经过近 20 年的合资生产之后，甚至都不掌握桑塔纳轿车完整的零部件清单（因为大量零部件是被预先装配在产业链供应商所提供的部件或者

---

① 例如，由于一汽生产的马自达 6 车型的发动机罩 A 面板的冲压模具是由外方提供的，与 A 面板冲压要求相关的信息在交付给中国工程师的技术图纸中被删去。同样，1987 年一汽从克莱斯勒进口道奇 600 发动机模型时，后者只提供了该发动机的总体布局图纸。然而，为提高生产的本地化率，中方企业需要了解 KD 部件的技术细节。在发动机型号转让交易完成后，一汽不得不为 500 多张技术图纸向克莱斯勒支付每页 10 000 美元的额外费用。此外，克莱斯勒之所以同意这样的交易，只是因为它当时希望与一汽签订生产整车的合资合同。

模块中的)。这个例子反映出,“市场换技术”实践甚至无法为本土企业提供完整的产品信息。

对于有效的能力培养而言,对已有产品进行完整解构,从而推算原设计者的设计逻辑,是通过逆向工程来开发自主产品的核心举措,也是“从模仿到创新”的常见路径。事实上,当自主创新企业崛起时,它们不仅能够解构竞争对手的车型,还会逆向分解市场上主要的竞争产品,通过综合比对与分析,掌握不同竞争对手的设计逻辑,逐渐形成自己的设计逻辑。“市场换技术”企业及其工程师则恰恰相反,他们被分割和区隔在有限的信息空间里,这为他们形成对相关产品的系统性理解带来了巨大困难。在复杂产品系统中,技术细节是高度关联的。因此,缺乏某个特定细节的技术资料会对学习者理解其他子系统甚至整个系统造成关键障碍。更何况他们并不只是缺乏特定局部的信息,而是普遍缺乏整个产品系统的详细信息。

外方的策略确实阻碍了中国工程师实施逆向工程,遑论借助合作经验来开启本土正向产品开发过程。这使得政策制定者和国有企业所预期的向外方合作伙伴开展“近距离学习”,事实上并没有实现。在“市场换技术”实践中,只有在少数例子里,中国本土企业获得过产品设计图纸的所有权。例如,为了红旗和捷达的车型设计,一汽和一汽大众曾出资购买了奥迪 100 和捷达产品图纸的所有权。然而,本土企业能拿到的毕竟只是产品最后的设计图纸,也就是说,文

件中没有任何关于产品开发的方法和原理。如果想要开展逆向工程，一汽大众就必须发展独立的产品开发项目。然而这种决策依然受制于中外合资体制，捷达的开发变成了不断修补的添油式的开发过程，而红旗平台的后续发展则是另一个更复杂的故事。

控制技术改进流程：对设计确认权的掌控

凭借着在技术方面的主导地位，跨国公司有力地阻止了中方合作伙伴开展有效的技术学习。大多数情况下，在国有企业和跨国公司的合作中，二者所交易的仅仅是技术使用权而不是所有权。跨国公司作为技术和品牌的拥有者，有权审批并决定是否接受系统设计中的技术变化。从理论上讲，中方工程师也希望自己发展出的技术改动能获得跨国公司同意，因为一项技术成果如果不能纳入相应的产品系统就会毫无用处，技术可行性和价值的验证也需要在产品系统层面完成，而嵌入产品系统也是工程师接受反馈从而对技术成果形成判断并不断改进的前提。如果失去了产品平台的依托，工程师所有的技术尝试就如同纸上谈兵。

如果产品平台由外方控制，外方就能很好地抑制中国本土工程师技术学习的进程。保留“检查和确认权”是跨国公司采用的最核心措施。设置这一规则的最初目的是加强产品发展过程中的责任落实和质量控制，它在技术和管理方面都具有实际意义。在技术开发的过程中，每一次改进进行到最后都需要经过“检查”，每一个阶段的最后一步都需要经历“检查和确认”

环节。[1] 这些环节的设置意味着项目的每个阶段都需要经过测试、检查和批准。在管理方面，进入这些程序表明相应的开发任务已被批准。然而，只有经过平台所有者指定的首席专家签字，开发活动才真正合规。除非有项目被授权由合资公司执行，否则任何开发活动都需要得到平台所有者即跨国公司总部的批准。

作为产品设计和品牌的拥有者，跨国公司控制着与自身平台有关的技术改进活动。至于那些汽车领域现有车型的升级项目，以合资双方的共识为基础，中方工程师参与技术活动的范围和节奏也都受到外方的严密控制。此外，跨国公司还通过其拥有的“检查和确认权”来压制预料之外的技术变化。所谓“预料之外”，是指那些不在外方计划中的技术活动，它们被认为是不经济的——但这些活动可能对中方本土的技术学习和技术能力培养具有重要价值。

当然，外方通常不会直接阻止中国工程师的开发尝试。但通过控制技术开发的“检查和确认”环节，外方通常为中方工程师提出的改进方案设定了非常长的审核流程和不现实的标准，以让中方工程师知难而退，或者干脆完全磨掉中方工程师的耐心。渐渐地，中方工程师都认识到，他们事实上并没有权

① 一个发展阶段包含一系列的步骤。在此，一个步骤指的是一揽子详细而明确的任务，例如开发汽车车身泥塑模型的任务。而一个阶段指的是一项分阶段的工作，例如开发汽车车身设计的任务，其中包含开发相关泥塑模型的步骤。

力自主改进产品设计或者实施自己的想法。① 这就是合资企业中中方工程师经常抱怨的，就算只改动一个螺丝钉，中方也没有决策权，而必须得到跨国合作伙伴的许可。

1985—1986 年桑塔纳后门的铰链问题是这一问题的极佳诠释。桑塔纳后门的铰链会在车门开合时发出异常噪声，该问题在 1985 年刚开始组装桑塔纳车型时就被中国工程师发现了。1986 年，中国的工程师们通过合资企业的管理架构正式汇报了这一问题。然而这一问题却淹没在德方“冗长”的“检查和确认”流程中，事实上德方并没有对此采取任何行动。随后该问题在市场上被消费者反映出来，政府追溯到企业，中方管理者们做出解释，坦言中方工程师没有权力单方面完成设计改进。最后，直到中国时任总理和一位副总理分别在外交场合中与德国总理和外交部部长就这一问题进行严肃商讨，才最终引起大众汽车的注意并迅速解决。解决问题的过程也耐人寻味，

① 在实地调研过程中，笔者只遇到了两个特殊的案例。第一个是一汽在 1998 年对捷达车型的改造调整。由于这不是大众汽车计划的一部分，一汽不得不从自己的账户出钱向德方购买相关的原始数据和授权，以调整前脸和其他外观。费用的具体数额是商业机密，但保守估计也有 7 000 万～8 000 万美元。相关调整必须在德方的监督下进行，而技术改进成果则属于合资公司。在另一个案例中，中方的南京菲亚特前总工程师也宣布，他在一些本地化的设计项目中分享了外方的检查和确认权。但这只是由南京菲亚特内部的不正常情况所致。当时，中方高管与外方高管就资源控制权展开了激烈的竞争，因为外方高管被发现正在隐蔽地计划与另一家国有企业建立新的生产性中外合资企业，而且其产品方案与南京菲亚特相比更具有竞争力。为此，中方董事支持总工程师分享项目决策权的要求，而不考虑任何结果。事实上，他并没有得到外方的良好合作，基于南京菲亚特的合作在 2007 年被终止。

大众公司特意从巴西调来两名德国工程师，只一趟短差就解决了这一技术问题。

除了上述措施，在许多情况下，外方在决定是否采用设备方面拥有否决权[①]，或者说，它们牢牢掌控合资企业的知识产权部门，例如东风日产和上海贝尔。这些措施无疑增强了跨国公司控制合资企业发展进程的能力。

简言之，中外合资企业无法通过研究外国合作伙伴提供的图纸和活动来获得完整的信息。正如卡尔·哈恩的自传所描述的那样，他在1982—1993年担任大众汽车公司的总裁，在那些生产型中外合资企业中，包括一汽大众、上汽大众和其他零部件供应商，德方确确实实一直都将产品技术牢牢地掌握在自己手中。[②] 在制定“市场换技术”政策时，中国的政策制定者认为跨国公司是良好的学习对象。然而，由于中方企业没有制定任何措施来对抗外方的技术优势，因此无法阻止外方合作伙伴通过操纵表面上合理的规则或程序来抑制中方有效的技术学习。从哈恩的自传来看，他明显是将此作为自己的成绩而不是遗憾（没有扶持中方发展出产品技术能力来），因为这显然对外方有利。结果就是，在“市场换技术”实践中，中方所掌握的新知识和新技能普遍局限于本地化生产和制造环节。

---

① Shen X B. The Chinese road to high technology：a study of telecommunications switching technology in the economic transition. New York：Macmillan，1999：78－79.

② 哈恩．我在大众汽车40年．朱刘华，译．上海：上海远东出版社，2008：119.

5. 本土企业的转型：努力和挣扎

当然，持续抱怨跨国公司在中外合资企业中抑制了中方开展有效的技术学习并不能解决问题，因为外方的确没有动机也没有义务与中国政策制定者和中国企业一起，共同促进中国本土技术能力的发展。今天，我们可以断言，寄希望于与跨国公司创办中外合资企业，借此获取并吸收国外的技术，用以建设本国的产品研发能力是完全不可行的。然而，我们也必须承认，这一认识的形成源自我们见证并亲历了20多年的“市场换技术”实践，我们看到这些努力最终并没有帮助中国发展出复杂技术和产品的开发能力。而20世纪80年代的政策决策者和企业管理者们并不预先掌握这些信息，他们是在困难的经济条件下，在国家重大转型和国际环境变迁背景下，通过摸索做出的决策。因此，更有意义的做法是摒弃抱怨，深入企业组织层面来探索是什么因素阻碍了中国企业突破跨国公司的限制。

5.1 自我设限的技术学习：一切为生产本地化服务

必须指出的是，大部分中外合资企业的主要经营活动是按照引进的产品设计将产品制造出来并销售出去，并且是按照外方给出的标准、参照外方伙伴的固有做法来制造这些产品——因为中方推出“市场换技术”战略的目的之一就是让国内企业拥有近距离学习的对象。然而，这种学习活动存在

明确的预设“最佳操作”“最佳方案”的目标框架，严重影响了异质性想法的产生。这使得“市场换技术”实践中技术活动的本质是适应而非探索。也就是说，学习活动的核心在于让中国实践者遵循一套给定的生产经验，而不是让他们在生产过程中形成自身的理解并基于这些理解做出有价值的改动甚至创新。

首先，中外合资企业在生产本地化中的核心目标是完成外方所指定的操作流程和操作标准，从而实现指定的产出水平。在大多数情况下，中外合资企业都采购外方提供的原配专用设备，甚至一些合资企业直接购入外方在海外已经停产的旧生产线。所以，从本质上讲，这些参与生产本地化活动的企业不过是复制跨国公司早在其他地方总结好的操作经验。在不少案例中，中外合资企业生产过程所使用的“操作手册”或“说明书”的主体内容只是其外方伙伴原有手册的翻译或编辑版本，而不是基于本地开发和制造的经验总结。

其次，在强调生产本地化的前提下，“市场换技术”实践中的组织体系被建设得高度专业化，同时也非常僵化，这导致知识的生成和积累碎片化。在生产本地化的过程中，生产一个引进的车型或者一套通信设备的任务首先会被划分为不同的专门子任务，然后子任务再由相应的团队或本地配套企业去执行。例如，在 1988 年，为了解决桑塔纳的国产化问题，上汽就组织了由 182 家企业和科研单位、大专院校组成的桑塔纳国产化共同体来分工完成这一重要任务。当然，这个过程是现代

工业活动中专业化分工的体现，但由于所引进的产品设计大多已经发展成熟，在产品模块的切分、部件任务分配等方面几乎没有模糊的或者不确定的空间。这就意味着合资企业并不开放关于系统设置、产品架构技术方面的讨论。也就是说，中方在生产实践中所积累的知识其实都是专业化地切割开的；在中外合资企业的生产本地化活动中，并没有专人或者专有部门负责思考产品建构和系统集成等工作。只有当合资企业及本土供应链不能准确复制原有设计时，中外双方才会进行深入的互动和合作，以解决问题。

如果下沉到组织内层面上，可以发现每一个模块或工序的任务又进一步被切割。不同部门、不同工作组内会基于相应的任务再度进行专业化分工。同样，值得留意的是，不同层级的各类指标也是根据引进的图纸制定的，组织成员被要求尽可能达到这些指标。组织甚至会发展出各种管理架构，以监督、评估和规制成员的工作，确保成员的本土化努力能够使生产尽量达到外方既有的生产和制造任务要求。这套体系总是以给定的设计和给定的指标来规制人们的行为，任何对原有设计的质疑、挑战或者尝试改动等异质性想法都会被拒绝甚至被批判。因为异质性想法会带来设计上的变化和额外“不必要”的不确定性，给本地化制造和国产化过程带来“不必要”的扰动和额外的成本。这也意味着，这套体系并不追求从异质性的、多样化的、需要消耗时间和资源投入的创新尝试中获取进步。然而，组织内知识的多样性以及不同单元之间通过互动产生异质

性认识恰恰是激发技术学习和通过创新来解决问题的关键。[①]

当然，这并不是说企业在完全同质化的事情上绝对不会有技术进步。如果创新的想法与已经给定的技术方案相比是同质的、不冲突的、便于比较的，那么这种在已有框架内的改进还是会得到许可。例如，在上海贝尔 S1240 程控交换机的生产线上，有一个名为 Delta－12 的测试装置。由于该装置的加工能力被设定为每 8 分钟完成一个单位的检测，它一直是提高整条生产线产能的瓶颈。根据加工经验，上海贝尔的工程师们简化了测试过程，使其加工速度达到每 4 分钟完成一个单位的检测。这一调整为上海贝尔生产能力的增长做出了显著的贡献，使其在 1989 年的生产能力（340 000 线/年）超过了原设计的水平（300 000 线/年）。比利时 BTM 也在其全球各地的生产工厂中采用了由中国工程师改进的 Delta－12 装置。[②]

然而，从创新和技术能力构建的角度来看，这种组织安排压制了实践中学习的创造性。对于在技术上处于相对劣势的发展中国家而言，“从模仿到创新”的核心正在于人们需要通过逆向工程来逐步构建自己对产品系统的认识，构建自己关于部

---

① SIMON H A. What we know about the creative process//KUHN R L. Frontiers in creative and innovative management. Cambridge，MA：Ballinger，1985；LUNDVALL B－Å. Innovation as an Interactive Process：from User-Producer Interaction to the National System of Innovation//DOSI G，FREEMAN C，NELSON R，et al. Technical change and economic theory. London：Pinter，1988：349－369.

② 吴基传，奚国华．改革，开放，创新：上海贝尔发展之路．北京：人民出版社，2008：74－75.

件与系统、部件与部件关系的认识，从而掌握自主研发技术和产品系统的能力。这种仅有分工却不强调分工之间的互动、整合、试错的组织系统，事实上只能促进特定领域的经验积累——实现生产操作向给定的规范和指标靠拢，实现制造的本土化和国产化；却严重制约了相对于制造活动而言异质性的技术开发能力的形成。这就回到了本书反复强调的关键逻辑：产品和复杂技术开发能力所依托的经验基础并不是生产组装等制造活动，而是开发活动本身。生产组装等制造活动的经验积累对于产品和技术开发活动是有益的，但不是替代性的。后发者“从模仿到创新”的关键之处在于，本土企业在从事生产制造活动时，要借助生产活动的经验积累和接触产品的便利，形成对产品系统的认识，以及通过创新、试错和持续的“互动—反馈”机制，形成本土开发者对于细节与整体、部件与产品、设计与性能之间关系的认识。技术开发活动可以扎根于后发者的本土生产活动中，但它们的行为逻辑却超越了制造和组装活动；相关经验的积累和能力从萌芽到成长的培育，则需要企业组织予以投资和鼓励。如此，后发国家企业才能打破被限制在制造环节的束缚。

5.2 被肢解的研发职能：有效组织的缺失

在汽车制造和通信设备两个领域，除了一汽的红旗，以前的产品平台无一例外都被放弃了。为了落实生产本土化和国产化的目标，国有企业的人员、资产被频繁地调动，严重削弱了

投入本土产品和技术开发的人力资源及其组织度。在政策转型之前，大多数参与“市场换技术”实践的国有企业都无法将其研发力量及其组织度维持在足够的水平。

首先，如上所述，“市场换技术”企业的研发团队（如果它们存在的话）往往被隔离在生产本地化的主体活动之外。由于政策制定者和国有企业都强调优先贯注于生产本地化的目标，而且合资企业在大多数情况下可以为员工提供更好的收入激励，开发工程师通常被动员起来参与生产本地化的工作，并在工作中被分配各类指定的任务，如解释或翻译进口图纸、监测生产操作、建设生产线、调试设备，有时甚至是质量控制和售后服务。由于生产本地化活动的每个环节都有外部定义的目标，这些开发工程师既没有被授权也没有资源来开展额外的技术探索，并且他们也没有被组织成一个分工明确的产品和技术开发团队。这些安排不仅没有提升工程师开发新产品或复杂技术的能力，反而使企业有限的研发力量被进一步削弱了。

以一汽为例，一汽拥有原来直属于部委的科研院所，这保证了它的研发力量。然而在一次次中外合作与中外合资中，人员不断地被划拨重组，即便是留在技术中心的开发工程师也不时地被征召去支持中外合资企业的各种项目。理论上，这种轮岗能够增加工程技术人员所掌握的技术的多样性，但在企业没有制度性的整合机制、缺少自主产品技术平台的情况下，这种组织安排上的频繁变动只会对企业研发体系产生冲击，破坏企

业技术能力建设所需要的组织稳定性。[①] 其他产业的案例也极富代表性，如西仪横河电机。西安仪表厂（西仪）在 20 世纪 70 年代曾是整个东亚地区生产规模最大的电力仪器仪表厂，1985 年，为了引进分布式电厂自动化控制（DCS）设备，西仪与日本横河组建了合资企业西仪横河电机。当时西仪有约 200 人的研发团队，合资后，该团队整体加入西仪横河电机。日方作为事实上的主导者，以组织改革和保证产品质量的名义，将 200 名产品开发人员和科学家分配到市场和售后服务部门，只留下大约 10 名科学家来执行产品的本地化任务。在这次合作中，西仪丧失了自主研发能力，也日渐失去了自动化控制系统独立竞争者的身份。非常值得玩味的是，日本横河在合资之前事实上仅从事化工类生产过程自动控制设备的开发工作，尚未涉足电力自动化领域。也就是说，日本横河在电力自动化领域的开拓性产品创新过程与西仪横河引进横河的产品开展生产本地化和国产化的过程几乎是前后承接的关系。[②] 日方充分利用技术主导者所制造的信息不对称，通过精心设计的组织安排使得中方并没有能力在合作中开展有效的技术学习。

---

① 王旭辉．技术进步与主体利益结构：朝阳轿车的技术层级结构与部门间关系变迁（1978—2008）．北京：中国人民大学出版社，2014.

② 这个案例与福建省邮电局引进日本富士通的 F150 程控交换机系统有相似之处。当时 F150 也是富士通进入该领域的技术尝试，日方需要利用中国的市场机会来开发自己的产品；中国的邮电行政管理部门认识到了这一点，通过谈判获得了在日方布网和调试系统中观察与参与的机会，这为大唐电信研发程控交换机提供了一定的有利条件——虽然大唐电信的努力也并没有能够帮助本土电信设备制造业冲破受国外设备主导的局面。

其次，研发团队缺乏持续的产品平台。在“市场换技术”实践中，国有企业原有的本土产品平台普遍被认为过于落后而被放弃——当合资生产面临巨大的财务压力时，维持或开发一个本土产品平台看起来昂贵而不合理。由于以前的产品平台基本都被放弃，技术人员也就失去了积累经验和发展技术的载体。而且，由于企业的资源必须优先向生产本地化活动配置，开发人员坚持投资于本土产品平台的做法在组织内话语导向上甚至会被视作政治不正确。更何况，与海外进口的成熟产品设计相比，自主开发新产品的尝试在市场接纳度和赢利可能性上都充满了风险。

红旗品牌因其在社会政治文化上的特殊性得以保留下来，也出于回应政府和社会的需要维持着产品更新。然而，受制于决策者对国外产品和技术平台的青睐，红旗也无法实施独立的产品开发战略，这严重限制了本土开发团队对产品形成系统性认识的能力。

红旗的新车型（后文简称“小红旗”，因其车身比此前本土生产的老红旗主力车型要小）开发项目于 1994 年启动。由于一汽自 1988 年就开始与奥迪开展合作生产，奥迪车型及其生产设备的国产化率水平已经相当高，于是决策者选择将“小红旗”的开发放在奥迪 100 的平台上。此前一汽曾尝试与克莱斯勒洽谈合资协议生产后者的道奇 600，虽然最终没有谈妥，但作为先导项目，一汽已于 1987 年购买了克莱斯勒 488 型发动机的图纸和相关二手生产设备；考虑到技术成熟度和成本等

因素，决策者又决定“小红旗”不采用奥迪 100 原本装配的相对复杂的 012 变速箱，而采用同样源自奥迪的相对简单的 016 变速箱。这就使得“小红旗”的研发事实上就是用奥迪 100 的车身设计和底盘，去套克莱斯勒的 488 型发动机和自行购入的 016 变速箱。这意味着，“小红旗”并非一个自主产品战略项目。工程师们并不是在开发一个新产品，而只是将不同来源的三套东西组装到一起。488 型发动机原本是为轻型货车设计的，虽然比奥迪 100 原配发动机的功率更大，但其尺寸与奥迪 100 平台并不匹配。然而，工程师们并没有更换发动机或自行设计发动机的自主权，他们能做的只是在物理意义上对 488 型发动机进行尺寸缩减、调整活塞和连杆，以及将发动机倾斜 15 度来安装等，其中，对润滑油孔和密封线的调整甚至在后期还引发了一系列问题。① 组装变速箱也遭遇了类似的问题。

这些问题都导致后来“小红旗”在市场上并不受消费者欢迎。消费者不仅不满代表国家形象的红旗轿车被厂商直接挪到奥迪 100 的车体上，使用过程中故障频发、技术老旧的发动机和变速箱也让消费者头疼不已。此后，“小红旗”的改型也只是在该车型的基础上通过车身拉长、车体变形完成的，不过这些尝试并不理想。一汽在 1995 年计划开发“大红旗”车型时，

① 王旭辉．技术进步与主体利益结构：朝阳轿车的技术层级结构与部门间关系变迁（1978—2008）．北京：中国人民大学出版社，2014：146－147.

又打算在既有的奥迪技术的基础上，引入福特一款高档轿车的技术。很显然，这种开发模式与“小红旗”项目并无二致，同样存在诸多缺陷。

虽然红旗平台是由国有企业一汽独立持有的，其产品开发决策也是由中方自主做出的，但一汽并没有能够发展出有效的产品平台来。这事实上正是“市场换技术”实践的结果。“市场换技术”战略对本土原有产品平台几乎毫无保留的抛弃和对引进技术产品的青睐，以及本土企业所遭遇的财务约束，都使本土企业并不能真正执行独立的技术战略和产品战略，所谓的产品开发项目更接近于各种引进模块的缝合物。甚至开发人员也屡屡受到冲击，1995 年，在“小红旗”开发过程中，一汽和德国大众集团决定成立合资企业，而奥迪与一汽的合作同样被转入一汽大众这一合资企业，这导致参与“小红旗”开发的人员再次被分拆。尽管在这个过程中，一汽购买了奥迪 100 的图纸作为红旗产品发展的基础，但一汽始终没有形成长期稳定的开发团队，也没有形成独立的、系统性的产品开发项目。

5.3 组织价值观的转变：自主创新的门槛有多高?

随着“市场换技术”实践的深入推进，长期缺乏有效自主创新使得本土骨干企业的组织价值观发生了根本变化。具体来说，代表产品和技术开发内部力量的工程师在大型国有企业中失去了话语权。

在“市场换技术”政策实施的早期阶段，在财政压力的驱动下，中外合资企业及其母公司国有企业集中资源推动生产本地化，并以提高利润率、收回投资为目标。到20世纪90年代后半期，许多中外合资企业，如北京吉普、上海贝尔、上汽大众、北京国际、东风雪铁龙、一汽大众等，第一代进口设计的国产化率已经达到50%以上。然而，随着中外合资企业的繁荣发展，以及随后本土创新者的崛起，市场竞争压力与日俱增。在新的市场环境下，参与“市场换技术”实践的企业选择继续从外国合作伙伴那里进口产品模型，即重复此前的模式：为外国模型的使用权付费，进口相关设备，在外方协助下建立本地供应商网络和培训劳动力等。由于过于依赖外国技术投入，参与“市场换技术”的部分企业，如上海贝尔，甚至用股票来换取进一步的合作。表3-6列出了参与“市场换技术”实践的主要企业首次尝试生产本地化产品的相关情况。表中所有产品都是在本土平台产生之前基于进口模型制造的。2000年上半年，领先的国有企业要么与各自的跨国公司伙伴续约，要么与新的外国伙伴建立了新的合资企业。[①]

① 到21世纪初，大多数参与“市场换技术”实践的企业已经与跨国公司合作了10～15年或更长时间。但它们仍以延长合资合同为目标。例如，一汽在2000年与丰田建立了一个新的合资企业，合同期为30年，并在2002年将其与大众的合资合同再延长25年。上汽和东风也存在类似的行为。

表 3-6　合资企业的产品

企业	生产的主要产品平台
一汽大众	奥迪 A6、奥迪 A4、高尔夫、宝来、开迪等
东风雪铁龙	雪铁龙爱丽舍、雪铁龙世嘉、雪铁龙萨拉毕加索、雪铁龙凯旋、雪铁龙 Visiospace、雪铁龙 C2、雪铁龙 C5 等
上海大众	帕萨特、Polo、高尔、途安、Octavia 等
北京吉普	切诺基 BJ6420、切诺基吉普 2500、切诺基吉普之星、克莱斯勒 300C 等
上海贝尔（到 2001 年）	主要产品依然是 S1240 系列及相关应用，此外还有 SSU12（用户交换机）、ATM BTC-9500，以及相应的 ISDN 产品等

在这个阶段，财政困难显然不再是主要问题。在本土化生产率达到较高水平后，中外合资企业的财务状况已经保持在健康水平。[①] 中国政府持有的外汇迅速增长，1990 年达到 110 亿美元，1996 年达到 1 050 亿美元，2001 年达到 2 120 亿美元，而 1985 年只有 26 亿美元。[②] 因此，这些领先国有企业延续行为模式的原因主要是其组织价值导向发生了变化。

从长期观察来看，企业组织的价值导向发生变化并不难解释。到 20 世纪 90 年代末，大多数参与“市场换技术”实践的国有企业已经将进口设计的生产本地化作为战略重心，这一过

① 例如，“三大”汽车企业（即一汽、东风和上汽）的收入稳步增长，在 2000 年分别达到 470 亿、280 亿和 610 亿元人民币（数据来自《中国汽车工业年鉴 2001》）。

② 数据来源于国家外汇管理局，参见：http://www.safe.gov.cn/safe/whcb/index.html.

程长达 10～15 年。本土化生产活动占用了主要的战略资源和高素质人力资源，并且成为企业主要的收入来源，负责制造、质量控制、工厂管理、营销甚至融资的经理和工程师得到了更多晋升机会。显然，他们的职责与生产本地化活动密切相关。相比之下，新产品和复杂技术的开发并没有在现存企业的营收和组织动员中发挥多大作用。如前所述，研发力量被肢解了。特别是，由于研发活动在组织内被边缘化，研发职能部门难以吸引优秀的工程师。在 1958—1995 年任红旗首席车型设计师的程正于 2007 年接受访谈时表示，在车身（bodywork）设计方面，一汽有能力参与新车型开发和设计的工程师不超过 10 人，其中部分工程师还被频繁地调离技术岗位。

组织价值的变化也与国有企业的重大改革有关。中国于 1993 年开始进行“公司治理现代化”改革的试验，改革方案最终于 1998 年确定。在 1998—2001 年，中央政府对国有企业领导人进行了大规模调整。在这次改革中，新一代的管理干部接手了大型国有企业的领导权。他们中的大多数人并不具备开发产品或复杂技术的经验，而是与进口设计的生产本地化关系更密切。以一汽为例，1999 年耿昭杰退休后，一汽的负责人不再是以前的产品开发人员。2007 年，一汽高层管理委员会的 10 名成员中，有 5 名没有工程或技术背景，而是行政、财务或人力资源等其他领域的专家。在 5 名有工程技术背景的成员中，2 名有生产线的工程开发经验；其余 3 人中有 2 人具备技术开发经验，但他们的经验都是在 20 世纪 70 年代前获得

的，此后被调到车间或工厂承担管理职务。在这10名成员中，只有1名代表研发中心。东风和上汽的情况更为不妙。2007年，两家企业的最高管理委员会中没有任何成员具有轿车产品的开发经验，当然这首先归因于这些企业太久没有开发过自主车型了。

尽管政策制定者为“市场换技术”政策确定了双重目标，但领先的国有企业还是被以进口车型的本地化生产为中心的战略俘获。它们实质上成为跨国公司在中国市场上的生产代理人。“市场换技术”的政策制定者，如饶斌和张劲夫，从一开始就多次警告国有企业要注意避免成为跨国企业的生产车间。这一结果也不符合邓小平和李鹏等领导人在20世纪80年代关于中国企业要通过引进外国合作伙伴来发展本土技术能力、推出本土产品的殷切期望。

然而，由于领先的国有企业没有发展任何组织能力来培育本土产品平台，或者它们的确认为自主创新并非正确的战略，这些国有企业的领导者在当时认为自主创新的门槛很高，并以此来诠释国有骨干企业行为的合理性。在2005年前后的自主创新大讨论中，他们曾指出，“（中国）发展自主轿车品牌，要耐住寂寞20年”①。他们认为，只有当“中国汽车市场规模达到500万～1 000万辆时，（才）会产生自主品牌和自主创新体

---

① 参考中央电视台《对话》栏目（2003－02－17）。在自主创新转型发生后，部分领导干部的认识发生了变化，并在推动中国电动汽车产业崛起的过程中扮演了重要角色。

系，自主品牌汽车也会获得自己的市场空间”等。

5.4 不甘心的探路者：两代工程师的困惑

当中国国有骨干企业在“市场换技术”实践中逐渐失去自主创新的方向感时，依然有一些工程师坚持了朴素的想法，即产品技术能力只有在不断的尝试和实践中才能发展起来。这些工程师不分年龄和代际，用自己的实际行动进行了诠释，他们最终并不认同中外合资企业的组织价值观而选择加入自主创新企业。

一个例子是名为“三口乐”的微型汽车模型，它由一汽的一群工程师在 20 世纪 90 年代初非正式地推出。该开发团队由大约 20 名核心成员组成，由杨建中和华福林领导。二人都是一汽研发中心的副总工程师，分别长于发动机和底盘系统的开发，此前在开发红旗平台时发挥了重要作用。“三口乐”是他们作为业余爱好开发的。他们利用废旧、废弃的元件来开发汽车原型，最初的动机是开发一款普通中国家庭能够负担得起的微型汽车。“三口乐”的开发吸引了一汽内部开发人员的兴趣，不少工程师都自发参与到“三口乐”的开发活动中来。甚至连当时“老红旗”的首席车型设计师程正也曾提交过一份“三口乐”的车身设计方案，但他提交的方案居然在竞争中被其他工程师的方案击败了。这个由杨建中和华福林发起、大家自发组成的“三口乐”项目组最终成功地做出两台样车，其中一台样车顺利完成了从长春到北京的试驾。这对一汽人而言，是一个

标志性的事件，因为作为中国现代轿车工业诞生的里程碑事件，1958年，一汽的第一代工程师们驾驶着自主开发的红旗轿车从长春开到了北京，直接开进了中南海向毛主席汇报。

当时，吉林电视台还制作了一部关于“三口乐”的纪录片。作为一款预计售价仅为1万元的车型，它引发了社会民众的广泛关注。电视纪录片让一汽员工都知道了存在这么一个车型和项目团队。一汽厂长耿昭杰认为纪录片提高了一汽的声誉，“毕竟上电视了嘛”，打算奖励相关工程师。然而，其他管理人员和工程师则反对这一提议，理由是当时正是奥迪100生产国产化的关键时刻，“三口乐”项目显然分散了企业组织的注意力，而且从事“三口乐”车型研发的人有利用企业的物料和时间（虽然当事人争辩利用的都是业余时间）的嫌疑，因此这种奖励名不正言不顺，对于企业整体来说会造成不好的影响。于是，这些人要求耿昭杰惩罚参与“三口乐”项目的成员。无奈之下，耿昭杰表示功过相抵，仅对参与“三口乐”项目的工程师们给予口头批评。

这样的经历让杨建中和华福林对一汽的战略和组织价值观感到失望。他们二人都有强烈的动机离开一汽，希望继续完成开发新汽车的愿望。事实上，在退休后，他们很快加入了吉利汽车，继续追求自己的造车梦。

几年后，另一批年轻的工程师也遭遇同样的困境与迷茫。来自东风技术中心的一批年轻工程师，因为引进的爱丽舍车型车头改款的项目，根据合资协议得以在法国雪铁龙总部接受培

训并参与部分开发工作。2000 年爱丽舍项目即将完成时，东风并没有安排下一步的开发任务。这群年轻的工程师意外得知，东风集团正犹豫是否要解散东风技术中心，将包括他们在内的工程师调入东风和日产共同成立的新合资公司。这 20 多名工程师的领导唐刚和沈浩杰则更希望得到继续开发新产品的机会，为此他们开始考虑离开东风，到其他愿意开发新产品的企业去。因为他们都知道，像东风这样全力贯注于“市场换技术”实践的企业无法为他们提供进一步成长的空间。幸运的是，在外头，在广袤的原野上，的确已经依稀能看到新的机遇，新的企业正在崛起。

6. 被放弃的自主开发

“市场换技术”政策的诞生是为了解决中国在实施“七八计划”期间所面临的问题。财政压力使中国的改革者接受了与外国投资者建立合资企业的战略，因为这是筹集项目资金、学习外国先进技术最为便捷的方式。政策制定者为“市场换技术”战略设定了双重目标，即实现进口替代和技术学习。

进入 20 世纪 90 年代中后期，生产本地化任务陆陆续续被完成。在这个过程中，“市场换技术”企业无论是在产品和技术路线的选择上，还是在组织的设置或调整上，都受到跨国公司的影响。后者显然更愿意中国合作伙伴继续作为其在中国的生产制造合作伙伴，而不是帮助中国本土企业成长为在国际市场上或在产品开发方面的竞争对手。外方在技术上的主导优势

使它们能够发展出各种控制中方技术学习活动的手段。它们利用这些手段阻止中方企业以进口车型本地化生产所积累的经验为基础形成有效的学习系统。

与此同时，中方似乎坚信，技术能力能够在生产本地化的过程中自发产生。因此，即便一些外国合作方违反合同条款，拒绝与中方合作进行技术开发活动，参与“市场换技术”政策实践的中方企业也没有坚定地履行合同，它们似乎半信半疑地走向了全力投入生产本土化、国产化的道路，而放弃了自主产品开发。这就导致本土企业基于生产制造的经验积累与发展技术能力的愿望事实上是分裂的。稳定的技术学习组织和产品载体是从制造经验中攫取知识并创造性地用于建设自身复杂技术能力的前提，然而中方却未能通过坚持或发展自己的产品开发平台来维系这一前提，这就导致本土工程师并不具备积累经验、进行创造性实验、实现不同知识的整合的环境和条件。在这种情况下，想要积累产品和复杂技术开发的能力，无异于要求工程师建造空中楼阁。这使得“从模仿到创新”和“引进—消化—吸收”的技术进步路径未能如愿浮现。那些在“市场换技术”实践下的国有骨干企业，并没有随着连续 10 年甚至 20 年生产引进产品而发展为创新型企业。

相反，这些骨干企业逐渐被“市场换技术”所形成的商业模式所俘获，即利用中国高性价比的劳动力和中国市场获得经济收益，成为跨国公司全球生产体系的一环。即便这些企业的财务能力得到了提升，它们也并未将开发新产品和新技术确定

为重要战略。由于长期怠于开发新产品和复杂技术，它们没有形成有效的技术能力积累。即便已经有大量证据表明，中外合资企业不会带领中国产业进入一个创新阶段，但在社会的压力下，它们依然持续引进新的产品设计，与跨国公司延长合同，通过规模的增长来证明“市场换技术”模式的合理性。它们给自主创新的前景蒙上了一片迷雾，期望社会主流观点认同自主创新任务的困难程度。在迷雾中，它们继续强调生产本土化和国产化对于自主创新的必要性。事实上，在迷雾之外，自主创新的机器已经开始轰鸣。

第四章
本土工程师主导

自主创新企业形成了以工程师为导向的权力结构，赋予一线工程师在开发活动中对相应资源的决策权。这种做法充分调动了成员的积极性。

中国工业走向自主创新的关键在于中国出现了在组织逻辑上与“市场换技术”企业完全不同的企业。由于需要依靠自身力量来解决技术集成和产品开发等问题，自主创新企业必须充分动员、整合企业内部的技术和工程开发力量。在这一阶段，工程师所扮演的角色被明显强化；同时自主创新企业也发展出一系列制度安排，以有效地将一线工程师的工程开发整合到企业整体的经验积累中，从而形成有效的、系统性的能力建设。自主创新企业并不是从一开始就知道该如何发展有效的组织学习系统的。与它们的“市场换技术”同行一样，自主创新企业也需要在迷雾中摸索。在众多的尝试者中，那些率先迈出关键步伐的破局者的经验就变得至关重要。后来崛起的自主创新企业都充分吸收了这些破局者的宝贵经验，并在开拓性实践中不断地丰满自身对创新型企业的认识。

同时，正如本书第一章所指出的，社会公众和政策制定者对自主创新企业的认识也是滞后的。随着自主创新企业在市场上的影响力逐步扩大，这些企业长期积累的自主创新经验才得以被深入实践的观察者所掌握，进而得以被引入大众语境之中，并最终推动政策范式的转变。

1. 探寻自主创新企业崛起的原因

1.1 中央政府视野之外和地方政府的有限作用

自主创新企业早期未能及时为决策者和社会公众所知晓，是因为它们本来就不在政府工业主管部门所设定的产业布局之中，它们大部分都在中央决策者的视野之外。2003年，当笔者和路风教授一起拜访中国汽车工程学会时，一位高级工程师很诚恳地跟我们分享了他对当时中国汽车工业发展现状和困境的看法，他坦言："就当前国内汽车工业的技术能力而言，我们（本土企业）连一个车门的（正向）设计都没有办法实现。"

从事实来看，这位高级工程师的说法无疑是有争议的。实际上，奇瑞和吉利两家自主创新企业早在三四年前就开始向二三线城市的消费者销售轿车了，奇瑞的整车甚至开始小批量出口到第三世界国家。当然，产业发展事实与学会专家看法之间的偏离乃至矛盾，可能部分出自人们对于什么是"设计"或者技术专家们隐含的"正向设计"判断标准的差异。即便如此，

这种矛盾依然反映出当时部委及智库机构里的决策者们普遍并不认同自主创新企业的发展模式，对其能力成长的预期不足。更有可能的情况是，尽管自主创新企业已经开始生产、销售产品，但中国的工业行政部门①却未能充分了解这些新兴企业的情况，致使身处北京的政府智库专家无法做出准确的判断。这种情况并不仅仅存在于轿车产业，通信设备领域同样如此。1989 年，当中国人民解放军信息工程学院邬江兴团队向邮电部提交其第一台万门数字程控交换机（即 HJD04，以下简称“04 机”）的原型机以申请网络准入时，邮电部一度拒绝了这一申请，认为该机更像一台计算机而不是电信交换机。这也充分说明了工业行政部门并不了解正在涌现的本土创新活动。

上述现象之所以出现，是因为中国的工业行政部门当时正经历从计划经济体制向市场经济体制的转型，工业行政部门的职能尚未有效覆盖至原本计划以外的市场主体。② 事实上，自主创新企业开始崛起时，在工业行政部门中计划性思维仍然占据主导地位。这在客观上制约了工业行政决策者对新生事物的认知。例如，1989 年邮电部拒绝中国人民解放军信息工程学院邬江兴团队的网络准入申请时，一个重要原因是邬江兴团队没有事先就 04 机项目正式向邮电部申请许可。前文也提到，

① 中国汽车工程学会的社会功能不仅是一个学会，也是一个政府智库。

② 封凯栋．国家的双重角色：发展与转型的国家创新系统理论．北京：北京大学出版社，2022.

柳州微型汽车厂曾因未经国务院相关部委的许可而私自进口雪铁龙的技术资产受到惩罚。这也导致新兴的创新型企业在初期面临着一种两难困境：既渴望得到中央政府主管部门的认可，又担心向主管部门过度“暴露”自己的投资计划而遭遇由计划性思维主导的政府限制。

新兴自主创新企业在初期未能得到中央工业行政部门关注的最重要原因在于当时它们的规模较小，往往局限于地方性市场或者分层化市场中较边缘的局部市场。在这些市场中，地方政府的支持往往是重要的，尤其是轿车工业。① 在通信设备制造业中，地方政府和地方国有企业都为新兴创新型企业创造了空间。

然而，不应该过分强调地方政府在创新型企业发展过程中的作用。诚然，中国一贯存在地方的自主性，甚至在计划经济时期这一特征依然得以部分保持。在计划经济时期，不仅有数轮经济权下放、建设“五小”工业等历史过程，建设“大三线”“小三线”也增强了地方政府的经济能力。在改革开放时期，尤其是在1994年分税制改革之后，地方政府存在极高的积极性去追求地方GDP的增长，因此它们有扶持本土工业企业的动机。然而这只是自主创新企业崛起的必要条件，而非充

---

① THUN E. Changing lanes in China：foreign direct investment，local governments，and auto sector development. Cambridge：Cambridge University Press，2006；CHU W W. How the Chinese government promoted a global automobile industry. Industrial and corporate change，2011，20（5）：1235－1276.

分条件。简单解释如下：

首先，毫无疑问，在轿车和通信设备制造业中，新兴企业要想发展，必须获得地方政府的支持。因为这些产业往往都需要相当规模的投资，这使得新兴企业在当地不仅是很难“藏匿”的，而且由于中国国有银行体系的特殊性，新兴企业往往需要得到地方政府的支持才能获得资金。此外，轿车和通信设备制造业的产品市场都存在明显的规制性，产品销售需要获得当地交通或邮电管理部门的许可。因此，地方政府的支持是新兴企业崛起的必要前提。

其次，就提高本地 GDP 的动机而言，大部分地方政府在诸多选择中并没有特别青睐新兴创新型企业。地方政府早期一直是“市场换技术”实践的积极推动者。推行“市场换技术”，不仅因顺应中央政策而具备充足的合法性，而且短期风险也更低。在轿车和通信设备制造业中，产品技术复杂，技术领域多元，并且涉及数量庞大的供应商，两大产业的发展依赖大量的专业工程师和庞大的供应商网络——这些都远远超出了政府官员的能力范畴。在计划经济时期，除了少数重点工业城市，大部分地方政府并未形成专业化的工业行政能力。① 也就是说，地方政府要么具备一定的工业行政经验，要么缺乏相应的工业行政知识。前者往往意味着当地在该产业已经存在成规模的计

① 姜子莹，封凯栋．经济发展变迁中的国家工业理解能力．学术研究，2022（6）：96－105．

划内国有企业；后者则意味着地方官员不会贸然进入复杂技术产业。

抛开技术和产业协作的复杂度不谈，由于难以判断产业项目是否会产生经济效益以及何时会产生效益，地方官员行事会更为审慎。因此，即便当地缺乏产业基础，无法通过“市场换技术”发展轿车与通信设备制造业，地方政府也倾向于优先支持同类产业中更为简单的产业项目。它们会青睐基于现有的技术图纸或简单改造就可以投产的项目，因为这些项目看起来回报周期更易于预测，收益也更为平稳。

在轿车产业，这类例子并不少见。在 2001 年国务院放宽轿车产业的准入之前，除了柳州微型汽车厂，还存在其他计划外的地方性汽车项目。例如，一汽在云南的子公司曾将一款名为“红塔”的汽车模型投入生产；各地还有一些得到政府支持的改装车厂利用农用车或轻型卡车的底盘来生产非标准汽车。但正如前文所言，这些企业从一开始就没有致力于建立自身系统化的工业能力来开发产品，相反，它们都是基于外部提供的现有产品图纸进行生产，或者对现有产品图纸进行有限改动后投入生产。在产业准入被部分放宽之后，这种地方性的投机活动并未停歇。2001—2005 年，全国各地有 200 多家企业使用广东省佛山市南海区一家企业提供的同一套车身模具，在现有的农用车或轻型卡车的底盘上拼装生产 SUV。这一生产活动并不涉及复杂的产品技术和持续的技术研发。随着创新竞争日益激烈，长城汽车、中兴汽车、双环汽车和吉奥汽车等少数企

业在竞争中逐渐改变了自身发展策略[①]，除此之外的大多数企业都退出了市场。如今，只有长城汽车成长为主要的汽车制造企业。

在自主创新企业的个别案例中，地方政府官员的战略意志对于企业持续的创新投资起到了重要作用，如安徽省芜湖市政府时任主要官员对奇瑞发展自身技术能力的支持。然而，这种情况在当时的地方政府中并不普遍，也鲜见于自主创新企业的案例中。

1.2　以工程师为中心的组织

显然，依托地方政府的角色等外部因素来解释自主创新企业的崛起是不充分的。相比较之下，要想更好地解释自主创新企业的崛起，解释它们为什么有别于其他明显依赖政策性因素的企业，还是要从企业内部去找原因，特别是寻找这一类企业在组织模式上的共同特征，如企业是否对产品开发具有长期的战略承诺、是否持续投资于组织技术能力建设等。

在中国当时主流的“市场换技术”政策环境下，本土产业

---

① 中兴汽车、双环汽车和长城汽车都是位于河北省的私营企业，在 2001 年后进入 SUV 领域。吉奥汽车位于浙江省。最初，它们都使用轻型卡车的底盘，使用以外包方式采购的模具生产车身来制造 SUV。它们是同类产品中的幸存者。事实上，只有长城汽车凭借持续投资于能力建设，最终成为中国汽车市场上的主要汽车生产商和领先的 SUV 生产商。其他三家企业都已在市场上被边缘化。吉奥汽车的主要生产设施已于 2010 年转移到与广汽合资的企业，并成为广汽生产小型客车和轻型卡车的代理商。

链普遍转向为“市场换技术”模式服务，计划外的产品创新投资并不具备社会主流认识当中的合法性和合理性。与此同时，那些进入中国市场的跨国企业所展现出来的极大的技术优势，更使得一般的投资者和企业决策者不敢轻易开展自主创新的探索。即便如此，在汽车和通信设备制造业却不乏创新创业者。由于中国在这两个行业有较为系统的工业协同传统和依靠本土力量发展系统性产品的经验，加之现代中国一贯追求自立自强的社会文化传统，两个行业的创业者都具有强烈的战略意愿进行本土产品开发。创新创业者们在尝试中逐渐摸索道路，陆续形成了自身的核心团队和创新的组织文化，并通过持续的市场成功从无到有地建立起自主的产品开发平台。

当时的中国不光面临着实现工业追赶的任务，还正处于从计划经济向市场经济转型的关键期。形势之复杂和任务之艰巨，使得从创业到建立起自主的产品开发平台的过程并非一蹴而就。事实上，中国轿车和通信设备制造业中自主创新企业的崛起并非由一代企业完成的。一些企业率先在技术路线和研发组织模式上展开探索。虽然这些企业最终未能取得商业上的持久成功，但它们的尝试却给后来的创新者带来了关键启发。可以说，如今人们所看到的创新型企业，如华为、中兴、奇瑞、吉利、比亚迪等，都是在这些先驱者的经验基础上发展起来的。

通过效仿先驱企业，自主创新企业在挑战在位企业时建立了以工程师为中心的组织，这是这些企业与“市场换技术”企

业最突出的差异。当然，在组建创新型组织方面，相比国内的竞争对手，自主创新企业在创业之初并不拥有任何特殊资源。在早期阶段，它们从各种渠道获得人力资源，包括从国有企业、大学、科研院所以及中外合资企业吸引人才，从而拼凑出基本的组织核心，并逐渐建立起外部合作网络。虽然构成组织的人力资源同样来自当时国内的产业共同体，但与“市场换技术”企业相比，新兴的自主创新企业向其组织成员展现出了对产品创新和技术进步的长期承诺；在企业运作机制中，处于生产和研发一线的工程师有权根据产品和技术开发的需要灵活决策；同时，企业还致力于建立系统性的经验积累机制，从而构建集体性的技术学习组织框架，将开发活动的经验积累制度化，使得企业能够持续从中受益。当然，随着创新型企业逐渐成长为大型企业，它们原有的管理经验也需要升级。由于各企业采用的具体升级路径不同，自主创新企业在这个过程中逐渐变得多样化。

本章着重阐述了自主创新企业在不断尝试和摸索中崛起的过程。首先探讨那些在计划经济尚占主流背景下的破局者，尤其是通信设备制造业的巨龙和汽车制造业的哈飞。随后介绍后来的创新型企业是如何坚持长期贯注于开发产品和推动技术学习并将其做法制度化的，尤其是它们如何将数量庞大的本土工程师充分动员起来，并使其在产品和技术开发活动过程中发挥核心作用。本书将这一浪潮称为工程师群体在中国企业中的重新崛起也正源于此。

2. 破局者：为自主创新开路

在通信设备和汽车制造两个行业本土创新崛起的过程中，巨龙和哈飞曾发挥过关键作用。尽管这两家企业最终没有取得商业上的成功[①]，但它们都为自主创新企业的崛起贡献了极其重要的经验。巨龙的贡献主要在技术认知上，04 机的成功突破了当时国内邮电产业共同体的认知瓶颈，一举打破了当时西方国家设置于中国通信设备制造业上的知识屏障，从而为中国本土企业的创新发展指明了方向。哈飞对于本土轿车制造业的贡献则在于引领了一种新的开展技术学习的方法。哈飞以一连串的产品开发活动为载体，通过购买外国设计公司的技术服务为本土工程师创造积累产品开发经验的机会，从而快速组织起本土技术开发活动。作为一种探索和管理技术学习的方法，哈飞的经验被奇瑞、吉利等本土轿车创新企业广泛效仿。

2.1 巨龙和 04 机：横空出世

巨龙 04 机在中国本土通信设备制造业创新史中是浓墨重彩的一笔。它的关键性在于：当时中国邮电工业的自主装备能

---

① 巨龙的主要开发团队于 1998 年离开了这家企业。1998 年，中国政府强制要求所有军事机构退出商业活动，由于巨龙的这支团队主要由来自军事研究单位的研究人员组成，他们不得不退出巨龙。此后，巨龙不再是一家高科技公司和通信设备开发商。2009 年，哈飞陷入财务困境，根据母公司中航工业的行政命令，它被并入长安汽车。

力与世界先进国家之间存在着代差，而作为主管部门，邮电部官方组织的、基于“逆向工程”的科技攻关项目未能收获预期中的成功；在这个背景下，巨龙04机的成功研发，不仅从根本上改变了这一格局，还为国内整个产业的技术发展思路带来了重要启发。

DS项目：局用数字交换机的“逆向”研发

改革开放初期，中国在通信设备领域与西方发达国家之间存在着巨大的技术水平差距。当中国在20世纪70年代末向西方国家开放通信设备市场时，中国国内仍然在生产和使用基于模拟技术的交换机，如纵横式交换机（crossbar switchers）。而在发达国家，交换机的核心技术已经计算机化，并且普遍采用大规模集成电路（large scale integration，LSI）芯片。当时，中国产业界没有开发与制造高水平、产业化的大规模集成电路的能力。并且，在计划经济时期，计算机技术的管理不属于邮电部的职能范围而属于电子工业部，邮电部下属科研院所虽然已经开始尝试应用计算机技术，但自身依然缺乏领导相应技术及产业项目的经验。

技术能力的缺乏和工业行政管理体制上的不适应，使得国内工业界在破解当时全球先进的大型局用数字交换机方面面临巨大的困难。20世纪80年代，邮电部主导了一系列中外合资生产项目和技术攻关项目，但无论是产业部门的“市场换技术”，还是邮电部科学技术司基于“逆向工程”实施的技术攻关项目，都未能完成预设目标，即形成中国本土的产品开发能

力。其中，邮电部科学技术司主导的数字交换（digital switching，DS）系列项目最为人们所看重。该项目的确取得了一定成效，产生了两个重要的产品设计，但这些产品在设计和产业化环节遭遇了显著的问题，因此很难称其是成功的。

DS系列项目是典型的“逆向工程”技术攻关项目，“逆向”模仿的对象是日本富士通公司的F150大型程控交换机系统。1979年，福建省决定更新升级福州市于20世纪30年代引进的史端乔（Strowger）电话交换机系统，并吸引了八家跨国公司来竞标，其中来自日本的富士通以当时大型程控交换机市价的一半出价中标。富士通提供的F150成为中国第一个大型数字程控交换机系统，并于1982年交付试验网络。

富士通的中标有着深刻的时代性和国际背景。一方面，中美建交之后，中国加速向发达国家开放市场，作为近邻的日本急于抢先打开中国市场；另一方面，当时半导体领域竞争焦灼，日本大企业重金投入半导体产业，富士通急于从其他领域获得利润回流。此外，F150事实上属于新研产品，其技术和性能尚未经过检验，富士通以较低的价格得到中国订单，实际上是希望将福州作为测试场来完善这一系统的产品设计。

事实上，当认识到F150在技术和性能成熟度方面存在的问题时，中方决策者也是很震惊的。然而，由于当时F150已经成为中日两国以及中国邮电系统内的重头引进项目，中方也只好尽可能推动这一项目的开展。通过谈判，中方得以让本土的工程师参与F150的安装、调整和测试等诸多环节，这也为

邮电部组织科研团队开展“逆向工程”项目提供了机会。

DS系列包括两个主要项目，即DS2000和DS30。DS2000项目由聚焦于市话系统研发的邮电部上海第一研究所负责，目标是开发一个每单元容量为2 000门的大型局用数字程控交换机系统。DS30项目是DS2000的后续项目，目的是开发一个容量超过10 000门的大型局用数字程控交换机系统，由长期负责长途电话设备开发的邮电部西安第十研究所主导执行。隶属于邮电部的大学和其他科研机构也对这两个项目给予了支持。值得一提的是，作为邮电部科学技术司下属的优秀机构，邮电部上海第一研究所和西安第十研究所在1995年企业化转制后成为大唐电信的基础。

DS项目的工程师团队通过直接参与、间接观察、资料分析等方法，从F150在福州的安装、调试和优化过程中获得了一系列直观认识。以这些认识为基础，DS系列项目于1983年启动。但这一“逆向工程”项目并没有取得预期成果，其中最关键的原因是中国的科研人员无法打开F150的核心技术黑箱。F150系统采用集中式的架构，涉及电信交换的核心技术诀窍被日方用一块高度集成的大规模集成电路芯片封装了起来。作为世界级的大型计算机公司，日本富士通的开发人员将先进的计算机技术和大规模集成电路芯片运用于大型程控交换机并不足为奇。

然而，F150的模仿者——邮电部的研究人员和工程师，在计算机技术领域的知识远无法与富士通相比。如前所述，当

时计算机相关技术和产业的发展是在电子工业部等相关部委的管理下进行的。[①] 邮电部应用的技术主要是较传统的机电式自动交换技术。邮电部的科研人员缺乏在产业环境下分析和解决与计算机控制有关的问题的能力。开发团队也很难得到参与“市场换技术”企业——隶属于邮电部的国有企业和相应的中外合资企业——的帮助，因为生产本地化并没有为产品开发或复杂技术发展提供有用的知识。同时，由于存在“巴统”的种种限制，中国企业也很难从国际市场上获得先进的大规模集成电路芯片。换言之，中国通信设备制造业在当时处于被“巴统”在关键技术和关键零部件上“卡脖子”的困境。

F150 的核心技术在当时超出了邮电部科研人员的吸收能力，最终，DS2000 系统不得不简单沿用 F150 集中式的技术架构，并通过外购来获得核心芯片。DS2000 项目于 1986 年 10 月完成，于 1988 年获国家科技进步一等奖，并一度被负责党中央通信的电话分局试用。然而，受制于关键零部件的短

---

① 在本书所主要讨论的时期内，国家主管计算机技术及产业的行政管理部门曾发生了一系列相应的变化。国务院最早于 1979 年成立了专业的国家局，即国家电子计算机工业总局，该局在当时由第四机械工业部（四机部）代管。国家电子计算机工业总局的主要职责是领导与管理电子计算机工业的科研、开发、生产和应用服务工作，并加速电子计算机事业的发展。1982 年，全国人大决定将四机部、国家电子计算机工业总局、国家广播电视工业总局合并，组建国家电子工业部。1988 年，全国人大又决定将电子工业部与机械工业部合并，成立机械电子工业部。1993 年，全国人大决定撤销机械电子工业部，恢复电子工业部与机械工业部的设置。1998 年，全国人大再次决定在邮电部和电子工业部的基础上组建信息产业部，而信息产业部则在 2008 年被划入工业和信息化部（工信部）。为简单起见，除非特殊说明，本书中将 1998 年之前邮政与电信产业的主管部门称为“邮电部”，而将计算机技术及产业的管理部门称为“电子工业部”。

缺，DS2000 的实际产量非常有限——1986 年国内只有两台，而且故障率高，这些都使得其后来的产业化并不成功。

邮电部采取了一系列措施解决这些问题。意识到计算机技术在通信设备领域的重要性，在随后的 DS30 项目中，经国务院协调，邮电部将包括上海交通大学和中国科学院在内的一些科研机构纳入项目来提供支持，尤其是提供软件包开发方面的支持。然而，这并未改变 DS 系列项目在技术和管理方面仍然由邮电部所属科研机构主导的局面。随着 1991 年原型机的推出，DS30 同样面临关键芯片供应短缺的问题。兼之后来 DS30 在山东的设备因遭雷击而导致线路中断，造成恶性事故，邮电部要求对 DS30 进行停产整顿，DS30 还一度被吊销了产品入网许可证。最终，DS30 的商用非常有限。

04 机：计算机还是通信设备?

巨龙公司的 04 机的成功问世打破了大型数字程控交换机核心技术的黑箱，从根本上突破了中国通信设备制造业所面临的技术难题。04 机是首个由中国人开发并成功实现大规模产业化的大型数字程控交换机系统。[①] 1984 年，位于郑州的中国

---

① 20 世纪 80 年代，中国将单机容量超过 10 000 门的公共数字交换系统称为大型公共数字交换系统。事实上，这与当时国内电信部门的设备采购和网络建设政策有关：中国的电信运营商采用单位容量在 200 门以下的交换机用于专用分支交换，单位容量在 200 门以上（通常最高为 2 000 门）的交换机用于本地公共交换，单位容量在 10 000 门以上的交换机用于长途公共交换。自 20 世纪 90 年代中期以来，随着自主创新企业的崛起，大型公共数字交换系统的价格有所下降，县级邮电局也可以采用大型公共数字交换系统。然而，在数字交换机时代，人们依然习惯性地沿用上述术语来对国内市场按照它们在整个电信网络中的层级位置进行描述。

人民解放军工程技术学院（1986 年改称信息工程学院）信息技术中心（以下简称“邬江兴团队”）正式启动 04 机项目。在转入通信领域之前，解放军信息工程学院专门从事计算机技术开发工作。自 20 世纪 60 年代末以来，解放军信息工程学院一直参与国家军事计算机技术开发计划，包括 1972 年开始的第一台基于集成电路技术的本土计算机 J101 的开发、始于 1976 年的大型计算机项目 H103－Ⅱ。除了承接国家的开发项目，邬江兴团队在 1980—1985 年还应军队需求研发出大型分布式计算机系统 GP300，运算速度达每秒 5 亿次。GP300 以分布式技术架构为基础，在这种模式下，使用市场上相对容易获得的低端芯片就能满足较高的计算能力需求。

后来，邬江兴团队将这种分布式系统开发经验用于开发大型数字程控交换机。具体来说，在研制 04 机的过程中，开发团队应用了“逐级分布式控制结构”和“自我复制的 T 型交换网络”等计算机设计原理，同时还应用 GP300 中实现每秒 5 亿次运算的相关技术。当时，分布式架构恰好是大型数字程控交换机发展的前沿，上海贝尔从比利时贝尔引进的 S1240，正是贝尔电话公司推出的基于分布式架构的先进产品。S1240 是在“市场换技术”模式下引进的，S1240 配套的集成电路则由基于配套引进协议成立的合资企业上海贝岭来生产提供。换言之，上海贝岭通过引进比利时方指定的设备和产品图纸来从事集成电路的生产。由于集成电路和相应软件都是经过封装和编译的，中方的工作人员很难对其进行“逆向工程”研发，邬江

兴团队更是没有接触过上海贝尔和上海贝岭的技术材料。在调研福州 F150 项目时，由于外方对中方科研人员的本能抵触，加之邬江兴团队不属于邮电部下辖的科研系统，邮电部的同志并没有对邬江兴等人破格对待，邬江兴团队仅被允许在福州机房外隔着玻璃远远地观摩 F150 系统。

事实上，由于“巴统”的限制，邬江兴团队无法从市场上获得高端芯片，这也是他们在 04 机的研制中采用分布式架构的一个重要原因。04 机的原型设计中普遍采用 244、245 和 374 等通用芯片，04 机分布式系统的中央处理器则采用了常见的摩托罗拉 MC68000。不过，这些标准芯片也都是开发者从深圳市的二手电子元件市场购入的。深圳毗邻香港，开发团队得以通过中英街等渠道获得境外淘汰的二手板卡（“电子垃圾”），将它们进一步拆解后得到二手元器件。邬江兴之所以了解这一情况，是因为在 1985 年中国“百万大裁军”开始后，他一度因为迷茫当过单片机与个人计算机的“倒爷”，往来于深圳与郑州之间。当 04 机项目启动后，这些科学家和工程师依然背着尼龙编织袋（“蛇皮袋”），乘坐长途绿皮火车人力搬运，不过他们这次的目标却是各类看上去更破旧的二手元器件。

邬江兴团队进入通信设备制造业，其实要追溯至中国在 1985 年实施的大规模裁军。当时，中国与美国等西方阵营的关系有了实质性的缓和，中国不再需要维持原有庞大的军队规模，于是便有了“百万大裁军”，相应的军事开支也大幅缩减。其中，邬江兴等人所开展的 GP300 项目也在军事支出缩减中

被叫停。决策者们寄希望于发展“军民两用”技术，以保证军事科研单位的基本存续。与许多军事研究单位类似，解放军信息工程学院鼓励科研人员将军用技术能力与民用领域相结合。认识到数字控制的交换机可能是计算机技术在通信领域的一种应用，1985 年，时年三十出头的邬江兴带领着 15 名更年轻的科研人员决定研发通信设备。当时恰逢 AT&T①、诺基亚、爱立信等跨国公司在华设立办事处，中国的通信设备制造业正式进入了“七国八制”的阶段。整个程控交换机市场发展迅速但又呈现出一定程度的无序性。

既然是强调“军民两用”技术，邬江兴团队从一开始就邀请了同在河南的中国邮电工业总公司下属的洛阳电话设备厂（537 厂）开展合作，后者为开发团队提供了少量经费和实验设施；邬江兴团队则投入了从解放军信息工程学院预借来的 15 万元人民币——这是在整个开发过程中邬江兴团队能够投入的全部经费。团队借助与 537 厂的合作增强了自身对电信设备和电信系统的认识，并将自己在计算机领域的知识和经验有效地迁移、融合进来。团队首先成功研发出一台 1 200 门的程控交换机 G1200，后又成功研制出 2 000 门的程控样机 HJD03。

HJD03 的成功使得邬江兴这支团队引起了中国邮电工业

---

① 因为反垄断诉讼，美国贝尔电话公司在 1984 年被分拆为 AT&T 和七家地区性贝尔公司。

总公司的关注。中国邮电工业总公司向邬江兴团队投资 300 万元人民币，用于研发万门程控交换机（即 04 机）。然而，1988 年 04 机项目一度被叫停，因为在传统邮电部门的眼里，邬江兴团队研发的更像是计算机系统而非通信设备——04 机项目的重点在于通过软件和芯片实现对器件的开关控制，重在搭建试验台后的仿真模拟，资源并没有重点投入到传统的机电器件上。争论之后，中国邮电工业总公司终止了对开发团队的经费支持。事后，邬江兴团队继续坚持推进项目，但在 1989 年 04 机项目中期正式审查中，邮电部及其技术专家明确将 04 机认定为计算机而不是通信设备。1991 年，邬江兴团队在向邮电部申请入网许可时——入网许可是通信设备接入中国电信网络的必要条件——邮电部以上述理由拒绝了 04 机的官方技术批准申请。①

国家领导人的介入使得事情出现了关键转机。04 机被军委看作“军转民”的代表性项目之一，项目的顺利开展对于推

① 这里存在一个由部分受访者提供的、未经充分证实的猜测，即 04 机在 1989 年和 1991 年所遭遇的挫折是由中国邮电工业总公司在邮电部的技术攻关体系中所扮演的微妙角色造成的。尽管中国邮电工业总公司隶属于邮电部，但它是系统内的制造部门而非科技部门。04 机的强势崛起对于邮电部而言是计划外的。邮电部当时正在执行其技术升级计划：一方面开展“市场换技术”的政策实践，到 1991 年，邮电部已经有三家由国有企业在“市场换技术”框架下建立的中外生产型合资企业，并且引进了一些国外先进产品设计；另一方面，邮电部科学技术司也进行了包括 DS 系列在内的多个技术攻关项目，其中 DS30 也将在 1991 年通过验收而有望成为国内第一套“万门程控交换机”系统。因此，从政府部门的传统来说，04 机的崛起是出乎邮电部意料的，甚至在一定程度上对邮电部部分人员构成了挑战。

进当时至关重要的军队改革工作具有重要的示范意义，因此时任国家主席杨尚昆亲自过问了04机的开发情况。为了回应国家领导人的关切，邮电部决定在1991年年底为04机安排一次技术评审会。在11月的评审会上，邮电部组织了一个非常严格的委员会——委员会成员还包括与04机构成潜在竞争关系的产品的技术开发人员，即来自邮电部科学技术司和中外合资企业的技术专家。

然而，在苛刻的评审中04机依然获得了成功，它当时的忙时处理能力，是此前业界公布的德国西门子所创下的世界纪录的近三倍，并且这一优势保持了四年之久。1991年12月，邮电部发布通告，宣布国内最大容量（6万门）的程控交换机04机由解放军信息工程学院和中国邮电工业总公司共同研制成功。04机的整机技术达到20世纪80年代末世界先进水平，尤其是在系统结构和交换网络上都有创新，呼叫处理能力处于当时全球领先水平。

04机的技术价值和精神价值

04机项目的技术秘密很快在全国同行中扩散开来，为其他国内创新者深入理解世界先进程控交换机的核心技术带来了莫大的助益。由于采用了普通芯片而不是高端芯片来实现其功能，04机对技术知识的封装程度要远远低于中国当时引进的F150和S1240等国外产品。那些此前试图逆向开发F150或S1240等产品却失败的技术专家，能够通过解构普通芯片在系统中的作用，清楚地了解控制存储程序的工作机制。换言之，

技术黑箱终于被打开，原有的技术积累得到激活。此外，04 机还为国内其他企业提供了利用非高端芯片来发展程控交换机的设计思路，大大拓展了国内创新者的可能性空间。

在 04 机的启发下，主要的自主创新企业在 1991 年之后所开发的大型数字程控交换机都开始采纳分布式架构的技术思想，而不再一味依赖传统的集中式架构。这其中就包括华为和中兴于 1993 年分别推出的 C&C08 和 ZXJ10，以及邮电部在 1995 年组建的大唐公司所推出的 SP30，后者与西安第十研究所的 DS30 有较大的继承关系。

04 机的技术秘密之所以会快速扩散，是因为其开发者邬江兴团队既无动机也无意识去刻意保守技术秘密。与当今读者所面临的时代不同，邬江兴虽然参与组建了巨龙通信公司并担任了重要的管理和技术开发职务，但邬江兴团队在此过程中的行为模式更接近于体制内的技术攻关单位，而非商业组织。相比于在商业中通过保守技术秘密或保持专业壁垒来获利，这些开发者更热衷于解决中国通信设备制造业中各类“首台首套”的技术瓶颈问题，他们没有太多的动机，也没有受过充分的训练，去使自身技术发明的收益内部化。这种“不合理性”恰恰使得 04 机的成功为中国通信设备制造业做出了巨大贡献。

一系列渠道都成为 04 机技术诀窍迅速扩散的机制。首先，1991 年邮电部组织的技术评审委员会就成为 04 机技术扩散的重要机制。由于邬江兴团队并没有刻意保守技术秘密，在评审会的展示和答辩环节，通过对技术细节的详细问答和讨论，国

有企业、大学和研究机构的领导及技术专家得以充分理解 04 机的工作原理。

随后，邮电部还通过组织培训班和编制培训手册等形式正式推广 04 机的经验。认识到 04 机的成功后，邮电部随即着手安排中国邮电工业总公司及其下属单位与解放军信息工程学院合作创建巨龙。为提升系统内各企业的技术能力，邮电部专门举办了两次半开放式的培训班，系统内的国有企业、科研院所，甚至华为和中兴等新兴的民营企业，都被允许派遣工程技术人员前来参加培训。在培训班上，邮电部还根据 04 机的技术方案编写了相应的培训手册。名义上 04 机是解放军信息工程学院与中国邮电工业总公司合作的产物，邮电部对成果享有相应的处置权，但关键之处在于，无论是邬江兴团队还是解放军信息工程学院，都没有对 04 机技术经验的扩散活动提出反对意见。

邬江兴团队甚至直接参与了 04 机的技术扩散。1992—1995 年，华为邀请邬江兴和鲁国英（04 机开发项目中另一位技术骨干）到深圳为其工程师提供指导。邬江兴和他的同事欣然接受了华为的邀请并到场分享了他们的经验——尽管酬劳不过是数千元的“讲课费”。可见，至少在巨龙公司组建之前，邬江兴等开发者完全将自己看作由国家全额支持的科学家，并没有刻意地将技术成果据为己有。[①]

---

① 当然，1995 年巨龙公司成立之后，曾成功阻止了中兴和华为等企业从解放军信息工程学院聘用数位未办完退伍手续的工程技术人员。

除了技术扩散，04 机在文化精神上也有重要贡献。在“七国八制”时代，跨国公司多次扬言中国人无法搞出自己的万门以上大型程控交换机。面对国内外明显的技术差距，以及 DS2000 等项目的困境，竞争对手这种蛮不讲理的论断的确让国内通信设备制造业共同体非常沮丧。04 机的成功无疑驳斥了中国人无法独立研发万门程控交换机的谬言，极大地提振了中国产业界的信心。笔者在与诸多受访者的接触中，可以明显感受到 04 机对于国内产业界巨大的鼓舞作用。[①] 1995 年，04 机获得了国家科技进步一等奖。

巨龙的失败及启示

成立于 1995 年的巨龙通信在经历了短暂的成功后却遭遇失败。巨龙通信失败的原因很多。其中重要的原因包括：巨龙集团在创建前后一直都只是一个“松散联盟”，并不存在有效的管理控制；而邬江兴等核心人员始终将他们所构成的组织视为追求国家技术攻关的科研机构而不是商业组织（或者商业组织的一部分）。

认识到 04 机的价值后，邮电部自 1992 年就开始推动 04 机的产业化。1992—1994 年，解放军信息工程学院与中国邮

① 相比较之下，各个企业的受访者对于自己是否直接从 04 机中获得技术扩散倒是各有不同的看法。除了自尊心与立场的因素，“知识”或“启发”与“技术（方案）”之间的差距可能是人们会产生差异化看法的原因。与此类似，中兴和华为等企业也普遍不认为自己从 DS 系列项目，尤其是从 DS30 中获益——尽管这两家企业在成立之初都从上海一所和西安十所招募了不少技术骨干；并且在 1991 年之前，它们的产品设计与 DS30 有颇多相似之处。

电工业总公司、邮电部下属的其他国有企业建立了联盟。中国邮电工业总公司是该联盟的主要投资者和协调者，解放军信息工程学院是技术中心，其试验工厂和其他四家隶属于邮电部的国有企业是制造单位。1993 年，经解放军信息工程学院技术指导，邮电部下属的四家国有企业完成了 04 机的试制，并通过了邮电部的生产定型鉴定，其中包括最早与邬江兴团队合作的洛阳电话设备厂以及长春电话设备厂、杭州通信设备厂和重庆通信设备厂。这些企业 1994 年就开始在全国范围内推广 04 机。由于技术先进、成本低，04 机在短期内就席卷了全国多省，到 1996 年已经覆盖了全国 28 个省（自治区、直辖市）的通信网及铁路和军队专网。自大规模上市以来到 1996 年，04 机一直保持着国内销量第一的地位。最忙碌的时候，邬江兴团队最多要同时派出十几个安装小组北上南下，曾创下 23 小时就安装开通一个电话局的记录。在 1995 年之前，由邮电部主导的这一联盟实质上已经包括了 14 家国有企业，另外还有八家邮电部系统下的国有企业提供配套产品的销售。联盟的松散性导致不同厂家为了争夺市场经常相互杀价，各厂商迅速陷入了围绕短期利益的恶性竞争。

为了解决这一问题，各方于 1995 年组建了巨龙通信。1993 年，国家科委批准由解放军信息工程学院建立“国家数字交换系统工程技术研究中心”（以下简称“研究中心”）。随后，在邮电部的协调下，研究中心和八家邮电部下属的国有企业被并入巨龙。在这个组合中，研究中心和企业之间的关系是

“研发生产捆绑，经济效益共存”。其中前者负责技术开发、指导和中试；后者负责生产和市场开拓推广，并向研究中心提供研发配套资金。此后，又有两家隶属于电子工业部的企业和一家隶属于军队的企业，以及中国邮电工业总公司旗下的九家企业被纳入巨龙。然而，1995 年之后的巨龙内部管理依然非常混乱，虽然超过 20 家国有企业在同时生产 04 机，但没有任何一家是处于巨龙通信有效管理控制下的，各成员单位仍然拥有独立的财务账户和相应的财务自主权。04 机的生产商依然在市场上相互竞争。它们甚至时常就上交给巨龙的利润份额和应资助研究中心的研发费用的分配产生激烈争论。事实上，这些财务问题自 1992 年以来就一直存在且没有得到妥善解决。由于各加盟的国有企业转移支付给研究中心的费用不足以覆盖其研发活动开支，邬江兴团队经常陷入经费短缺的局面。为了筹措研发经费，研究中心从 1992 年开始也坚称解放军信息工程学院的院属试验工厂拥有 04 机的生产和销售权。

研究中心的团队并没能在巨龙通信中发挥实质性的产品开发职能。开发团队将技术研发看作自己的第一使命，尤其是追求科研上的“首台首套”，接受了大量由政府自上而下安排的委托项目，与生产部门或客户的需求互动不足。这个研究中心进行了一系列前沿技术探索，却忽略了商业化问题。相关开发项目包括率先在国内推出先进智能网络、超大规模程控交换机、CDMA 设备、3G 移动无线网络控制器、以太网交换机、IP 电话网关和可视电话等。研究中心在长期技术探索中取得了诸

多突破，解放军信息工程学院也因此获得了一系列政府表彰。

然而，研究中心并没有为巨龙通信提供有效的渐进式创新或开发出新产品。1996 年元旦，十多台 04 机出现了故障，导致通信网中断，从中国的电信管理制度而言这是恶性事故。更糟糕的是，巨龙通信无法在其成员中迅速形成共识或制定行动方案来解决这个问题。特别是，研究中心当时已经没有充足的资金，而诸多生产单位则迟迟没有就如何分摊成本达成一致。由于技术故障未能及时得到解决，作为行业监管部门，邮电部对巨龙通信处以停业整改的处罚，其间注销了相关设备的上网许可。在停业整改期间，研发中心成功解决了这个技术问题，但是其竞争对手（如中兴、华为和金鹏等）成功抓住了这几个月的时间窗口迅速扩张，对巨龙 04 机的市场构成了很大威胁。同时，相比巨龙通信，这些新兴企业更贴近市场，它们积极为客户提供售后服务和衍生产品。这也使得巨龙通信难以逆转其市场颓势。1998 年，由于国家政策调整，不再允许军队人员参与经商活动，解放军信息工程学院团队整体撤出了巨龙通信。巨龙通信后来在股权和治理结构上经历了数轮调整，但它再也没能重现 20 世纪 90 年代上半期引领中国本土通信设备制造业创新的荣光。事实上，在 1998 年之后，巨龙通信再也没有以重要的创新者和竞争者的角色回到市场。

巨龙通信的核心问题在于它始终没有解决管理控制问题。这导致其内部一直存在着种种乱象，包括但不限于无法解决内部成员在产品市场上的恶性竞争，无法有效地回应市场、提供

有创造力的市场服务，甚至无法保证稳定的研发投入。而当新的企业崛起之后，巨龙通信在组织治理方面的低效使其无法有效回应挑战者的竞争。现在回看，巨龙通信独特的组织发展历程无疑是荒谬的、不可思议的，然而它恰好真实地反映了在市场化改革早期，哪怕是改革的先行者们都无法清晰地认识到，立足于创新竞争的企业应当是什么样的。在1998年解放军信息工程学院团队退出巨龙之后，普天集团（由邮电工业总公司改制而来）通过收购获得了巨龙通信81%的股权，即便如此，它依然无法控制企业，因为剩余的小股东要求董事会决议需要获得90%以上的赞同。这种混乱局面甚至在两年之后才最终结束。改革过程中对现代企业体制认识不足的现象并不鲜见，它本质上与中国国有企业在“市场换技术”实践过程中对于跨国公司在提供先进技术和引领企业现代化改革方面的过高期望是一致的。对现代企业体制的正确认识并不是免费的知识，很显然，巨龙通信为此付出了高昂的学费。

然而，巨龙通信的发展历程也为我们提供了极具价值的启示。从事后来看，核心开发团队在大型计算机领域中的技术积累恰好为他们在程控交换机领域的开发工作奠定了基础，但这不能改变开发团队事先并无电信设备领域的经验的事实。大型计算机领域的知识与经验对于开发大型程控交换机的价值，是他们在努力过程中发掘出来的。这就充分显示了这支团队突出的战略意愿的关键价值，即在极其不利的情况下，这支团队下定决心将所有能动员的资源义无反顾地投入一个新领域的产品

开发工作中；他们调动一切能够调用的资源——包括从解放军信息工程学院借来的 15 万元、与洛阳电话设备厂的合作，以及团队自身在大型计算机领域所积累的知识与能力——进行前沿技术的研发。这种战略意愿并不是简单的美好愿景或空洞的远大目标，而是通过定位确实存在的机会与挑战而形成的关于自我价值创造的方向感。作为一个成功故事，人们会津津乐道于他们在成功道路上的种种运气与资源，例如邬江兴等人知道从深圳二手市场可以获得通用芯片，他们并没有被传统邮电部门的技术思维捆绑住手脚，04 机项目在关键时刻作为“军转民”的代表项目获得了国家领导人的亲自过问，等等。但关键之处在于，上述信息和身份正是在 04 机团队坚定的战略意志和持续投入的前提下，才转变为资源而具有价值的。

2.2 哈飞汽车的贡献：主导中外合作

哈飞汽车对中国汽车制造业的主要贡献不是技术或技术思路上的，而是战略上的——通过有效地掌控与国际企业的合作来为本土技术能力建设服务。如今，汽车整车企业早已习惯于在全球范围内寻找可用的技术服务资源，但对于 20 世纪 90 年代初期中国的汽车产业而言，国外的技术服务公司尚属新鲜事物。汽车发展到 20 世纪八九十年代已经变得高度复杂，一辆汽车从设计到制造涉及多个不同的领域和数量庞大的合作企业。对于远远落后于国际主流水平的后发者而言，要想打造现代汽车工业体系并不容易。激烈的国际竞争更是让中国汽车产

业的境况雪上加霜，后发者很难有机会循序渐进地构建产业体系。换句话说，整车制造并非简单的组装，与本土企业在“市场换技术”框架下站在技术能力洼地担任组装厂商或配件厂商完全不同，整车厂商需要站在技术高地掌控整个产业体系，并依托产品设计和产品开发参与竞争。也就是说，整车厂商的门槛已经变得很高。

哈飞汽车带来了一种与“市场换技术”全然不同的能力建设模式。它的经验并不在于如何将技术服务外包给国外技术型企业，而在于如何通过与国外技术型企业的合作为自己构建一个平台，以快速学习并掌握产品设计和产品开发的流程和协作方法；并且通过学习进一步成长为技术学习的集成者，而不是“市场换技术”实践中的技术依赖者。一般而言，国际技术型企业并不会自愿担任中国企业的老师，哈飞汽车作为相对弱势的一方，必须想办法让优势一方愿意将其所掌握的技术流程和技术方法的黑匣子打开。

而在当时，哈飞汽车恰恰非常渴望发展出自主产品开发能力，并以此走上自主的汽车研发的道路。

诞生于危难之时

哈飞汽车诞生于危难之时。1980 年，为了应对军事支出缩减，哈尔滨飞机制造厂（以下简称“哈飞”）① 组织了 20 名

① 哈飞汽车的母公司原名为哈尔滨飞机制造厂，该厂于 1986 年 11 月更名为哈尔滨飞机制造公司，在 1998 年更名为哈尔滨飞机工业集团有限责任公司。2004 年 4 月，哈飞集团和东安集团整合，组建哈航集团。而在 2006 年，哈航集团两大产业，即航空与汽车，分业经营，哈飞汽车工业集团成立。

工程师创建了汽车部门，以增加产品线提高企业整体营收。[①]在 1985 年之后，同其他军工企业一样，哈飞面临经营困难，其汽车业务则以小家养大家，维系着其飞机部门的运转。1994 年，哈飞正式将汽车部门发展为平行于飞机部门的子公司，即哈飞汽车。到 2002 年，哈飞汽车大约有 6 000 名工程师；当时哈飞的飞机制造部门则有 12 000 名工程师，如果算上飞机业务的附属企业和核心供应商，整个哈飞的飞机业务大概涉及 6 万～7 万人。哈飞汽车的任务，就是用这 6 000 名转业为汽车工程师的人员的奋斗去维系人员数倍于自身的飞机制造部门的运转。中国的老国有企业，尤其是东北地区的国有企业，在 20 世纪 90 年代末普遍不景气，发生了大范围的“下岗潮”，大环境的变化进一步加剧了哈飞和哈飞汽车的困难。可以说，哈飞汽车自诞生之日起，就面临着巨大困难并肩负着解决困难的使命[②]，这也从基因上塑造了这个企业致力于探索和奋斗的组织文化。而它的探索与奋斗也很好地回应了时代性的挑战，它不仅首创了通过与国外技术型企业合作来掌握汽车开发流程的新模式，而且稳住了企业，避免了大面积的“下岗潮”。

---

① 在计划经济时代，航空工业属于军事范畴。事实上，哈飞是一个重要的军用飞机制造商，生产军用直升机、轰炸机和水上飞机等。

② 哈飞面临巨大的财务压力。以 2002 年为例，当时哈飞的总收入为 70 亿元人民币，其中 65 亿元来自哈飞汽车。哈飞必须在财务上支持哈航，由此哈飞的财务能力一直处于较低水平。这也解释了为什么在 2002 年为第一个汽车型号路宝建造新的工厂时，哈飞只有 9 亿元人民币可用，这是它在过去 19 年中积累的财务总额。

哈飞从1983年开始生产小客车。当时，在中央的安排下，为了支持军工部门，汽车工业的行政主管部门允许将两家军工企业列入计划经济的“三大三小两微”的国家计划框架。当时主管部门将“两微”的牌照具体落实到隶属于兵器工业部的长安和隶属于航空工业部的云雀身上。[①] 在这两家公司获得汽车生产资质后，兵器工业部和航空工业部通过运作，使得其下属一系列国企能够使用长安和云雀的型号在主管部门的生产目录中进行登记，从而开展客车生产活动。这些企业包括兵器工业部下属的江南、江北、秦川以及航空工业部下属的哈飞和昌河。从技术上说，这样的安排并不难被主管部门发现。然而，中国当时正处于军费缩减的大环境中，国家强调各界支持军工企业转型，因此主管部门也都默许了这种安排。

哈飞的汽车生产起步于1983年，在兵器和航空两部委的安排下，哈飞与另外两家系统内企业结盟，从日本铃木公司引进SK90微型客车的产品图纸进行本地化生产。然而，由于有成员单位拖欠应缴纳资金份额，该联盟迟迟不能凑足经费从铃

---

① 兵器工业部设立于1982年，其前身为第五机械工业部；兵器工业部于1986年被撤销，其行政管理职能与机械工业部一起被并入国家机械工业委员会；后又经过多次改革调整，最终在1999年组建中国兵器工业集团有限公司和中国兵器装备集团有限公司。为简单起见，除特别说明，本书将这一部级实体统称为“兵器工业部”。航空工业部由原第三机械工业部在1982年改组而成，并在1988年与航天工业部（原第七机械工业部）合并组建航空航天工业部；1993年，航空航天工业部被撤销，同时分别组建中国航空工业总公司和中国航天工业总公司；后来，经多轮改革，中国航空工业集团有限公司于2008年成立。同样为简单起见，除特别说明，本书统称这一部级实体为“航空工业部”。

木处获得图纸。在联盟筹款的过程中，哈飞汽车部门的工程师决定不再消极等待，而是先对现有的一辆二手老旧 SK90 车辆进行逆向测绘，从而得到了一套数据。然而，这套数据却与他们后来获得的图纸存在差异。其一是哈飞所测绘的车型与后来所获得图纸的车型在细节设计上本来就略有差异。其二是更主要的，哈飞汽车部门的工程师所测绘的二手车的各个部件已有磨损，例如齿轮已经磨损，所以齿轮参数并不一样。但哈飞汽车部门的工程师出于飞机设计情境下对精度的追求（因为当时飞机设计中仍采用大量非标准件），并没有意识到需要将被磨损的尺寸回退估算其标准值——既没有根据日本齿轮的国家标准做回退估算，也没有根据中国齿轮的国家标准做回退估算。其三，根据当时三家企业的协商，哈飞将主攻载货用微型车，所以哈飞的开发人员为产品设计了新的车身，还在整体上进行了一系列调整，包括车辆的尺寸、轴距、悬挂系统和外部配件等，从而做出了一台编号为 WJ120 的皮卡来。这就导致哈飞汽车更像是依据 SK90 改出了一台车，而不是完全“抄”出了一台车。

认识误区和走过的弯路

哈飞汽车部门的创业者们在公司创建之初就塑造了贯彻始终的组织价值观：不存有“等靠要”的依赖心理，而是迫切地抓住一切机会发展自主的产品体系，获得独立发展以回应它在创建之时被赋予的使命。当然，20 世纪 80 年代中期，中国的汽车工业与国际先进水平有明显的差距，尤其是在开发工具和开发流程上存

在着代际差异。当时的汽车工业主要还是单件制的生产方式，标准化的要求没有那么高，自动化和数字化水平低，因此中国汽车企业从设计到工程制造的方式都比当时的国际主流厂商落后很多。对哈飞这样的“外来户”而言，差距就更明显了。哈飞汽车早期一系列在当时看来特立独行的举动非常好地说明了这一点。

首先，工程师对产品的经济性特征认识不足。哈飞汽车部门的工程师原来都在飞机制造部门工作，由于航空和军工行业追求性能，生产带有小批量甚至定制化的特点，因此工程师在生产中更注重提高产品性能而缺乏大批量标准化生产的意识。比如，在 WJ120 的产品设计中，工程师总是过度追求部件的精度：他们在皮卡车中采用了用于飞机制造的精度高、气密封性强的螺丝。

其次，哈飞汽车部门的工程师缺乏标准化和大规模连续生产的理念，因为当时的飞机也不是大规模生产的。例如，工程师们尝试采用工程塑料作为车身外覆盖件的冲压模具，因为在当时的飞机设计中，他们习惯于不断地通过试产来改进设计以提高质量，采用工程塑料方便他们调整模具。但这同时也意味着他们需要将大量资金投入到与产品相关的其他环节的改进中。更令人惊奇的是，当发现为 WJ120 设计的齿轮参数与 SK90 的原始版本不一样时，这些开发者并没有意识到他们应该遵循国家或国际标准调整齿轮设计，相反，他们自己建立了一个齿轮工厂去生产他们认为“对”的齿轮。

再次，工程师们对产品和市场的理解不足。汽车和飞机两

个行业中生产商跟用户和市场打交道的方式不一样。在飞机这种高度复杂、小批量和定制设计的工业领域，技术人员主要是和特定的大客户打交道，而不是与数量庞大的普通用户打交道。这种思维惯性也影响了开发者对市场的理解。哈飞汽车的工程师们在开发 WJ120 时，曾向决策者展示了八个不同的设计，而且他们称每个设计都各有特点，都应该作为“定制”模型来开发。然而，他们并没有依据真实的市场需求来设计这些差异化的功能。在向经销商交付 WJ120 产品时，他们甚至像飞机制造行业一样列出了一份“不达标”清单①；而对于各个批次的 WJ120，“不达标”清单的内容也各不相同。

最后，哈飞汽车部门整个组织的专业分工也有问题。遵循飞机业务的传统，哈飞根据不同技术建立了自己的部门，如钣金、橡胶、电气等技术部门，这是典型的应对单件或小批量、定制化生产的组织逻辑。相比之下，面向大众市场的汽车开发的专业化是按照加工程序和相关开发对象进行组织的，如车身冲压、车身焊接、车身涂装和底盘装配。明确各个环节的加工标准是整个流程的重中之重，因为只有将各个流程的工艺确定下来了，企业才能实现标准化的、大批量的生产。组织逻辑上的差异，使得哈飞在早期不得不付出巨大的管理成本来完成

① 这意味着，如果生产商不能按照预期实现那些非必要的技术特征，他们可以将这些特征列出来并告知客户。在飞机工业中，如果客户能够得到适当降价或允许生产商延长时间，他们通常不会拒绝接受产品。这可以被接受，因为在大多数情况下飞机制造是一个商品定制化的行业。

WJ120 的开发和生产。

第一批 WJ120 产品销售低迷，迫使哈飞不得不调整自身的认识。1985—1992 年，哈飞开发了多个新车型，包括 1987—1988 年开发的 WJ120 双排座皮卡、1986—1992 年开发的 SHJ 系列小型客车，并且逐步建立了自己的供应链。在这个过程中，哈飞的工程师开始实施市场调研，并根据调研结果，逐步调整以往的开发习惯，开始按照汽车行业的要求来进行自身内部的专业化分工建设。

在转型之前，哈飞工程师团队与汽车制造不匹配的开发习惯和组织结构造成了不少损失。然而，这样的经历也令哈飞的汽车部门逐步明白自己哪些做法是有问题的，并尝试依赖企业内部的研发力量，通过调整工程师的习惯、产品开发与生产的组织模式来解决问题。在这个过程中，他们没有外力可以依赖，只能通过自身试错纠错来解决问题，这使得哈飞的汽车工程师们不仅陆续积累了一些关于产品开发的缄默知识，还积累了一些关于产品研发的原理性知识。更重要的是，哈飞的工程师逐步形成了自己对汽车产品的系统性认识。

在与国际技术公司的合作中掌握主导权

到 1991 年，新的机会又来了。主管部委按照计划经济传统下定期更新和升级产品平台的做法，希望安排几家中方企业再次与铃木进行技术贸易。这次的联盟依然是长安和另外两家系统内企业，目标则是引进铃木的 SK410 车型图纸。然而，由于另两家中途改变了想法，已经按照约定向日方付费的哈飞

最终只获得了 SK410 车型图纸的 1/3。[①] 在这种情况下，哈飞既没有放弃到手的图纸，也没有转向全盘引进。它并没有执着于剩下 2/3 的图纸，而是以企业内已经形成的技术能力为基础，仅以 1/3 的产品图纸为参考，开发出松花江系列小面包车。这说明哈飞的汽车部门的确已经构造了一个原始的内部产品开发平台。松花江系列也成为当时风靡市场的产品之一。

松花江系列面包车的成功吸引了意大利著名汽车车身设计公司宾尼法利纳的注意。宾尼法利纳公司的出现与当时资本主义世界汽车工业不景气有紧密关系。从 1973 年石油危机开始，几大资本主义国家如联邦德国和日本开始挑战美国在若干制造工业中的国际地位，包括消费电子、计算机、半导体、汽车等。在这场漫长而激烈的竞争中，每一方都曾在车型投放和产能建设上进行疯狂扩张，试图通过扩张来拉低平均成本，为自己赢得竞争优势。这使得全球的汽车工业产能在 20 世纪 90 年代初出现冗余，进入相对萧条和结构性调整的时期。这自然影响了宾尼法利纳公司的赢利能力，事实上一系列著名的意大利车型设计公司在这个时期都面临存续危机。因此，宾尼法利纳

---

① 在 1983 年和 1991 年的技术交易中，长安、哈飞和昌河这三家国有企业被政府安排分别从铃木公司购买 1/3 的技术图纸，政府希望节省资金，并期望它们之后能相互分享这些技术图纸。然而，昌河陷入了对铃木技术的依赖，因为它从一开始就强调在本地生产中按照图纸精确复刻 SK90。随后在 1991 年，为了有利于自己的市场，昌河在没有事先通知另两家企业的情况下打破了这一合作联盟。通过向铃木提供更多的费用，昌河得到了全套的技术图纸，但拒绝与其他两家分享，从而继续它按照引进图纸开展本地化生产的模式。长安汽车则选择在 1993 年与铃木成立合资公司。于是，这两家企业都脱离了和哈飞的联盟。

从 1993 年开始在它所认定的“未经充分开发的市场”中国寻找潜在的合作者。

哈飞被宾尼法利纳选中作为它在中国开展业务的潜在合作伙伴，是因为相比当时中国汽车工业中已有的企业，哈飞具有两个比较突出的特点。一是哈飞具有一定的数字化设计能力，这个能力是它从飞机制造工业中迁移过来的。相比之下，当时国内汽车工业中的骨干企业，如“三大三小”等，都还没有实现计算机辅助设计等数字化能力的建设。二是哈飞还有通过国际合作来开发新产品的能力。注意，这里强调的是“开发新产品”的能力，而不是利用国外图纸进行本地化生产的能力。哈飞的这一能力也来自飞机制造部门，哈飞的工程师们曾经和法国企业合作开发了 Z9 军用直升机。

1995 年，宾尼法利纳主动提出与哈飞进行项目合作，合作项目为一款微型面包车“中意”。在这个合作项目中，宾尼法利纳负责提供车身开发服务。哈飞自行开发了底盘和其他子系统，因为自 1983 年的 WJ120 项目以来，哈飞已经在这些方面积累了不少经验；宾尼法利纳还将为哈飞在综合考虑车身状况的情况下优化底盘设计方面提供一些帮助。虽然事实上宾尼法利纳主要是一个车身设计公司，但哈飞汽车仍觉得机会难得，整个企业都将这次合作看作向国际一流企业学习如何开发新产品的机会。

对于宾尼法利纳而言，它想要获得的只是一笔外包服务生意。尽管在双方签订合同时，意大利人满口答应向哈飞的工程

师开放他们进行车身开发的全过程，以帮助中国工程师进行技术学习，但实质上宾尼法利纳只想将它与哈飞汽车的合作当作一个“交钥匙”工程来实施。当项目开始时，在意大利宾尼法利纳的工作现场，来自哈飞汽车的中国工程师被禁止进入意大利人进行开发活动的办公区域；只有当意大利方完成了阶段性的设计时，中国工程师才会被允许观看相应的开发成果，类似于乙方请甲方来验收开发成果。这显然不是哈飞汽车的工程师们所期望的，他们期望的是通过支付费用建立合作来学习如何设计汽车，而此前宾尼法利纳的确答应了中方的这一要求。中方工程师就此提出了严肃的抗议。为了安抚中国代表，宾尼法利纳做了变通，它安排了一个高级设计师主持的研讨班，名义上是给中国工程师讲课，以帮助中国工程师更好地理解合作项目中的技术内容。然而，这个研讨班却名不副实：意方想当然地认为只要安抚中方合作者，让中方工程师能在流程上体面地完成相应的“在外进修”环节，中方自然会软化态度。也许他们在长期与发展中国家企业的合作中，已经处理过不少类似的案例了。在研讨班中，高级设计师实质上在给中国工程师讲设计的 ABC 传播合作项目，类似于业余爱好者的绘画课程。这种居高临下的姿态激怒了来自哈飞汽车的工程师们。中方工程师宣布罢工（罢课），他们向哈飞汽车总部做了汇报。他们的抗议得到了总部的全面支持，这完全是在宾尼法利纳预料之外的。哈飞汽车的代表团被总部授权，可以要求意大利方按照合同中的细节条款向中方开放设计过程。意方设计的每一张图

纸，中方都有权进行审查和批准，这意味着意方需要回应中方所提出的关于设计逻辑、设计思路的疑问。否则，哈飞汽车派出的团队有权终止与宾尼法利纳公司的合作，不再向宾尼法利纳支付剩余款项。

哈飞汽车的强硬态度使意方认识到，中方的确将合作研发中关于过程开放的条款看作核心利益。经过权衡，意方不得不接受中方对自身合理权利的主张。这使得哈飞派驻意大利的工程师事实上得以与宾尼法利纳的研发人员在完全相同的工作平台上共同工作，并在工作中学习、提问，以掌握意方在设计与开发中的一些技术、流程与规范。同时，哈飞汽车还巧妙地实行了代表团人员的轮换制。根据合同规定，哈飞每次只能派五名工程师到意大利学习，而采用轮换制可以让更多的中国工程师得到与宾尼法利纳合作的机会。哈飞汽车共有大约 100 名工程师通过与意大利方的合作获得了培训。考虑到哈飞汽车在财务方面的困境，这是一个相当大的成就。

中意小客车于 1998 年成功上市，在市场上相当受欢迎。此后，哈飞与外部技术伙伴建立了更多的合作关系，以加强其产品开发和技术学习。后来，哈飞在开发路宝和赛宝两个车型时，不仅继续与宾尼法利纳合作进行车身设计，还与著名的工程技术企业莲花公司在底盘工程上进行合作。哈飞还与三菱公司合作，对三菱的一个车型进行了本地化改造，以发展出自己的赛马车型，同时还在项目中引入了与中国本土汽车技术公司天津同捷科技的合作。最重要的是，在所有的合作项目中，哈

飞汽车都保证了自身的主导权，扮演了产品开发和技术学习活动的整合者的角色，从而使得每一项合作都在自己的计划和设计中开展，并且都能实质性地发展本土工程师的工程技术能力，以此来不断地增强自身对整个产品开发过程的认识。2003年，哈飞汽车推出了一款名为“民意”的微型面包车，该车型的开发主要由中国本土工程师完成。也就是说，经过近十年的合作，哈飞汽车终于出师了，成为一家具备自主产品开发能力的企业。在产品开发中，哈飞汽车依然会根据需要开放式地引入国际合作伙伴，但它已经成为产品开发竞争中具有入场资格的独立选手。

当然，作为一家企业，哈飞汽车的前途无法逃脱时代和中国国情的约束。相比后来快速发展的其他自主创新企业，哈飞汽车在财务上的负担很大，因为它需要维系飞机生产部门的运转与发展，后期哈飞汽车的发展速度一直比较受限。虽然在2005年前后自主创新政策转型时，它的经营状况还不错①，但在奇瑞、吉利和比亚迪等自主品牌崛起，上汽、广汽等传统企业调整战略之后，激烈的竞争使得哈飞汽车的盈利情况并不理想。这与它作为军工企业在投融资方面天然存在局限有关。但更重要的是，自1998年起，中国政府调整了军工建设的路线

① 在2004年哈飞集团和东安集团成功整合为哈航集团后，2005年哈飞汽车产销23.1万辆，东安动力产销发动机31.1万台。

方针，军工企业开展“军转民”活动不再符合新时期的国家战略。在新的发展阶段，军工企业需要聚焦于它们的本职本行，将民用工业进一步整合。经过 2004 年与东安动力合并为哈航集团，2006 年哈航集团分拆为新的哈航集团和哈飞汽车工业集团之后，哈飞汽车在 2009 年再被调整。这一次，中航工业集团与中国北方工业集团有限公司合作，安排长安汽车收购了隶属于这两个原部委的主要汽车国有企业，包括哈飞汽车、昌河汽车、哈尔滨东安汽车发动机公司等。哈飞汽车作为一个独立厂商自此告别了汽车产业的舞台。自 2014 年起，哈飞汽车开发新产品的活动被叫停，它被安排成为长安汽车的零部件生产单位。尽管哈飞汽车被允许保留部分汽车组装能力，一如它在 20 世纪 80 年代初期被创建出来时不得不利用长安的牌照来生产汽车一样，但到 2015 年它的组装产量已经下降到 1.5 万辆。

哈飞汽车的退场显然受到多重因素影响，但主要因素是来自其母公司的行政指挥，而不完全归因于其产品开发能力方面的问题。哈飞汽车的退场没有引发太多波澜，但它首创的借助中外技术合作来掌握汽车开发流程的做法，却对轿车领域的自主创新企业产生了很大的影响。

这就如同宾尼法利纳一方所意外发现的，尽管它曾对哈飞汽车的强势做法一度感到惊讶和不适应，但宾尼法利纳很快发现自己在中国自主创新企业中变得很受欢迎。随着哈飞汽车的经验迅速传播，宾尼法利纳和其他意大利技术公司，如贝尔通

和意大利设计-乔治亚罗公司，都收到了来自中国汽车开发商的大量订单——越来越多的中国本土创新企业开始崛起。

3. 后继开拓者：狭路求创新

哈飞汽车和巨龙通信的破局经验，使轿车制造和通信设备制造这两个行业中的自主创新企业获益良多。一批自主创新企业陆续涌现出来。与哈飞汽车和巨龙通信这些因身处“体制内”而在重大战略选择上受到诸多限制的企业不同，新的自主创新企业普遍都是新创企业，包括新创的地方国有企业和民营企业。“体制外”的身份虽然使其在早期无法获得政府的政策支持，甚至还会受到工业主管部门的限制，更不会被寻求“市场换技术”的跨国公司看重，但“体制外”的身份也意味着它们在组织安排、企业战略方面拥有实质性的自主权。

中国的社会经济基础和政治文化传统，也为自主创新企业的崛起提供了基础。尽管中国在这两个工业领域的技术水平相较当时西方发达国家的水平存在代差，但是中国相关的工业部门齐全，从科研、设计到生产的功能部门齐全，各层次人才的培养体系也齐全，产业有发展自主产品和技术系统的集体记忆；中国社会在政治文化上向来崇尚自力更生、独立自主，这些都为自主创新企业家的出现提供了土壤。在“市场换技术”实践中，跨国公司普遍有偏向地选择国内少数的“优质资产”，导致大量企业和个人在这个过程中被边缘化，甚至大量原本从事产品和技术开发的工程师被遣去从事非本职工作。从经济体

制上来说，虽然改革本身和“市场换技术”都是由中央决策者所主导的，但持续的体制改革和跨国公司的进入本来就持续地冲击着工业主管部门传统的计划性行政管理体制。体制本身的变化决定了自主创新企业的崛起是必然的。

在这一时期崛起的企业和新项目数量众多，但并不是所有企业都发展成为自主创新企业。甄别的关键在于企业是否坚持将自主研发产品和关键技术作为长期生存的根本战略。例如，在1992年之前，通信设备领域有200多家本土企业推出了低端交换机（如PBX和基于模拟技术的公共数字交换系统），这些机器的结构相对简单，其核心功能往往由通用芯片简单编程实现。巨龙通信04机的推出不仅推高了国内主流市场的门槛，也使得低端市场的利润快速下降——04机大大降低了产品价格。大量原有的低端电信局（如乡镇一级）都开始采购容量更大、性能更好的04机，而不再选择原来的低端交换机——竞争格局发生了结构性的变化。曾在1994年1月推出5 000门/台局用数字交换机的联想集团，在经过内部激烈斗争后也放弃了对这一领域的持续投资。[①] 随着上海和深圳两个证券交易市场在1990年陆续开业，兼之当时中国迎来一轮股票和房地产炒作的热潮，大量企业退出了通信设备制造产业，转而追求在泡沫中投机的机会。在汽车产业中，委托国外技术商提供“交钥匙”服务也并非新鲜事。例如，一汽在2001年购买奥地利

① 当时，华为手中的产品是第一代C&C08，它的单机容量只有2 000门。

AVL公司的服务来升级其发动机设计，而没有着力于构建一个全面而持续的学习活动平台。

简言之，只有那些旨在自主开发产品并采取积极举措的企业才能有意识地吸收同行经验并从中获得自主创新启发。那些被生产本地化任务俘获的“市场换技术”企业，没有表现出对巨龙和哈飞经验的敏感，也并不具备效仿的动机和能力。自主创新企业区别于这些企业的一个显著特征是，它们的创始人和核心成员在早期阶段就具有非常坚定的以产品开发和技术创新来创造企业价值的战略意图。在2005年政策转型之前引领自主创新的企业，没有任何一家是在积累了高水平的制造经验之后才开始培养技术能力的。也就是说，它们开发产品和复杂技术的能力并不是来自制造活动中积累的经验——中国人常说的“引进—消化—吸收”。相反，它们都以产品和关键技术开发为主导战略，其制造能力也是在产品和技术开发能力的成长过程中逐步构建起来的。

正因为它们所执行的战略并非“市场换技术”时期的主流，这些自主创新企业在当时国内的工业行政版图中是处于边缘地带的，它们在早期阶段所拥有的资源条件很不充足。即使面对不利的资源条件，它们仍然全力以赴地动员资源，不断挑战人力物力的约束，来为可能的技术突破铺平道路。换句话说，发展中国家的企业探索前沿技术的成功尝试从来就不是自动自然自发的升级过程，相反，它是在组织动员和绝不妥协的战略意图下进行的。下面列举了一些自主创新企业的初始情

况，以帮助读者理解这些创新者是在何种不利的初始条件下坚持发展自主技术能力的。

3.1　奇瑞：广泛招纳人才

轿车工业中的奇瑞诞生于原本并不具备整车制造能力的安徽省芜湖市。奇瑞的前身是安徽芜湖汽车零部件公司，1995年由芜湖市政府创建。由于奇瑞当时并不具备制造汽车的资质，奇瑞的创建者们想尽办法来避免引起监管部门的注意。他们将奇瑞这个项目包装为一个引进福特480发动机的产品图纸和生产线来生产发动机的本地化制造项目。[①] 不过它的创建者、时任芜湖市委书记詹夏来从一开始就致力于开发和生产轿车整车。[②] 詹夏来用奇瑞的整车项目成功吸引了尹同跃。尹同跃当时是一汽的一名梯队干部，曾被一汽集团纳入核心青年骨干计划，不仅在一汽与大众合资的过程中被派往美国接受培

① 奇瑞是通过第三方公司英国DP来购买引进福特480发动机生产线的。该生产线是福特在20世纪70年代设计并投产的，业已淘汰。DP公司为奇瑞提供了生产线组装服务。然而由于DP公司并不掌握发动机及生产设施的设计能力，它为奇瑞提供的图纸是由DP所拥有的纸质蓝图经手工输入计算机后形成的，存在大量数据缺失的现象；且其提供的调试配件经常达不到正常生产的技术指标。这给奇瑞真正落实生产带来了很大的困难。事实上，奇瑞发动机部门的工程师不得不进行一系列逆向测绘工作，最终才让福特480发动机生产线在1999年成功投产。后来，奇瑞尝试与天津大学合作开发480柴油发动机，但并未成功。

② 詹夏来在2005年自主创新政策转型之前曾承受了巨大的压力，因为奇瑞的竞争对手和部分媒体将他（时任奇瑞董事长）称为“红顶商人”。在中国的政治文化中，这一称呼对于一位在职的地方领导干部而言并不是善意的——尽管他在兼任奇瑞董事长的过程中坚持不领取任何薪水。

训，还在20世纪90年代初的一次竞赛中获得“一汽十佳青年”的称号。尹同跃的成长经历暗示着，如果他继续留在一汽，大概率会拥有非常光明的前途。然而，来自家乡的这家企业为他提供了实现开发新产品的梦想的机会，这种机会是一汽未曾为他们这代“新一汽人”提供的。尹同跃不仅从此成为奇瑞经营上的负责人，还一次性带来了17名在一汽大众项目中与他一同赴美培训的同事。① 他还陆续说服了大约40名一汽的高级工程师作为高级顾问加入奇瑞，其中大部分人已经从一汽退休。② 他们希望进行本土产品开发的梦想又一次被鼓舞。前一汽工程师的专业知识涵盖了汽车制造领域的大多数环节，如冲压、涂装、焊接、装配和发动机开发等。考虑到奇瑞与两代一汽工程师之间的密切关系，芜湖市政府还特意将奇瑞工厂所在的道路命名为“长春路”，而奇瑞公司所在的门牌号正是“长春路8号”。

奇瑞另一组核心成员是来自改装车工厂的工程师。最初参与创业的人中有三人是尹同跃的大学同学。在中国汽车工业独特的市场结构下，这三人所在的企业不属于“三大三小”，反倒都具有产品开发的经验——不过主要是改装车的经验，即用

---

① 一汽购买了大众汽车在美国宾夕法尼亚州威斯特摩兰一家工厂的设备，而当时该工厂已经停止生产。为了达成交易，大众汽车为一汽的工程师提供了培训，使一汽的工程师能够使用这些机器。尹同跃和他的同事们一起接受了大众汽车的培训。

② 在2005—2008年的高峰期，有700～800名一汽退休工程师作为高级顾问在奇瑞工作。

外购的轻型卡车底盘来组装汽车。[①] 和初期被奇瑞招募来的骨干工程师一样，这三名工程师一度怀疑尹同跃是不是"陷进了什么骗子集团"，但当尹同跃在奇瑞尚处建设荒地的一间小屋向他们展示了一辆还在设计过程中的汽车的油泥模型后[②]，这三名老同学觉得"什么都不用说了""是骗子也认了"，他们毅然加入了这家新兴企业，担任了车型的产品经理并承担了部分管理工作。

最后一批初创者则是从东风研发中心出走的一批年轻的工程师。作为在东风雪铁龙合资公司的爱丽舍项目中接受法国较系统培训的一批年轻人，他们原本是在中方项目组负责人的带领下离开了东风。然而当这批年轻人辞职后，项目组负责人自己却临时反悔最终并没有离职，这突然的变故使得这批年轻人不知所措。在彷徨中，唐钢和沈浩杰等人站了出来，他们没有走回头路，而是接过了奇瑞抛来的橄榄枝。一开始他们以团队与奇瑞合资设立的汽车设计公司佳景作为组织平台：在这个组合中，奇瑞得到了国内少有的从事车身设计和车型系统布置的专业人才；而佳景团队得到了他们所有人职业生涯中第一次真枪实弹设计车型的机会，因而都为奇瑞的旗云、东方之子等几

---

① 中国的工业主管部门长期以来都更鼓励作为生产资料的卡车的发展，而控制轿车的发展。这使得虽然卡车产业采用与轿车产业类似的"产品目录"式的生产管制体系，但主管部门对卡车生产资质的管控并不如对轿车那么严格，这为部分地方性企业通过购买现成的底盘来生产"改装车"提供了空间。

② 这间小屋是奇瑞在 1997 年除在建工厂之外的主要建筑。它后来成为奇瑞企业组织内部的文化图腾。

个车型的设计倾尽全力。[①] 随后佳景这支团队整体加入奇瑞，人员被整合到了奇瑞的汽研院。在奇瑞早期的产品开发工作中，他们主要负责车身设计和系统配置。

由此，奇瑞从中国工业的各个角落，从计划经济的主流骨干企业乃至地方草莽的改装车厂招募来了人才，这些人才中既包括经历过自力更生时代的老工程师，也有在原单位面对“市场换技术”实践而对未来感到迷茫的中青年骨干，还有像唐钢和沈浩杰这样大学毕业不久渴望有广阔天地发挥自身才华的新手工程师。他们的共同点是，都被奇瑞立志于开发本土轿车整车的梦想所召唤。在当时的工业管理体系下，奇瑞造车项目随时都有可能被上级部门叫停，这些出身、年龄和阅历不同的人，为了梦想赌上了自己的职业生涯。一汽那些退休的老工程师，更是倾注了自己对自主汽车开发的毕生追求。奇瑞第一个新车型的模具开发由台湾福臻公司负责。其间，台湾遭遇了“9·21”里氏 7.6 级大地震，奇瑞派驻福臻的团队由一汽退休老工程师带领，他们始终守护着奇瑞的模具而不肯离开，直到地震灾情平稳。正是依靠这样一批来源各异但又有共同追求的工程师，奇瑞得以组建它最初的组织班底和技术系统。

3.2 吉利：“跳楼也要搞汽车”

对于另一家自主创新型汽车企业吉利来说，创业之初的制

---

① 佳景这些年轻人深知这很可能是他们一生都难得遇到的机会，因此都全力以赴。为了加班加点，他们将自己长时间关在工作场地里持续工作，只留外人送饭的窗口。最长的一次，他们 20 多天没有离开过工作场地。

度环境也非常不利。在中国社会，“汽车只不过是四个轮子加两排沙发”“请国家允许民营企业家做轿车梦。如果（注定会）失败，就请给我一次失败的机会吧”这样的话被广泛传播，这些都是李书福早年为了获得造车资格，跑政府、跑部委，跟各级领导表明决心时说出的“豪言壮语”。

李书福在创办汽车企业之前已经是相当成功的企业家。他从家电和建材行业起家，后来创办的摩托车企业也一度成为国内第二大轻型摩托车生产商。1997 年，四川德阳监狱下属的一个小客车生产企业濒临倒闭，李书福抓住机会投入 1 400 万元与之合资成立了四川吉利波音汽车有限公司，该企业后来改名为吉利汽车制造有限公司，并获得了小客车和面包车的生产资质。当吉利的第一辆汽车“豪情”在 1998 年下线时，李书福发出了 700 多张邀请函。从临海市（吉利第一个汽车制造基地所在地）到浙江省各级政府虽然都对发展汽车产业拉动 GDP 非常感兴趣，但由于吉利当时所获得的生产资质只是小客车和面包车，作为一辆两厢小轿车，“豪情”毫无疑问并不在国家规定的生产目录中。因此当天来宾寥寥，各级政府只有一名主管工业的副省长参加了“豪情”的下线仪式。

即便是与其他第一代自主创新企业相比，吉利当时的技术能力也是最薄弱的，也无怪乎人们对其并不看好。在开发“豪情”车型时，吉利几乎没有专业的汽车工程技术人员，李书福本人扮演了设计师、绘图员和试制工程师多重角色。吉利当时并不具备计算机辅助设计（CAD）的技能，能使用的“高精

尖”工具只有游标卡尺。结果，由于测量不当，“豪情”甚至出现了两个前车门互不对称、装配后零部件之间的间隙明显过大等问题。此外，无论是天津夏利还是上汽大众桑塔纳的国内零部件供应商，都不愿意和吉利建立合作关系，给吉利提供的零部件甚至比市场上的价格还高。

这些困难并没有阻止李书福等创业者继续为汽车开发筹集资金。吉利通过提供更好的职业发展前景，吸引了一汽、天汽、哈飞等国有企业的工程师，并通过委托新车设计项目吸引了一汽的退休工程师。如吉利汽车研究院常务副院长智百年曾经是一汽轿车分厂的副厂长，吉利变速箱项目的负责人徐滨宽是原天汽齿轮箱厂的总工程师，吉利生产设备研发负责人靖绍烈是原一汽九院的设计部部长，吉利上海研发中心主任潘燕龙是原南京菲亚特的总工程师，等等。前文所提到的两位红旗轿车的副总工程师、“三口乐”的开发者杨建中和华福林也在退休后加入了吉利，担任了发动机项目负责人、车型负责人等多种不同角色。对于这些高级工程师来说，他们加入吉利最大的动机是有机会开发出本土汽车模型。

3.3 华为：长期坚持技术能力建设

正如本书所提到的，在 1992 年之前，中国大概有超过 200 家通过生产低端交换机挤进市场的本土企业。在 1992 年之后，相关企业的数量发生了锐减。这一方面是因为 04 机的横空出世改变了当时的市场竞争结构，另一方面是因为 20 世

纪 90 年代初，中国正经历经济泡沫，股票和房地产价格持续攀升，大量企业将产业发展资金转移到股票或房地产市场，其中甚至包括像联想和四通这样当时被人们视为中国本土高科技企业榜样的企业。[①] 在大量企业纷纷退场之时，任正非仍然坚持认为华为应该专注于产品开发，并在 1992 年投资 1 亿元人民币开发大规模公共数字交换系统，这笔钱来自贷款和华为成立五年来的所有财富积累。由于华为是一家民营科技企业，当时从国有银行贷款困难，因此贷款中有不少钱是任正非以个人身份从地下银行借来的，年利率高达 24%。在华为开发其第一个拳头产品 C&C08 大型程控交换机时，任正非压力巨大，事后他戏言当时一旦失败他就只有从办公楼顶跳下去了。

华为的创业团队围绕是否坚持产品开发也产生了分歧。由于不同意持续将大量资金投入产品开发，也不同意任正非力主发展员工持股制度，华为的另外五个投资人与任正非发生了巨大的冲突。事后这些投资者都在华为的股权赎买安排下，先后离开了企业。[②] 这也使得后来没有合作伙伴可以阻止任正非从地下银行贷款。为了激励员工并筹集发展资金，任正非从

---

① 李书福本人也曾追逐过投机的机会，20 世纪 90 年代初，他在投资海南房地产的项目中损失惨重。这反过来恰恰又塑造了李书福后来只从事实业的坚定信念。

② 华为最初由包括任正非在内的六位投资者创立。在开发大规模公共数字交换系统之前，华为曾是康力（一家香港企业）HAX PBX 产品的销售代理，随后华为开发了自己的 PBX（包括 HJD48 和 JK1000 型号）。由于所有的经营活动都基于成熟的技术，华为的财务回报在一定程度上是可以预测的。当任正非决定全力投资开发公共数字交换系统时，联合创始人之间出现了意见分歧，另外五人先后离开了华为。

1990 年开始执行员工持股计划（ESOP）。自 1990 年以来，华为员工每年年底可以选择拿走自己的奖金，或者选择将其作为公司的投资。[①] 员工持股计划在初期虽然引发了一阵员工在年底流失的浪潮——员工在领取了年终奖金后就离开了企业，但这一举措反过来也形成了一个组织筛选机制，即留在华为的工程师基本上都接受和认同华为的组织文化、重视新产品开发。最终，华为甚至通过制度化的手段将企业长期投入技术能力建设的承诺固化下来：1998 年，华为通过几轮集体讨论和修改，发布了《华为基本法》，该基本法成为华为当时最重要的价值观和行为准则。其中，华为将自己定义为专注于通信设备产品开发的企业，并且承诺华为将持续将其年收入的至少 10%投资于研发活动。这意味着华为不以其他多元化经营来追求短期回报，而是致力于发展长期的组织创新能力。

事实上，华为从其创建开始，一直没有停止过对产品开发的大规模投资。在 1993 年开发 C&C08 的同时，华为开始投资集成电路研究中心（即今天著名的海思）——这在当时来看毫无疑问是超前的战略投资，并开始筹建华为北京研究所等多个地区性研究部门，大规模扩张研发队伍。在 C&C08 于

---

① ESOP 的设置有两个目的：一是，根据任正非的说法，他从一开始在华为建立员工持股制度就将其宗旨定为“通过利益分享，团结起员工”，这在他 2011 年写给华为全体员工的公开信《一江春水向东流》中得到了明确说明。二是，在早期阶段加强公司的资本积累。后来，ESOP 变成了一个激励计划，所有权的配额是由业绩评估决定的，不过员工的股份不可转让这一核心特征没有改变；企业利润一直保持在较高水平，其目标是将有能力的员工留在华为。

1995 年获得成功之后，华为紧接着投资开发了 SDH 光传输、接入网产品，并从 1997 年开始陆续进入 GSM（2G）移动通信设备、3G 移动通信设备等产品的开发领域。华为在绝大多数年份，研发投入占销售收入总额的比例都在 10%以上，甚至在不少年份接近 20%。

3.4　中兴通讯：为创新而争夺管理控制权

中兴通讯是由航天工业部 691 厂于 1985 年创立的。691 厂位于陕西，创建于 20 世纪 60 年代末，主要负责导弹的半导体研制。[①] 1979—1981 年，作为“七八计划”的保留引进项目，691 厂的技术科科长侯为贵还曾受组织安排去芝加哥负责引进晶圆生产设备。然而，691 厂同样受到了中国 20 世纪 70 年代末收缩军费开支的影响。1985 年，691 厂和运兴香港电子公司、长城工业深圳分公司进行合资，691 厂派出由侯为贵带队的 38 人创建了中兴半导体有限公司。

中兴半导体最初的业务是承接运兴香港电子公司的订单，生产包括电话机在内的小型电子电器。1986 年，在 691 厂的协调下，中兴半导体与陕西省邮电器材厂合作，后者派出技术人员，支持中兴半导体生产了一款名为 ZXJ60 的模拟技术用户交换机（PBX），中兴半导体从此走上了发展通信设备的道

① 在计划经济时代“五定五保”的“定协作关系”框架下，691 厂和 771 所是被工业主管部门确定的一组“生产＋科研”的合作伙伴。两个单位均在西安。1993 年，771 所合并了 691 厂，随后改制，成为今天的西安微电子技术研究所。

路。随后在1989年，中兴半导体与北京邮电大学合作，推出了一款名为ZX500的用户交换机。1989—1992年，中兴半导体再与南京邮电大学合作，推出了另一款名为ZX500A的用户交换机。ZX500和ZX500A都是基于数字化技术发展起来的产品。这些产品相当成功，一些地区的电信运营商甚至将其作为小型的公共数字交换系统。以这些经验为基础，中兴半导体希望开发自己的大型公共数字交换系统。在这个过程中，中兴半导体内部的利益相关者之间出现了不同的意见。尤其香港投资者不同意中兴半导体冒险开发高端产品，他们强调业务的多样性和更高的短期利润。香港投资者的观念显然是符合当时珠三角作为全球化生产体系中从事“三来一补”加工组装生产地的逻辑的。但核心成员并不满足于中兴半导体仅仅作为外来小电子电器和低端交换机的组装生产工厂。

为了保证中兴投资于创新活动的战略长期稳定，侯为贵等中兴半导体的核心成员发起了一次“革命”。他们集体离开以前的公司，并以自然人身份于1992年成立了中兴维先通公司。在这个过程中，外部投资者不得不与这个核心团队（即中兴维先通公司）进行谈判。1993年，中兴维先通与两个国有企业，即771所（已合并691厂）和深圳航天广宇组建了新的企业中兴新通讯，即今天人们熟悉的中兴通讯公司。与此同时，各方又签署了一项协议，该协议明确将战略制定的自主权赋予管理团队。作为交换，由中兴员工集体授权的管理团队以员工集体股票为抵押，向投资者保证收入的增长率。由此，尽管中兴通

讯是一个国有参股企业，但其战略自主权牢牢掌握在核心管理者的手中，保证了中兴通讯得以长期稳定地大力投资于创新活动。作为正式的制度安排，中兴通讯还制定了“四项基本规则”，要求其成员专注于技术探索，并通过有竞争力的产品打造中兴通讯品牌。

四家企业早期核心组织的构成方式存在明显的差异，人们汇集到一起组成自主创新企业的原因各不相同。不过四家企业却呈现出明显的共性：充分发挥本土工程师的创造力来参与更高水平的竞争。就个体而言，这些创业者和笔者在过去近 20 年的工业研究经验中所见到的各行各业的创新者们一样，都有令人备受鼓舞的锐意进取的精神。他们身上的共性恰恰说明自主创新在这一时期的出现是中国转型的必然，自主创新归根到底是中国能力积累和在困境时追求“自立自强”精神的产物。这些本土自主创新企业依托于新中国完整工业体系长期积累的经验，坚定投身于产品开发和技术创新的战略意志，也是新中国坚持在政治和经济上独立自主的社会文化的体现。由于“市场换技术”无法很好地覆盖中国当时所有的经济参与者，这种自主精神和相应的工业记忆、工业能力积累势必会在计划之外崛起。自主创新远远超越了中国工业共同体对“市场换技术”实践前经验的回溯，相反，它是本土工业能力和自主精神在新的产业条件和竞争环境下催生的新生事物。从这个角度来说，“市场换技术”是改革开放的产物，而自主创新同样也是改革

开放的产物。

4. 主导国际合作项目

4.1 成为技术学习活动的主导者

在组织上，新兴的自主创新企业与“市场换技术”企业最大的区别在于，它们并没有主动或被动地屈从于任何外在的“指导性”的安排或者所谓的“先进经验”。自主创新企业在组织模式上的核心特征在于将内部工程师置于企业工业活动的中心，通过配置资源和相应的权限，允许并鼓励工程师去开展探索性、开发性的技术活动来拓展企业的能力边界，同时不断通过制度建设来固化有益的做法，并发展出制度化的机制来积累知识和经验。

在2005年自主创新政策大讨论期间，一部分评论者将自主创新称为“封闭式创新”，甚至称其是“闭门造车”，很显然，这是对自主创新极大的误解。在我们所观察的企业中，自主创新恰恰强调的是企业要成为技术学习活动的集成者、主导者，而不是被集成者、被主导者、被计划者。自主创新企业实际上有更大的自主权去主动获取国内外的技术信息，在实践中也更频繁地与国内外的主体开展合作。相反，受制于合资框架的“市场换技术”企业，由于没有自主控制的产品开发平台，更没有建立起完整的自主开发的组织体系，反倒在采用什么技术、与谁合作等问题上处处受限。

从这个角度来说，那些自主创新的先驱者（如巨龙和哈飞）为本土创新者在跨部门技术融合和跨境利用技术资源方面打破了中国工业原有的视野局限，使得本土创新者相信产品和技术开发可以由本土工业组织来主导完成。然而，自主创新的理念如何表达为一套组织安排，则是由各个企业在实践中逐步探索发展的。当然，企业在具体的战略和组织事务上总有各自的独特性，本书所归纳的是抽象掉各家企业的个性之后它们存在的一些共性。在能力建设的早期阶段，这些自主创新企业往往都积极发起并主导与外部技术型企业合作的项目，来为本土工程师创造学习先进技术的机会；此外，它们强调利用中国丰富的人力资源储备，迅速建立起工程师人数庞大的组织，这使这些创新型企业虽然起点相对较低，但能够在技术学习和创新问题上实现“小步快跑”。更重要的是，依靠自身的组织系统，自主创新企业能够持续动员拥有大量工程师的组织进行技术学习。

4.2　“合作式学习”是一项创举

通过主导与外部技术型企业合作的机会来促进本土工程师的技术学习在汽车产业体现得最为明显。哈飞汽车在中意、路宝、赛马等产品上的成功表明其“合作式学习”战略的有效性，随后哈飞汽车的工程技术开发人员在其他自主创新企业崛起时的外流情况也加强了其经验的传播。当奇瑞、吉利、比亚迪等创新型企业启动整车开发计划时，它们普遍采用了这种战

略。当时的国际产业环境也为这一战略提供了条件。在20世纪70—90年代全球汽车产业的激烈竞争中，世界主要汽车厂商都曾为了获得竞争优势而大幅扩张规模，当90年代各主要市场增长放缓时，主要汽车厂商不得不改变策略；不少专业性的技术部门、子公司被剥离，企业之间原本相对稳固的合作关系产生松动，这导致像宾尼法利纳这样的技术型企业纷纷尝试开拓新市场，这为新兴的中国企业利用全球技术合作机会提供了可能。

在采购外国技术服务的过程中，新兴的自主创新企业普遍效仿了哈飞汽车的做法，坚持要求外国合作伙伴向中方工程师开放合作开发过程，让中国工程师获得学习的机会。这使得创新型企业在这一阶段的技术服务采购与普通的外包活动存在明显区别。在人们常见的服务外包活动中，委托人主要关心的是服务结果，而自主创新企业为了贯彻“合作式学习”战略，坚持强调其对开发过程的主导性。这种主导性并不是说开发工作必须由本土企业来主导，而是强调开发过程必须对本土工程师开放，使得本土工程师能够在完成开发任务的同时，将技术合作过程变成学习技术、开发流程、组织方式的练习场。

今天的读者可能很难理解“合作式学习”模式对于当时中国工业技术发展的意义，因为如今中国已经成为全球化工业经济中的重要玩家，并且在大部分工业领域的工程开发能力已跻身世界第一、第二梯队。在这种环境下，人们对于中国工业企业开展的各种全球性的技术外包、技术合作项目早已司空见

惯。也正由于中国企业如今已经拥有相当好的工程技术开发能力，中国企业在开展对外合作时的技术学习需求与过去已经截然不同。20 世纪 90 年代中后期，中国本土轿车开发企业在开发手段和硬件条件上与世界顶尖水平存在明显差距，甚至在不少环节上存在代差，通过对外技术合作来获得学习机会对于本土创新企业的能力构建至关重要。

值得注意的是，当时中国的企业对于如何在市场经济体制下通过与外国企业合作来提高自身能力是缺乏经验的。新中国成立后，中国曾在 20 世纪 50 年代与苏联开展过技术引进与技术合作；20 世纪 70 年代，中国又通过“四三方案”和“七八计划”从美国等西方国家引进技术，尤其是引进大型的成套设备。但这些引进工作无论在项目内容上还是在组织形式上都与后来自主创新企业的实践不太一样。50 年代和 70 年代这两个时期的引进项目多为成套设备引进、大型生产设施建造等，类似于“交钥匙”工程。其中有大量工作需要外方来华进行针对性的设计、安装和调试，相应的工程活动需要在中国本土完成，中方所掌握的主要是生产设备的操作、维修和改进的能力，而不是设备或生产线背后的设计机理和工程开发体系。对于 90 年代的自主创新企业而言，它们委托给外国企业的技术开发项目，不仅有大量工作（如车身设计、底盘工程）是在中方企业的视野之外完成的，而且大量开发活动还被日益复杂的、由计算机软硬件组成的辅助系统给“封装”了起来，大量的经验数据和预先设置的设计

模块并不会清晰地呈现在开发过程中，这使得外行人很难通过简单的观摩掌握相关经验。在这种环境下，想要通过技术开发合作来构建能力要困难得多。事实上，“市场换技术”企业同样引进了国外的技术设备并借鉴了国外的管理方法，但对于如何通过中外合作来掌握产品和技术开发能力，它们一筹莫展。

4.3 有效的组织安排

组织方式不同。20 世纪 50 年代和 70 年代的引进项目虽然名义上是落到各个国有企业，但技术引进的主体实质上是中央政府，由各工业部委组织完成。各部委在全国范围内全产业中开展人才动员，以“大兵团作战”的方式确保了技术学习所需的基本的专业人员配备。兼之在计划经济时期政府不仅直接掌握着中国市场的准入权，在迫不得已时还能通过外交渠道施压。在这些因素的共同作用下，在这些接近“交钥匙”工程类的项目中，国外合作方更倾向于接受中方提出的要求。尤其在 50 年代与苏联的合作中，苏方不少基层技术专家也愿意向中方开放他们的开发过程。而对于 90 年代的自主创新企业而言，它们所面临的环境几乎完全基于市场交易的规则，中国企业此前并没有成功的经验，国外合作方进行技术转移的动机也不高。通过市场机制将中外合作项目转变为中国企业学习产品与技术开发的有效机会，对于中国企业是一项全新的挑战。事实上，在汽车产业，无论是在自主创新企业崛起之前还是之后，

中国大型国有企业早就与英国莲花和里卡多、美国康明斯、德国曼恩等企业有过接触和合作，更不用说它们通过“市场换技术”实践所拥有的跨国公司合作资源，但这些大型国有企业并没有成功。

在 2001—2010 年，自主创新企业通过大量对外合作项目迅速填补能力空白，以弥合它们与发达国家企业之间的技术代差，并逐步构建起自身的产品设计与工程开发技术体系。在汽车产业，利用对外技术合作的战略尤为突出。自主创新企业的外部合作项目不胜枚举。以奇瑞为例，根据 2005 年对奇瑞的一项调研中企业高管们所提及的正在运作的重要技术合作项目可知，当时奇瑞在涉及汽车开发和制造的大部分领域里都与国内外一些知名企业开展了合作。这些合作项目涵盖了发动机、底盘、系统配置、测试仪器、实验和生产设施等诸多领域。其中，在车身设计方面，奇瑞与意大利多家设计公司合作，包括宾尼法利纳、博通、意大利设计-乔治亚罗[①]和 I. de. A 设计院等；在底盘工程和发动机方面，奇瑞的合作伙伴则包括 AVL（奥地利）和里卡多、莲花、MIRA（英国）等著名企业；在生产设备上，奇瑞与杜尔（德国）和 MAG Hüller Hille（德国）等开展了合作。除了这些重要的合作项目，奇瑞还在发动

① 乔治·亚罗是全球汽车业界的著名车身设计师，他早年供职于菲亚特公司和博通公司，后于 1968 年与他人合伙创建了意大利设计（Italdesign）。乔治·亚罗主导的这家设计公司后来曾多次更名，自 1987 年后一段时间改为意大利设计 S. P. A.（Italdesign S. P. A.），1999 年后更名为意大利设计-乔治亚罗（Italdesign-Giugiaro）。

机、变速箱和底盘设计等领域与德尔福（美国）、博格华纳（美国）、博世（德国）、FEV（德国）、电装（日本）、爱信（日本）、三菱重工（日本）等国际企业进行了不同程度的接触与合作。除了国际技术企业，奇瑞的合作伙伴还包括本土企业，如负责系统配置的国内汽车技术企业阿尔特汽车（IAT）和负责模具开发的台湾福臻。事实上，详细梳理吉利、比亚迪和长城汽车在2001—2010年构建正向开发能力的过程可以发现，对于每一家企业，在每一个时间点我们都能找到10～20个与国内外专业技术公司合作的重要项目，其中某些时间段的数量只会更多。

4.4 奇瑞的“三步走”：看着学、学着做、做中学

为了开展合作项目，自主创新企业还特地设计了一个分阶段的计划。我们可以简单地将其归纳为“看着学—学着做—做中学”的过程。通常情况下，外国合作伙伴在早期阶段主导开发活动；进入过渡阶段，中国工程师开始实践他们在早期阶段通过观察和实验所学到的东西，外国合作伙伴的角色向监督功能转变；到了第三阶段，外方成为顾问或技术监督者，以便为中国的开发者提供专业建议。开发活动的地点也随着阶段的发展而变化，从外方向中方转移。[①] 其中，奇瑞和AVL合作开

① 这样安排不光是为了推动技术学习，节省资金也是重要考量。对中国企业来说，雇用外国合作伙伴的工程师，并且在外国合作伙伴的工厂中开展生产，比在企业内部利用本土工程师的成本更高。

发 ACTECO 发动机系列项目可以被看作这种模式的典型案例。奇瑞和 AVL 的合作于 2000 年 12 月开始洽谈，于 2001 年签订合同，于 2002 年开始执行，最初商定由奇瑞承担的投资共 12 亿元。在这个案例中，双方原计划开发 18 种型号的发动机：第一阶段，4 种型号发动机的开发活动主要由 AVL 的工程师在奥地利进行；第二阶段，3 种型号的开发活动在奥地利和中国往返进行，主要由中国工程师在 AVL 工程师的指导下动手推进开发；第三阶段，11 种型号的发动机开发工作都在芜湖进行，主要由奇瑞工程师来推进，而 AVL 的专家更多只是担任监督员的角色，如表 4-1 所示。由于学习活动卓有成效，奇瑞主动在第三阶段增加了 7 个模型的开发，这使得 2002—2012 年 10 年间奇瑞和 AVL 合作开发的发动机模型总数达到 25 个。[①]

表 4-1　奇瑞和 AVL 合作开发 ACTECO 发动机系列的过程

阶段	发动机开发项目	主要开发地	双方的角色
第一阶段：看着学	4	AVL（奥地利）	由 AVL 主导，奇瑞学习观摩
第二阶段：学着做	3	AVL（奥地利）和奇瑞（中国芜湖）两地往返	在 AVL 指导下，由奇瑞动手开发
第三阶段：做中学	11（原计划），7（追加）	奇瑞（中国芜湖）	奇瑞主导开发，AVL 监督

① 事实上，奇瑞和 AVL 的开发合作长期都存在。这里仅列出了 2002—2012 年十年间的项目，这并不意味着在此之后两家企业的合作就结束了。

奇瑞通过与AVL合作来构建发动机技术能力的工作是如此成功，以至于奇瑞在很长一段时间内成为国内汽车产业中拥有最强本土发动机正向开发能力的企业。[①] 它的ACTECO系列的性价比甚至吸引了跨国公司的订单，2006年该系列发动机向美国出口了5 000台，2007年8月意大利汽车巨头菲亚特与奇瑞签署了长期合同，每年共购买10万台奇瑞ACTECO系列的1.6升和1.8升汽油发动机。[②] 在“市场换技术”实践主导中国轿车工业发展的时代，这是完全无法想象的。甚至在奇瑞、吉利和比亚迪等企业攻克自主发动机研发环节之前，国内本土设计的轿车产品大部分都要采购国外设计的发动机（进口或由国外厂商在中国的合资合作伙伴生产），或采购国内厂商通过引进图纸、引进生产线来生产或仿制的发动机。其中，沈阳三菱和东安动力生产的一系列三菱发动机（包括4G1、4G6、4G9和A9等）作为轿车用发动机的销量较大；天津汽

---

① 从这一系列产品开发的合作项目中受益的不仅仅是奇瑞，AVL也实现了它与奇瑞合作的初衷，即构建自己在轿车用汽油机上的技术能力。根据对胡复的访谈，在项目的第一阶段，AVL为奇瑞设计2.0升汽油缸内直喷（DGI）发动机时，所试制的10台样机中有9台在试验过程中损坏；而到了合作项目的第三阶段，奇瑞与AVL再度研发1.6升的DGI发动机，AVL所试制的每一台样机在试验全流程中都没有损坏。这充分说明经过与奇瑞的合作，AVL自身在相关领域的设计能力、试制与试验能力，以及开发团队的技术能力都得到了显著的提升。

② 自2012年起，奇瑞开始通过合资公司生产路虎和捷豹汽车。根据中外双方的约定，在中国生产的路虎和捷豹采用奇瑞本地生产的ACTECO系列发动机。这再次意味着高端市场的跨国公司也认可奇瑞在发动机设计和制造方面的能力。

车在引进夏利车型过程中国产化的丰田 8A 发动机则是国产小排量轿车常采用的产品。这一瓶颈使得本土轿车的产品设计思路甚至受到它们所能获得的发动机的制约。事实上，奇瑞在通过与 AVL 的合作获得正向研发发动机的能力之前，也受限于引进的福特 480 发动机及各种仿制和改款；1997—2005 年，奇瑞在福特 480 发动机生产线上进行了 4 代发动机仿款和改款以装备自己的不同车型，也曾从市场上采购过东安动力的 1.1 升的 465 型发动机以装备早期的 QQ 车型；为了使某些车型（如旗云）赢得更好的市场口碑，奇瑞还不得不采购宝马现有的发动机。吉利、比亚迪、长城和长安等自主汽车企业在早期同样依赖于在国内市场有限的选择中采购发动机或仿制、改制国外已有的发动机设计。只有构建起本土的技术能力，才能使产品开发彻底摆脱这种约束。

奇瑞将发动机开发能力的构建寄托于与 AVL 的合作是有其清晰的战略安排的。第一，AVL 的创始人曾长期在华工作，对华友好，而且 AVL 长期保持着部分科研机构式的组织文化，与中国汽车产业的重要高校，如同济大学、吉林大学等，有着紧密的合作关系①；在与 AVL 的合作中，奇瑞也派出了资深的发动机专家——20 世纪 60 年代清华大学汽车系的毕业

① AVL 全称为李斯特内燃机及测试设备公司，即 AVL List GmbH。它的创始人汉斯·李斯特（Hans List）曾于 1926—1932 年任教于上海同济大学。AVL 一直有着浓厚的学术研究氛围，以至于不少大学科班出身的中国工程师仍将其称为“李斯特研究所”。

生胡复女士[①]来组织中方团队，后来在对 AVL 设计的发动机原型进行工程化改造时，发动机部门的负责人是来自清华大学的博士生朱航。第二点则更重要，相比竞争对手，AVL 作为世界最著名的几个内燃机研发中心之一，长期以来更擅长研发固定式工业机械、船舶、火车和卡车等使用的柴油机。与奇瑞的合作，也是 AVL 强化其轿车发动机（包括汽油机和柴油机）开发能力的尝试。组织文化和战略目标上的特点使得

---

① 胡复的成长历程几乎可以作为横跨计划经济时代、“市场换技术”时代和自主创新时代的专业工程技术人员成长与蜕变的典型例子。胡复 1963 年从清华大学汽车系（当时称为动力系）毕业后，入职一汽发动机科工作；清华大学 1953 年的汽车系毕业生杨建中（后长期担任红旗车型发动机设计者、一汽汽车研究所副总工程师，是“三口乐”车型的设计者）担任她在一汽的老师。1967 年，胡复参与建设二汽，负责活塞、活塞环和轴瓦的研发工作，在参与二汽仿制 6105 和 6110 发动机项目时接触了当时为二汽提供工程咨询服务的里卡多公司。1989 年她被二汽安排加入引进康明斯技术的工作组，在 1995 年 56 岁时退休。可见，在计划经济和“市场换技术”实践中，由于没有机会参与系统性的产品开发项目，胡复的能力没有得到培养。直到 56 岁退休时，她也只能在二汽引进国外发动机设计进行国产化生产的项目中参与细分领域的本地化工作。然而，转机发生于 1998 年，胡复加入了当时只有 200 多人的奇瑞，先是参与了奇瑞引进福特 480 发动机的工作，而后又在 2002 年作为当时奇瑞在发动机领域少有的专才担任了奇瑞与 AVL 合作项目的中方带队技术专家，于 2002—2004 年奇瑞- AVL 项目的第一阶段全时在奥地利 AVL 方工作。在这个过程中，胡复得以迅速成长，能力提升很快，对合作项目甚至 AVL 的工作都贡献了明显的价值。AVL 甚至多次邀请其加盟企业，遭拒后又向奇瑞要求在 2007—2010 年再度将胡复派至奥地利工作，以增加彼此合作的价值。在奇瑞高强度、高水平、开放性的产品开发项目的经验积累下，胡复以 60 多岁高龄成长为国内发动机领域的知名专家。2006 年笔者在对吉利进行调研时，杨建中已经从一汽退休并结束返聘期，加盟了吉利。在某次座谈中，杨建中突然在吉利多名董事会成员在场的情况下赞扬了奇瑞通过与 AVL 合作构建自身正向开发能力的模式，并直言胡复的成长让他惊喜，并赞美这个昔日的学生的水平已经明显超越了自己。可以说，杨建中和胡复这两代中国发动机工程师都渴望能够开发中国自己的汽车发动机，但由于时代机遇不同，他们走出了略有差异的人生轨迹。

AVL 在与奇瑞合作的过程中表现得更为开放，也使其成为奇瑞极好的合作伙伴。事实上，另一家国际内燃机企业，来自英国的里卡多，当时在中国的声誉比 AVL 更好，因为里卡多在 1978 年就进入中国汽车工业市场，而且相比 AVL 而言，里卡多的轿车用发动机的设计能力更强。后来出任奇瑞- AVL 项目中方技术负责人的胡复，也曾在二汽仿制 6105 和 6110 柴油发动机的项目中与里卡多公司有过接触。① 然而在奇瑞接触里卡多后，里卡多明确表示它对支持中国新兴的轿车企业没有兴趣。这使得奇瑞完全转向 AVL 寻求合作。

由于 AVL 具备上文所提到的组织文化和战略目标，因此它对奇瑞的工程师更为开放。在洽谈合作阶段，AVL 对奇瑞首批参与项目的十多名工程师进行了考核，意外地发现这些中国工程师连利用计算机构建三维模型的能力都没有。② 经过高强度的合作开发，到 2010 年前后，奇瑞不仅已经掌握了基本的发动机正向开发能力，而且其发动机部门的规模扩张到 400 人以上。当奇瑞在 2006—2008 年将双方第二阶段合作过程中所开发的 ACTECO 发动机原型进行工程化调整，以用于新产品

① 从 1978 年到 20 世纪 90 年代初，里卡多公司为二汽仿制 6105 和 6110 发动机提供了技术咨询服务。

② 这是当时中国与西方发达国家在工业设计和工业工程方面存在代差的体现。20 世纪 80 年代，计算机设计和辅助工程已经在西方国家的重要工业领域中普及，当设计工具计算机化后，纸张作图的能力就转化为计算机设计与工程中的二维三视图能力。但直到 90 年代末，中国的少数工程院校才陆续具备教授学生计算机设计和辅助工程的能力。当时奇瑞的工程师们显然是在此之前成长起来的，他们普遍只有纸张作图的能力，不具备三维模型开发能力。

A5 轿车和瑞虎、东方之子的改款时，承担工程化改款工作的主要是本土工程师团队，足可见奇瑞发动机研发能力提升之快。

当然，能否在国际合作项目中为自身创造有利的技术学习条件，主要取决于中国企业能否充分给承担任务的工程师团队授权，使他们在项目中拥有与中方投资相对应的决策权力。当中方企业将逐步掌握技术能力而不是将“委托设计”放在首要位置时，中方便可以有效地通过对外合作来开展技术学习。所以，即便奇瑞合作的其他国际技术企业并不具备与 AVL 类似的特点，奇瑞依然实现了能力建设的“看着学—学着做—做中学”三步走。例如，在新能源汽车领域，奇瑞寻找的外部合作伙伴是英国里卡多公司，以获得技术能力。在与里卡多合作之前，奇瑞就已经尝试在相应的领域进行能力积累。它从 2000 年开始就与合肥工业大学合作开发铅酸电池驱动的电动汽车；2001 年，奇瑞尚属于名不见经传的小企业，但它主动请缨想加入当时由科技部布置的“十五计划”863 电动汽车重大专项，并喊出了“即便要自带干粮也要参加”的口号，打动了当时刚从德国奥迪回国、担任 863 电动汽车重大专项总体组组长兼首席科学家的万钢①，

① 万钢自 2001 年回国，当时出任同济大学新能源汽车工程中心主任，在科技部 863 电动汽车重大专项中担任总体组组长兼首席科学家，并代表同济大学承担了其中的“燃料电池轿车”项目，同时也承担了上海市重大科技攻关项目“混合动力轿车”项目。在万钢承担 863 计划“燃料电池轿车”项目时，同济大学所采用的样车就包括了奇瑞的东方之子（此外还有上汽的桑塔纳 300 和另一款 MPV）。后来万钢还先后出任了同济大学常务副校长、校长，并于 2007—2018 年担任科技部部长。他对中国电动汽车的发展起到了重要作用。

后得以进入科技部为新兴自主企业开设的“培育”项目，并获得50万元经费。奇瑞的“BSG弱混合”方案在2002年和2003年两次都顺利通过验收，并试制出了样车，成绩令科技部刮目相看。在2003年下半年，奇瑞以正式成员的身份加入了“十五计划”863电动汽车重大专项的二期。

奇瑞深知，中国汽车工业在混合动力方面的产业技术能力与日本和欧洲等领先国家和地区相比存在较大差距。从2004年开始，奇瑞和英国里卡多公司就混合动力技术开展了“三步走”式的合作，前后耗资1亿多元。其中，第一步是合作开发当时奇瑞已经起步的“BSG弱混合”技术，在这一阶段，项目主要由里卡多的工程师主导，奇瑞的工程师保持密切的观察和学习。当然，由于奇瑞此前已经具备一定的积累，电机部分的研发则以奇瑞的工程师为主。第二步则是开发“ISG中度混合”技术，在这一步，核心开发工作由里卡多做一部分，另一部分则由奇瑞工程师在里卡多工程师的支持下完成。第三步则是开发“DFG柴油全混合”技术，到这一步，奇瑞的工程师则开始扮演主要角色，里卡多的工程师更多是作为技术顾问提供支持，如图4-1所示。笔者在2006年对奇瑞的工程师进行访谈时，该合作项目已经进行到第三阶段。当时留在奇瑞的里卡多代表只是一名年轻的英国工程师。该工程师的工作主要是参与奇瑞相关技术团队的讨论，并起到促进奇瑞与里卡多英国总部之间沟通交流的作用。这意味着通过前两个阶段的合作，奇瑞在混合动力方面的能力已经发展起来，奇瑞已经能够独立

完成大部分开发活动。事实上，这些努力使得奇瑞的新能源汽车技术能力挺进国内第一阵营，科技部在2004年授予奇瑞“国家节能环保汽车工程技术研究中心”的牌子。奇瑞一系列采用BSG和ISG混合技术、生物柴油技术和燃料电池技术的车型也于2007年登上了上海车展的展台。

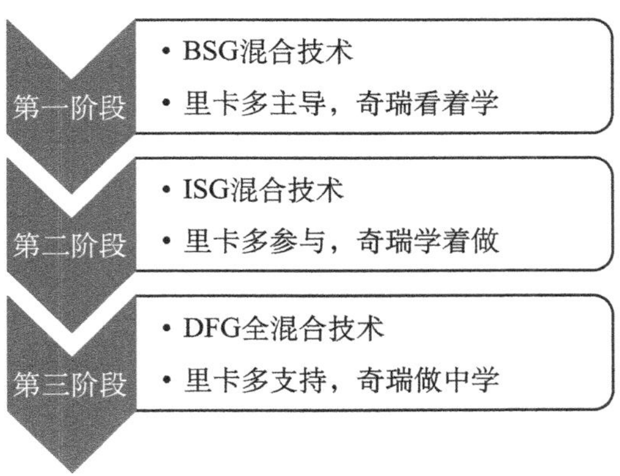

图4-1 奇瑞-里卡多合作开发混合动力技术的过程

虽然在2016年之后，中国新能源汽车产业的主流政策和实践并没有选择传统的燃油混合动力技术，而是采用了纯电动、插电式混动和燃料电池驱动三大技术路线，但奇瑞在前期通过“三步走”技术合作积累的技术能力依然体现出了它的价值。奇瑞不仅较早成立了专门的新能源汽车子公司，而且一直在自主新能源汽车产业中位于前列。当初负责奇瑞-里卡多混合动力项目的工程师方运舟则成为哪吒汽车（企业名称为合众新能源汽车有限公司）的创始人兼董事长。

4.5　自主创新企业陆续掌握了正向产品开发能力

在通信设备领域，由于受到“巴统”的阻挠，自主创新企业在1995年以前大多无法接触到国外的技术服务提供商，但它们与国内的研究机构和大学进行了合作。例如，当华为在1991年开发用户交换机（即HJD48）时，它与清华大学和华中科技大学建立了合作关系。如前所述，中兴通讯在早期阶段也与陕西省邮电器材厂、北京邮电大学合作开发产品。在20世纪80—90年代，华为和中兴几乎与所有原邮电部系统的附属机构开展过合作。例如，华为的ISDN产品是与北京邮电大学合作开发的，ATM产品是与西安电子科技大学合作开发的。通过这些项目，它们成功地重新整合了工业管理系统中研发部门此前所积累的智力资源。到2000年前后，华为和中兴等通信设备制造业的自主创新企业不仅具备了正向开发能力，而且在应用技术开发方面已经领先于当时国内大部分高校，这就使得它们与高校之间的合作更多转向了基础研究和人才培养，而不再是直接从国内的大学获得技术。

当然，通过外部技术合作来促进技术学习，并不意味着自主创新企业忽略了内部能力建设。在2005年政策转型之前，大多数创新型企业已经成立了专业技术部门，包括开展技术探索的研发中心、负责产品开发的工程研究所，以及开发关键模块的研究所或子公司（比如汽车行业的发动机和变速箱，以及通信设备行业的大规模集成电路芯片开发）。同时，它们还通

过多种途径建立核心供应商网络。独立投资发展零部件开发和生产能力，或者创建独立的零部件子公司，是自主创新企业建立自身供应链安全防火墙的重要做法。除此之外，有的创新型企业还与原来服务于“市场换技术”企业的外围供应商进行合资，以激活这些外围企业在制造环节中长期积累的经验，并在此基础上共同拓展产品（即部件）开发能力。自主创新企业发展自身的核心供应商的另一个重要渠道是吸引海外技术人员归国创业：通常情况下，在发达国家有工作或研究经验的海外归国人员提供技术资产，自主创新企业负责提供资金，双方以共同投资的方式来建立公司。截至 2005 年，奇瑞、吉利和长城等自主创新企业已经建立了核心供应商网络。2007 年，奇瑞有 30 家由海外归国人员建立的一级供应商，而吉利有大约 20 家。

在通信设备制造产业中，自主创新企业普遍在 1998 年后陆续掌握了正向产品开发能力；轿车产业中的自主创新企业则普遍在 2010 年之前完成了这一过程。这使得通过对外合作来构建技术能力的必要性降低了。事实上，在完成最初两代产品的开发之后，随着企业的市场影响力逐渐提高，自主创新企业已经能够广泛地从中外合资企业、跨国公司和海外吸引人才，这些人才给企业带来了更多世界一流企业常见的经验与做法。通过对外技术合作来获得知识的迫切性也逐渐下降。但这并不意味着这一模式就此退场。合作项目的实施方式逐渐趋近于正常的技术外包活动，就像行业内全球主流企业普遍采用的那样，

以自身的技术资源和外部技术开发商的性价比作为决策的基础。

5. 创建学习型组织

为什么自主创新企业能够将与国际技术企业的合作变成构建自身技术能力的阶梯？从理论上讲，技术学习的主体是中国企业的工程师和技术人员，技术能力的构建过程是中方企业通过组织性的努力来完成的，而不是由外方企业来完成的，与外方企业的合作本身并不能替代中国企业自身的组织性技术学习过程。如果将学习活动当作知识搜索的行为，正如 Nelson 和 Winter 等演化理论学者所指出的，一个组织的技术学习总是在其已有经验的邻域内搜索完成的，这就决定了在正常状态下企业组织很难突破自身的认知范畴。[①] 通过与技术能力更强的外部伙伴开展合作，就有可能为技术学习者创造一个超越原有经验范畴的新环境，从而使得他们的学习能够持续地突破原有经验的约束。当然，这种开拓式的技术学习从宏观上来说毕竟是循序渐进的，即学习效果受制于合作框架，也无法突破吸收能力的制约。但后发企业依然可以通过一轮又一轮从外部合作者身上攫取新的、异质性的知识来快速地拓展自己的能力。这也就是前文所提到的“小步快跑”战略。

奇瑞公司掌握 NVH（噪声、振动和声振粗糙度）控制的

---

① NELSON R R，WINTER S G. An evolutionary theory of economic change. Cambridge，MA：Belknap Press of Harvard University Press，1982.

知识并将其用于汽车开发的过程很好地诠释了能力建设中开拓性与渐进性并存的特征。奇瑞的工程师在 2006 年开发 A5 车型时才认识到 NVH 控制的重要性。当时，莲花公司是奇瑞在车型产品系统设置和底盘工程方面的长期合作伙伴，莲花公司主动向奇瑞的工程师们详细介绍了 NVH 的概念及其重要性，并最终通过项目来指导并帮助奇瑞在汽车开发中实现 NVH 控制。莲花公司之所以这么做，是因为随着奇瑞技术能力的提升，莲花公司需要通过开拓新的服务领域来维系与奇瑞的业务关系。必须指出的是，在这一阶段，奇瑞等自主创新企业已经招募了相当多来自中外合资企业的工程师，但这些工程师对 NVH 控制系统也不甚了解，因为只有在新车开发的过程中才会涉及 NVH，而"市场换技术"实践中并未涉及产品开发。

尽管奇瑞与莲花公司的合作早在 2000 年就开始了，并且莲花公司拥有世界一流的 NVH 控制技术，但是奇瑞的工程师们一直没有很好地认识到 NVH 控制的重要性。原因很简单，因为 NVH 控制与汽车配置、车身造型、动力总成、底盘总成和内饰开发等众多环节的集成以及系统设置密切相关。在奇瑞逐步掌握各个环节的开发能力之前，其开发团队难以对系统性问题产生足够的认识，从而准确意识到 NVH 控制的重要性并对其进行正确的评估。直到 2006 年左右，奇瑞的工程师们才具备了理解莲花引入的技术场景的敏感性和吸收能力，以此为基础，他们才能在外部合作者的引导下，突破原有的经验范畴，并通过开发项目在实践中逐步提高自身技术能力。这个过

程充分说明了，通过外部合作来构建能力的过程是开拓性和渐进性并存的。

除了具体的技术手段，自主创新企业还从外部合作中学到了一系列产品与技术开发的流程和做法。例如，自主创新企业最初进行产品开发时，普遍都是盯着国外已有的特定产品，通过逆向工程来形成初步的产品概念，然后再出于特定的市场需求、产业链条件或者简单的“回避抄袭指责”的想法对产品设计进行调整。各类国际工程技术企业为了鼓动本土企业更积极地开展产品研发，教会了本土企业“创新性模仿”的方法：针对目标市场明确自身产品定位后，根据不同的技术维度，对市场上现有的大量竞品进行逆向分析；通过明确众多竞品在各个技术维度上的特征，对不同特征进行交叉分析，从而掌握竞品在相应特征上的聚集区域，最终形成对自身产品设计的基本想法，如图 4-2 所示。

这种做法事实上就是将竞品分析纳入产品开发。这样做的好处在于开发者可以缩小产品设计的搜索范围，并通过大量对比工作更好地理解不同产品表现差异的原因，从而更好地弄清楚设计的基本理念。通过比较和归纳市场上已有产品的特点，帮助自身开发产品是世界工业中常见的开发模式；在汽车和电子产品领域，都有专业化的技术公司为不同的整机企业提供市面上已有产品的实测数据，以便于企业开展比较与分析。事实上，图 4-2 正是一家中国企业委托德国某设计公司进行产品设计时，由后者教给前者的。

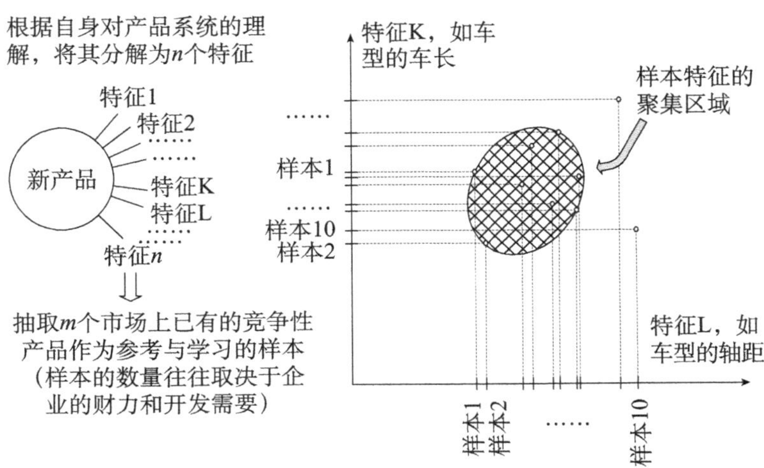

图 4-2　一种创新性模仿的产品开发方法

说明：图示只是以两个特征（K，L）的联立比对举例，事实上随着分析工具的发展，现在人们可以同时交叉比较多个维度；所比较的维度也不仅仅是产品的尺寸，而可以是其他类型的指标。

在与国际性企业合作的过程中，自主创新企业也逐渐掌握并发展了矩阵式组织、并行开发模式等做法。随着自主创新企业的影响力日渐提升，它们从中外合资企业、跨国公司以及海外所招募的人才也为其带来了更多国际一流企业的经验。自主创新企业陆续发展起标准化的产品开发流程，如华为就耗资 40 亿元聘请 IBM 公司为其塑造了集成产品开发（integrated product development，IPD）流程和先进的人力资源、财务管理流程，以建立清晰的管理框架，明确岗位职权，确立各类管理规范。企业开始着力于技术方案的标准化，尽量提高不同产品之间的兼容性和零部件的通用性。企业也开始构建规范的数据库，并

且为经验性知识的“入库”进行了一系列制度化建设，如曾让工程师们叫苦不迭的每日“写文本”上报的做法等。汽车产业还发展出专门的程序，即故障模式与影响分析（FEMA）体系，来调查开发过程中产生故障甚至失败的原因，通过完备的程式性说明来形成组织对“失败”的知识积累。通信设备制造业中也有类似的做法。企业往往会授权高水平专家进行跨部门调查，甚至引入外部供应商一起探究问题的根源，以此来形成对问题的认识，增强企业的技术能力。

上述做法并不是中国企业首创的，而是现代开发型企业常见的管理手段，如今人们对其早已司空见惯。需要强调的是，这些做法在 20 世纪 80 年代到 2000 年左右的中国并不普遍，甚至不少做法对于本土企业而言尚属“创新类事物”，即便在包括中外合资企业在内的“现代化大企业”中都不常见。这些做法首先在自主创新企业而不是“市场换技术”企业中出现，恰恰能很好地说明二者在组织逻辑上的差异。

以今天最常见的产品开发活动中的平行开发模式为例，并将其与“市场换技术”政策框架中的组织模式进行对比，可以很好地理解二者的不同，如图 4－3 所示。前面的章节反复强调，在中外合资企业中，一线工程技术人员被划分至不同的专业领域，他们的学习活动以现有的技术指导为框架。因此，他们的异质性想法，尤其是那些可能对引进图纸中既有的技术布局或生产流程带来破坏性改变的想法被压制了。

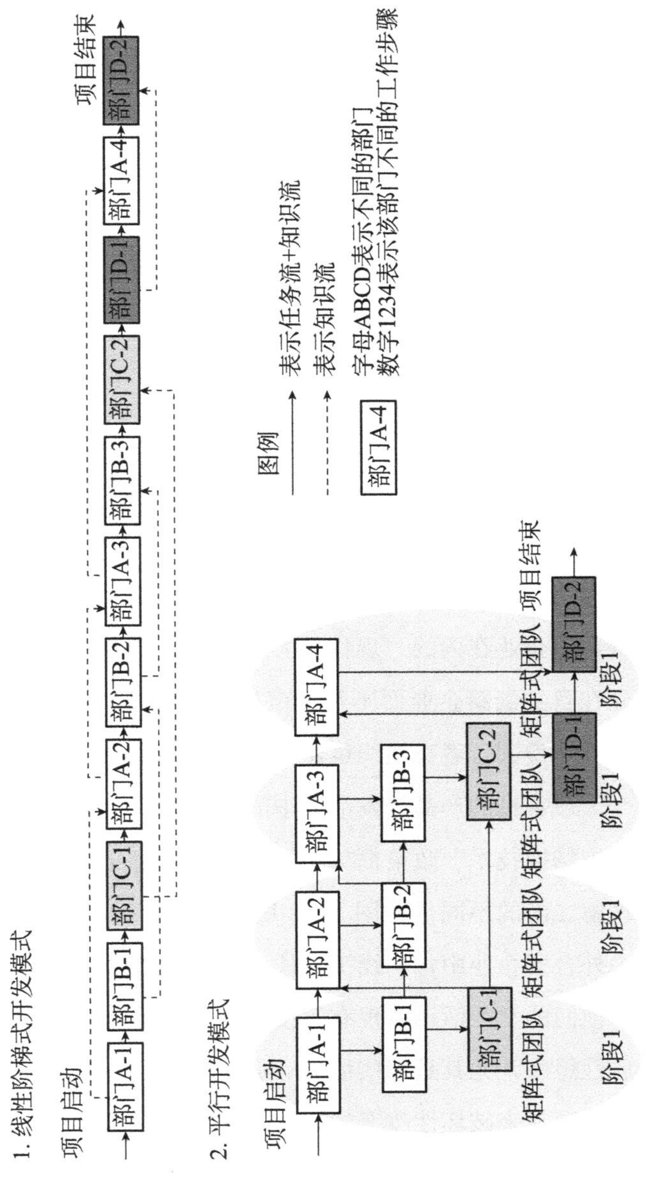

图 4-3 线性阶梯式开发模式与平行开发模式的比较

相比之下，平行开发模式的核心目标是激活组织内跨层级、跨部门、跨企业的沟通。按照矩阵模式构建开发团队，相应项目的资源由团队根据开发任务和需要解决的新问题进行分配。这样的制度安排使得平行模式能够很好地应对各种挑战。同时，团队内部主导部门的变化也有助于保持系统集成的动态稳定性。这种模式带来了高效率的开发活动；它帮助参与者发现问题并共同制定解决方案，特别是对于那些涉及多学科、跨部门或跨企业的问题；它也为不同创新活动主体之间的互动创造了信息和知识更为密集的环境，提高了学习活动的效率。换言之，这一组织模式的核心在于动员并激活工程技术人员的积极性，而不是将他们约束在引进图纸规定的或生产设备设定好的活动范畴内。

6. 能力构建的关键

对于中国读者来说，更重要的问题是：同样是与外部企业合作，为什么自主创新企业能够成功地将合作机制转化为技术能力构建机制，而“市场换技术”企业却并没有呢？

相信读者能从本书所提供的对两类企业的大量细节对比中形成自己的理解。比如，“市场换技术”企业合作的对象是在财务能力、市场影响力甚至社会影响力方面更显著的整车制造商。在合资合作过程中，外方利用自身影响力挤压了中方执行独立自主战略的空间。又比如，政府或国有金融机构对“市场换技术”实践施加的压力过大，导致企业不得不选择在财务回

报上更为“稳妥”的生产本地化战略。

事实上，正如前文已经提到的，不论是国外整车企业还是专业的技术企业，在与中国本土企业合作之初，并不情愿向中国企业开放关键技术开发的过程。在“市场换技术”实践中，北汽的合作伙伴美国 AMC 是这样，上汽和一汽的合作伙伴德国大众也是这样的；在自主创新实践中，哈飞汽车的意大利合作伙伴宾尼法利纳同样如此。在自主创新实践中，也有比较友好的合作方，如奇瑞在开发发动机时的奥地利合作伙伴 AVL；而在“市场换技术”实践中，雪铁龙公司同样为二汽提供了较好的工程师培训服务。在政府的态度上，“市场换技术”政策实践之初，中国政府本来就设定了技术赶超和国产替代双重目标，合资方案中也明确有“开发新产品”“设立技术中心”“培养中国工程师的产品开发能力”等相关表述，只不过在技术赶超实践不力的情况下，国产替代成为更现实也更为迫切的目标。此消彼长之间，政府对后者的倾向被不断地塑造和增强。自主创新企业中同样有被地方政府和上级国有企业集团施加绩效压力的情况，例如，奇瑞一度是芜湖市的全资国有企业，哈飞汽车、长安汽车和中兴通讯也都有重要的国有股东。在财务压力问题上，几乎是白手起家的自主创新企业面临的财务压力毫无疑问更大。这些问题并没能阻止自主创新企业通过主导开放式创新合作项目来构建自身的技术能力。不论是政府的压力还是其他利益相关者的态度，都与相关企业发展自主技术能力的效果存在一定的互相塑造和互相强化的作用。

“市场换技术”企业和自主创新企业发展技术能力的绩效差异的根源是组织性的。具体到与国外企业合作的问题上，区别在于两类企业是否将与中方项目投资相对应的权力授予中方具体从事技术开发和技术学习活动的项目团队，从而使得外方必须按照合同约定来开放开发过程，使中国工程师能够嵌入合作开发中“界定问题”“寻找潜在的解决方案”“试错”“引入辅助性资源”“纠错”“调整方案”等知识探索的全过程，使得中国工程师在此过程中能知其然还能知其所以然，逐步形成自身分析问题、解决问题的能力，让合作开发工作真正成为中国工程师开展技术学习的平台。

如果未能做到这些，那么不仅“市场换技术”企业无法通过与跨国公司的合资合作来构建复杂技术和产品开发的能力，新兴的本土企业也一样会失败。哈飞汽车、奇瑞和吉利等企业崛起之后，华晨汽车曾一度模仿了这些先行者的做法，即在开发产品的过程中采购大量国外企业的技术服务。作为一家生产型企业，华晨汽车拥有沈阳汽车的班底，是一个工程技术人员素质相当好的老牌国营企业。然而，华晨汽车在执行战略时并没有以本土工程开发团队为重点，导致它并没有如期构建起自主的产品体系和技术体系，反倒使产品设计和制造中的重要问题迟迟难以解决。中华牌 M1 汽车的开发过程就是典型的案例。

华晨在 1991—2002 年一直由金融家仰融主导。2002—2004 年，仰融委托一批经理人负责华晨的管理运营，但他的管理理

念依然在华晨汽车具有明显的影响力。作为 20 世纪 90 年代中国金融市场上的风云人物之一，仰融对于自己在企业管理和金融运作方面的能力非常自信。在仰融的安排下，一批金融家接过了战略管理的主导权。华晨汽车的掌舵人从自身的理念出发，强调管理指标应当尽可能量化，甚至连品牌、知识产权和生产能力等也应折算为明晰的财务指标。在这种思想的指导下，1997 年华晨汽车启动 M1 项目时，就安排了一系列全球技术企业为车型开发提供服务，但重视的是可量化、看得到的成果，而不是探索过程中的经验积累或“看不到”的能力成长。

在第一轮开发项目中，华晨汽车的管理者将 M1 车型的车身造型和系统设置委托给意大利设计-乔治亚罗公司；将底盘开发委托给日本三菱；来自德国的三家公司，即 TRW、ZF 和 Lemforder，分别负责开发刹车、转向和悬挂子系统；英国的 MIRA 则为 M1 原型车提供测试服务。另外四家德国公司（包括 Schuler、Kuka、Durr 和 Schenck）以及意大利的 ITCA，分别与华晨签订了开发冲压、焊接、喷漆、装配和模具车间设施的合同。从这批企业在各自专业领域中的国际影响力来看，这毫无疑问是一个世界一流的阵容。

然而，在合作项目执行过程中，华晨汽车在做决策时管理者并没有将本土工程师置于中心位置。华晨汽车自己的工程师被排除在与外方进行合作商定、技术开发的核心团队之外；他们往往只是在外方完成委托项目按节点进行交付时，扮演质量检查和数据接收者的角色。在产品设计最终交付给生产线之

前，华晨汽车的本土工程师很少有机会接触“自己”的产品模型，更不用说在开放的平台上进行探索。但当 M1 产品开发出现问题时，尤其是当不同的外部合作者交付的成果无法如期集成或集成效果不好时，本土工程师就会受到指责。中方管理团队认为，世界一流的专业公司提供的成套技术肯定会带来一流的成果，项目出现问题是因为中国工程师的水平不够。

事实上，M1 项目出现的外部技术服务整合不力的问题及项目最终的失败，归根到底是因为华晨汽车本土能力建设的缺失。华晨内部的工程师在项目初期并没有被授权在合作过程中扮演主导角色，他们自然就无法有效地参与各个外部合作者的开发过程，更无法对后者的开发工作进行有效的监督、审定和整合。在某种程度上，各个外部承包商的开发工作对于中方工程师及其他承包商而言都是非常不透明的。由于委托方缺乏足够的技术能力，同时有效的过程性协调、过程性技术确认环节又不足，因此每个环节的外部承包商只是专注于最大化各自领域的设计裕度，确保顺利完成合同中规定的任务，其结果则是提高了系统整体的复杂程度，增加了项目成本。最终，外包项目收获的是一组彼此之间适配性并不好的“成果包”。

这当然给车型开发带来了巨大的负面效应。当 2000 年工厂交付第一批共 200 辆中华 M1 汽车时，车辆普遍存在严重的跑偏问题。甚至连企业内部的经理、工程师都承认，“这批车的质量太差了，以至于它就像是外行设计和制造的”。最终，这批车辆只能够“内部消化”。

当见到其他自主创新企业崛起时，华晨汽车当时的管理者开始要求本土工程师承担起解决问题的重任。然而，正如前文提到的，这些工程师此前并没能在各种合作开发项目中积累经验、形成知识，所以这时候让他们去解决问题，无异于“赶鸭子上架”。即便在这个阶段，管理者依然没有将工程开发人员看作项目决策的关键参与者，他们只是要求工程师出方案，然后由管理者评估方案是否可行。这显然无法奏效。

最终，金融家团队绕了一圈，又回到他们最熟悉的老路上来：他们决定采购更多质量“更好”的外部技术服务，作为解决问题的“金手指”。在仰融和他的追随者们最终于 2004 年离开华晨汽车之前，华晨为了解决中华 M1 的问题一共实施了三轮战略调整。根据 2005 年的一项统计，有 20 多家外国技术企业与华晨签订了委托服务合同，华晨为此总共花费了 40 亿元人民币，这笔投资甚至远远超过了奇瑞、吉利和哈飞在企业创办之初的全部投资。

2004 年，在地方政府的干预下①，华晨汽车任命了一个主要由国企高级管理人员组成的新管理团队。该管理团队聘请赵福全②为高级副总裁，领导华晨的技术和产品开发工作。赵福全实施了一系列组织改革，包括加强专业研发团队、提高工程

① 该地方政府也是华晨的所有者。2002 年 6 月，仰融因被指控金融犯罪而离职，在 2002—2004 年华晨的情况变得非常复杂。为解决公司的相关问题，地方政府最终介入。

② 赵福全曾在戴姆勒-克莱斯勒的研发中心担任研究主任。赵福全的声誉帮助他在华晨进行了这些改革。

师地位。最关键的是，这项改革让内部工程师得以监督外包项目的进程，并能够控制分配给外国合作伙伴的战略资源，以及管控产品开发活动的时间进度。由此，本土工程师的有效技术学习平台逐渐被构建起来，改革取得了显著成效。2006 年，华晨推出了新车型，即轿车领域的 M2 和 MPV 领域的阁瑞斯。随着产品质量的大幅提升，华晨重新建立起市场声誉。[①] 更重要的是，这次转折说明此前的失败并不是因为本土工程师的无能。

中华 M1 车型早期开发过程中所遭遇的困难，说明委托国际一流技术企业提供服务，并不会自动带来中国本土企业技术能力的成长。本土工程技术团队能力的成长和利用与国际企业的合作，二者之间是互相促进的关系。事实上，国际专业技术企业也都明白，只有与技术能力不断成长的主机厂合作，才能源源不断地为自己带来市场空间。所以，与华晨汽车一度不得不“高薪聘请”国际专业技术企业提供服务的场景不同，2005 年前后，笔者在奇瑞、吉利这些自主创新企业里所看到的，是德尔福、FEV、里卡多这些技术型公司利用中午和周末的闲暇时间，在办公楼大厅布展或开设讲座，争取让中国工程师进一步了解自己的最新技术成果。在面对技术能力不断成长的整机

① 2002—2005 年，华晨的销售量分别为 9 400 辆、34 300 辆、26 900 辆和 22 500 辆，而 2006—2010 年，销售量分别为 99 800 辆、158 900 辆、128 400 辆、196 300 辆和 282 400 辆。2016 年，它的销量达到 64.71 万辆（数据来自历年《中国汽车工业年鉴》）。

企业时，它们只有不断拿出自己的关键技术、先进技术，在合作中向用户充分展示新产品、教会用户新的技术，才能获得自己的市场空间。

7. 工程师主导型企业的崛起

从中国两类企业与国外企业的合作模式及其演进路径来看，自主创新企业与"市场换技术"企业在组织模式上存在着明显的差异。相比作为"国家队"或者"地方队"的"市场换技术"企业而言，自主创新企业缺乏资源、政策和品牌上的优势，企业的竞争优势主要依托于本土工程技术人员的创造力和能力的快速成长。这使得自主创新企业在构建技术能力的阶段，重视工程技术人员队伍的扩张，并在各类开发性项目中给予工程技术团队足够的话语权。相比跨国公司通过"市场换技术"实践将中国企业逐步塑造为全球生产网络中的生产车间，自主创新浪潮带来的是一轮中国"工程师主导型企业"的崛起。

既然自主创新企业的活动以产品设计或复杂技术开发为中心，那么工程师的数量和质量对企业发展就至关重要。特别是，为了在激烈的市场竞争中尽快站稳脚跟，自主创新企业普遍采取了激进的产品开发战略，以缩短产品线铺开的时间。根据 2006 年对奇瑞进行的一项粗略调查，一个开发工程师平均参与了 12 个项目，工程师的平均年龄为 24 岁。至于其他创新型企业，如中兴和华为，为了满足其客户（即电信运营商）的

多样化需求，在 20 世纪 90 年代中期将产品线从交换机这一单一品类拓展到包括光纤、移动通信、手机、SHD、ATM 等在内的更广泛的产品。这些自主创新企业在 8～10 年内就大体上完成了产品开发。采取这一战略的目标是让企业尽快地进入多个产品细分市场，以增强其生存韧性，避免企业因为个别产品的竞争失败而遭受致命的打击。但这一战略也要求企业一直保持较高水平的研发强度，这意味着企业需要拥有数量庞大的工程技术人员来贯彻落实研发计划，也意味着工程技术人员将通过企业持续的开发项目获得能力成长的舞台。

工程师和技术人员的数量只是为技术学习提供了基础的人力条件；正如本书反复强调的，“市场换技术”企业的困境在于技术学习，即“学习什么”“怎么学习”“工程技术人员怎么发挥作用”受到了限制。以二汽为例，二汽在 1983 年就设立了湖北汽车工业学院，1985 年东风高级技师学校又与著名的德国弗朗霍夫学会合作，设立了国内第一个“双元制”技工培训项目。在 20 世纪 80 年代，二汽人均年教育培训投资就已达 300 元，不可谓投入不大。在技术中心的建设上，二汽不仅投入了 2 000 名工程师，还强调“三三制”，即三分之一的力量用于改造现有产品，三分之一用于开发下一代产品、工艺和材料，三分之一用于研究汽车设计和制造中使用的新技术。① 然而，在当时的框架下，这些安排并没有推动二汽成功发展起自

① 根据笔者与二汽 20 世纪 80 年代的负责人访谈整理而来。

主的产品开发平台，未能改变其技术能力的成长受阻、年轻一代工程师纷纷出走的局面。

相比之下，在调动组织成员的学习积极性方面，自主创新企业的一个显著特征是赋予一线工程师在开发实践中对相应资源的部分决策权。显然，作为组织学习和产生新知识的过程，探索性活动可能涉及各种意料之外的情况，一线工程师对这些情况更为了解。鉴于存在信息不对称，一线工程师来进行决策更为可行。“以工程师为中心”的开发经验也使得这些企业形成了以工程师为导向的权力结构。

7.1 建立工程师密集型组织

大量吸收有潜力的技术人才

中国丰富的人力资源储备为自主创新企业快速成长为工程师密集型组织提供了便利的条件。[①] 例如，2005 年，中兴通讯招聘了近 9 000 名研发人员；到 2008 年年底，研发人员显著增至 2 万多人；2009 年，中兴通讯扩大了南京研发中心的规模，仅南京研发中心就有超过 2 万名研发人员。华为研发人员的数量在 2008 年超过了 4 万人，到 2020 年已经超过 10.5 万人，占公司总人数的 53.4%。在汽车制造业，奇瑞在 2008 年共有约 2 万名员工，包括 6 000 多名工程师和研究员。其中，

---

① 根据历年《中国教育统计年鉴》，1990 年获得工科学位的大学毕业生人数约为 20 万人，1995 年为 30 万人，2000 年为 35 万人，2005 年为 105 万人，2010 年为 212 万人。

约 3 000 人从生产线作业中解放出来，集中精力进行产品和技术研发。比亚迪在 2006 年有 3 000 名研发人员，到 2007 年年底，仅比亚迪上海中心就有 5 000 名研发人员。考虑到比亚迪在 2003 年刚刚进入汽车制造业，其研发人员的数量增速迅猛。而吉利在 2008 年拥有的研发工程师人数就超过了 1 600 名。

自主创新企业吸引的工程师来源广泛。在企业刚刚起步、尚在构建其基础的产品与技术开发体系时，它们主要从国有企业或科研院所聘用有经验的本土工程师。20 世纪 80—90 年代国有企业和科研院所的不景气既催生了自主创新企业，又为这些企业获得当时被严重低估的国内工程技术人员提供了良机。例如，在 1992 年之前，华为的主要工程师都曾效力于国有企业、大学或公共机构。华为和中兴的招聘策略非常积极，甚至对相关的国有企业和研究机构造成了明显压力，尤其是原电子工业部和邮电部旗下积累了大量技术人才的研究所和国有企业。在“市场换技术”实践中，中国本土的技术人才往往被合资企业转入产品本地化甚至生产制造等部门。自主创新企业兴起后，对开发型工程师和研究人员的需求量很大。以电子工业部三十九所为例，该所在 20 世纪 90 年代一直都是华为和中兴“挖人”的重点对象，因为三十九所是电子工业部专门从事射频设备研发的科研单位。中兴和华为对三十九所人才的争夺非常激烈，两家企业甚至在研究所大门对面的街边设立了招聘站点，还让已成功招募到的研究人员充当猎头，去挖走此前的同事。人才流失使三十九所在 1995—1998 年频频遭遇团队稳定

性的危机，甚至一度连所里重大项目的稳定开展都难以保证，以至于所领导（如果该所领导没有被挖走的话）经常生气地到单位附近驱赶中兴和华为的人力资源经理。

随着资金实力增强，中兴和华为自 20 世纪 90 年代末开始从中外合资企业中吸引有潜力的技术人才。1998 年前后，青岛朗讯的测试团队几乎有半数工程师离职，这些工程师被自主创新企业以更好的工资待遇挖走了。当然，吸引他们的还有参与产品和重要技术开发的机会，这是合资企业无法提供的。汽车行业的情况也类似。在那个阶段，一汽是计划经济时期唯一拥有大规模内部科研机构（即汽研所）的企业，扮演着重要的人力资源提供者的角色。二汽的技术中心同样如此：二汽在 1990—2005 年经历了多次合资，技术人员被频繁调动，造成了组织的不稳定，也带来了人员离职潮。南京汽车等国有企业的不景气同样造成了人才外流。曾就职于哈飞和昌河等有军工背景的企业的工程师、各地改装车生产企业和零部件生产企业的工程师也常见于自主创新企业。

这些曾经供职于国有企业、科研院所的工程师和技术专家所掌握的知识对于国内创新系统而言，并不是全新的事物，能够产生不同效果的根本原因在于企业组织系统的区别："市场换技术"的做法并不能将这些人力资源和他们所承载的知识转化为有效的产品和复杂技术开发能力，而自主创新企业的组织系统对人力资源和相关知识的重新组合却能够带来不一样的效果。

可以说，创新型企业的组织成为将这些人力资源与相关知识进行重新组合的载体，这也是这些企业所贡献的最重要的组织创新和制度创新。创新型企业以特定的开发任务为导向，将从大学和科研院所招聘来的科学家和技术专家的科学知识，以及来自国有企业和院所的工程师的工程知识，与企业所界定的客户需求紧密地联系起来，使得不同性质的知识能够产生密切互动。相比此前国内的创新系统，自主创新企业的组织系统降低了不同领域之间沟通的障碍，这是各个成熟的市场经济体内的创新型企业理应扮演的角色，然而在计划经济时代这是无法实现的。在计划经济体制的工业管理体系中，由于生产部门和产业科研部门采取分体系定点式管理，各科研或生产单位除了在自身“条条”上的管理体系内沟通（例如各部委的科研院所归部委的科技厅局管理），在“横向”上也主要是与计划指令中的定点对口企业（或者对口科研院所）进行互动。例如，对于机械工业部下专门研究发动机油泵油嘴的研究所而言，如果一个发动机厂商并不是它在计划经济体系下的指定协作单位，那么这两家单位之间正式的合作往往需要通过各“条条”的上级行政单位的协同才能够深入开展。通信设备制造业同样如此，电子工业部三十九所的射频设备研发人员如果想要与邮电部下属的企业或院所开展合作，也会面临相似的困境。不少学者在研究中国计划经济体制下的科研与工业部门管理问题时对这一现象有过深入的分析。

在“市场换技术”实践中，跨国公司对合资企业的塑造催

生了另一个僵化的“计划”体系：合资企业努力地推行生产本地化，将中方的工程技术人员隔绝于产品和复杂技术开发活动之外，中方的工程技术人员实质上进入了另外一套“隐性的”、被条块分割的计划体系。合资企业的销售经理从用户处获得的信息难以与产品开发工程师形成互动，因为他们销售的交换机是跨国公司在其母国本部设计完成的。而在合资企业发动机工厂里的工程师，哪怕拥有博士学位，也不会被鼓励去挑战发动机的设计图纸。在合资企业常态化的运作模式下，除了为实现生产的本地化开展组织动员，各部门的技术活动都有明确的边界，被框在了既定的范畴内。“市场换技术”政策实践的框架并不会为产品和复杂技术开发所需要的开拓性活动提供战略和组织文化上的支持，不会为其投入必要的资源，更不会为这种开拓性活动发展制度化的跨部门协作安排。当组织层面的塑造完成后，从主流经济学角度看，这些合资企业拥有战略和经营活动上的“自主性”，然而经过跨国公司在组织层面对它们的塑造，它们事实上成为跨国公司行政性协调体系的组成部分，贯彻的主要是跨国公司整个全球生产网络的意志。“市场换技术”企业之间的差异，也不过是它们在嵌入由跨国公司主导的全球生产网络时所面临的行政性协调机制的强弱程度差异罢了。

对比之下，自主创新企业为人才和知识的重新组合及创新性互动提供了战略性支撑。企业不仅将产品和复杂技术开发视为企业竞争的核心战略，而且长期为之投入了大量资源，并且

形成了一系列制度化的安排来促进跨部门跨领域的协作。换言之，自主创新企业的自主性根植于其组织系统为企业的战略选择提供的充分而多样化的选择权，企业能够自主决定是否投入资源从事特定领域开发工作，选择何种技术路线，选择哪些合作伙伴。而这些正是创新型企业得以长期持续地开展创新活动的前提。

年轻工程师快速成长

自主创新企业工程技术人员的另一重要来源是大学毕业生。随着教育部门的改革，中国政府自 1998 年以来逐步放松了对大学毕业生分配机制的管制。这使得在体制外的企业，如奇瑞、吉利、华为和中兴等逐步可以直接招聘应届毕业生。[①]这些创新型企业迅速在高校掀起了一场“抢人大战”，其中尤以通信设备制造业最具代表性。1998 年，华为和中兴招聘了清华大学的 100 多名博士、硕士毕业生。它们的招聘政策是如此激进，以至于清华大学校方不得不出面干预，因为学校认为让本校的大量毕业生在同一家企业内激烈竞争对于学校毕业生的整体利益不利。最后校方出面表态，限制了这些企业在校内发布招聘广告的场所和频度。而事实上，早期学校和这几家企业之间存在着非正式的“配额”协商。

---

① 在 1994 年以前，大学生的工作分配由政府决定。政府体制外的企业必须申请特别许可和配额才能在校园内直接招聘大学毕业生。否则，它们只能在就业市场上招聘员工，即社会招聘。这一制度从 1994 年开始变得宽松，1998 年发生了根本性变化，体制外企业开始获准进行校园招聘。

1998 年，中兴和华为各招收了约 3 000 名应届毕业生。教育部的统计显示，1998 年，在中国排名前 20 位的大学中，通信和计算机相关专业约有 20%的应届毕业生被华为录用。[①] 对于排名前 20 且曾隶属于电子工业部或邮电部的高校（如西安电子科技大学和华中科技大学），华为和中兴甚至邀请对口专业的所有毕业生与招聘人员进行一对一面谈，不论该生是否曾向企业投递过简历。通过这种方式，华为将这些高校通信和计算机相关专业的近一半的硕士毕业生都招走了。由于中兴从位于南京的东南大学招募了很多人才，人们发现，在中兴的南京研发中心，曾就职于东南大学的教师与他们曾经教过的学生成了同事。

在大规模工程师队伍的支持下，自主创新企业普遍实施了“工程师密集型研发战略”，即将数量较多的工程师安排到相关的研发项目中。在资金和技术能力相对于国际竞争对手处于劣势的情况下，自主创新企业这样做能够充分发挥中国人才的数量优势。华为最有名的是“压强原理”，即坚持在每个热点领域建立起比主要竞争对手更显著的研发人员优势。[②] 同样，为了开发 LTE 技术，中兴通讯在 2006 年投入了超过 2 000 名工程师。而比亚迪仅在 2007 年 E6 电动汽车所用的电池系统的开发工作中，就投入了 500 名工程师。

---

① 吴建国，冀勇庆. 华为的世界. 北京：中信出版社，2006.

② 这一点在近年研究华为的著作中已经被人们讨论得比较充分。

庞大的工程技术队伍使得自主创新企业能够利用高性价比的人力资源进行充分的技术前沿储备。华为在 1995 年年底设立北京研究所之初，因当时的业务范畴有限，其组织扩张一度是按部就班的。任正非在视察北京研究所时对此表示了不满，他敏锐地意识到人才储备和研发储备的重要性，要求华为北京研究所时任负责人刘平尽快扩张，“（新人如果）没事做，招人来洗沙子也可以”，这使得北京研究所在 2000 年就已经超过 1 000 人。当时，新招募的大学毕业生中一大批被编入了没有具体开发任务的协议软件部，专门研究各种通信协议。这为华为后期从窄带向宽带的过渡奠定了非常好的能力基础，甚至帮助华为在 WCDMA 时期就在局部技术应用上挺进世界前沿。

通信设备领域的创新型企业还利用其丰富的人力资源来加强与客户的互动，这也被认为是新知识的重要来源。将大量工程师投入研发领域有助于加强内部互动的深度和广度。2003 年，为香港电信运营商 SUNDAY 建设第一个 3G 网络时，华为的工程师在前六个月中睡在 SUNDAY 的机房，以便对任何技术问题做出及时响应。2007 年，超过 14 300 名华为工程师被派去全球各地提供售后工程服务。

通过行之有效的组织系统，自主创新企业也为刚刚大学毕业的新工程师提供了快速成长的机会。企业不仅为新工程师提供了大量可供积累经验的参与开拓性项目的机会，还通过对外技术合作、跨部门和跨学科融合、“小步快跑”机制

为新工程师的快速成长提供了平台，这使得年轻工程师的成长速度普遍惊人。相比摩托罗拉、朗讯这些“百年老店”，华为以其专家团队的年轻化而闻名：在国际交流中，华为派出的“资深技术专家”往往是30～40岁的年轻人，甚至还有20多岁的毛头小伙，而这些年轻工程师的确在各自领域中拥有丰富的项目经验。在华为的发展史上，1992—1994年在开发其早期的里程碑性产品C&C08大型局用数字交换机时，两位项目负责人在项目启动时分别只有28岁和24岁。在华为成立30年后，18万名员工的平均年龄到2017年年底也只有30.1岁。

轿车产业也是如此。吉利的研发中心在2003年只有200名工程师。仅2003年一年，除了开发新车型的常态化工作，吉利还在内部立项让这200名工程师完成了5 000多个汽车、总装和部件的数字模型的开发。这不仅大大推动了吉利的设计能力从传统图纸作业向数字化作业跃进，还为企业的设计工作积累了价值巨大的模块化数据库，更重要的是，这200名工程师也得到了迅速成长。当吉利在2003—2006年开发CK1车型时，尽管聘请了大宇作为车身设计的外部顾问，但412个设计模块的所有数字模型都在企业内部完成。这说明这些初级工程师的成长速度是相当惊人的。相比之下，当东风雪铁龙为富康优化发动机并最终于1998年推出时，在法方指定的日本技术公司的监督下，合资公司团队花了三个月的时间只做出了一个部件的数字模型。前文提到，奇瑞在快速扩张期间，其每个工

程师平均参与的项目数量为12个。而在2005—2008年，奇瑞有50多个汽车和发动机的开发项目在同时进行，这曾在后来一段时间被奇瑞的管理者称为“技术大跃进”。事实上，所有自主创新企业都有类似的情况，因为只有大量投资开发项目，公司才能为不断扩大的工程师团队提供足够的机会。在这一点上，以组织动员为中心的模式是自我加强的。可以说，决定自主创新企业和“市场换技术”企业绩效差异的，不是人力资源部门的招聘策略，而是是否构建了有利于促进人才能力成长的组织体系。

7.2　以工程师为中心

授予一线工程技术人员决策权

有一些评论家认为，中国自主创新能力崛起的根源在于中国的工程技术人才红利，即自主创新企业利用了中国数量庞大、性价比高的工程技术人员这一人力资源优势。但工程技术人员数量庞大并不意味着企业的技术能力就能自然而然地成长。否则，一汽、东风、上汽、上海贝尔、青岛朗讯、北京国际等国有骨干企业和中外合资企业最初在专业人才方面都有绝对优势，它们也应该能够通过“市场换技术”发挥自己的人才优势，成功构建起强大的技术能力。那样的话，自主创新企业很可能就“不必”出现了。从另一角度来说，大量跨国公司进入中国的时间比本土自主创新企业崛起要早，而且它们早期在人员聘用方面具有更强的支付能力，如果单靠人海战术就能起

作用的话，那么首先抢占中国人才高地的应该是这些跨国巨头或者它们在中国的合资伙伴，那同样会堵死中国自主创新企业崛起的道路。

显然，无法简单用工程技术人才红利或人海战术来解释中国自主创新企业崛起的根源。工程技术人员的能力并不是纸面上的学习成绩，任何工程技术人才的能力都要通过实际的开发活动来培养或施展。这使得人才能力的积累和发挥都需要有效地嵌入制度化的企业组织系统中。由于技术学习是一种需要消耗大量资源的活动，“学习什么”“做什么项目”“做到什么水平”“有哪些支持性条件”等决定能力构建的诸多因素都不是由工程技术人员个人决定的，而是由他们所在的企业组织系统决定的。

因此，根据拉佐尼克等人所强调的“创新企业理论”[①]，企业是否能够持续地发展创新能力取决于企业是否对创新活动有长期的战略承诺、企业是否能够对相应的人力资源进行有效的组织整合，以及企业是否能设置合理的激励制度。对于自诞生之日起就面临激烈竞争，并且在资源、政策条件和市场影响力上明显处于不利地位的自主创新企业而言，它们需要依赖本土工程技术团队的创造力和能力成长，因此必须实现对工程技术开发人员的组织整合。组织整合事实上包括两个过程：组织

---

① LAZONICK W. The innovation firm//FAGERBERG J M，MOWERY D C，NELSON R. The Oxford handbook of innovation. Oxford：Oxford University Press，2005.

动员和对技术学习的整合。要想实现组织动员，企业除了要坚持创新导向并持之以恒地投入企业的战略性资源，还需要对工程技术人员进行良好的组织动员，使广泛的组织成员能长期积极地投入高强度的技术学习和创造性的开发活动中去。想要实现对技术学习的整合，企业就需要发展出相应的企业制度来，保证不同工程技术团队的开发流程和经验（问题）积累的标准化，使不同团队的技术学习能够被高效地整合到企业组织集体中。

为了实现高强度的组织动员，中国这些自主创新企业除了普遍采用了现代化企业的内部管理制度和激励制度，还都持续塑造了创新导向的组织文化。在自主创新企业崛起的早期，尤其是在“市场换技术”实践占据主流的背景下，能够参与甚至领导产品和复杂技术开发项目对于中国本土工程师而言都是非常大的激励。正如前文所提到的，自主创新企业的早期员工往往能够被一个还相对粗糙的新车油泥模型甚至是一项新产品开发的口头承诺彻底打动。开发活动不仅对于在合资企业和科研院所工作过的工程技术人员有明显的激励作用——因为他们曾经体会过长期被隔绝在产品和技术开发活动之外的窒息感，对于不少刚从大学毕业的年轻人而言也具有很大的吸引力。如奇瑞第一代 QQ 车型开发的项目负责人高新华，他是合肥工业大学汽车工程系 1997 届优秀毕业生，也被奇瑞的新车开发计划所吸引。成为 QQ 车型开发工作的负责人时，他仅

有 29 岁。[①]

为了实现高强度的组织动员，自主创新企业在企业管理体制上呈现出几个突出特点。首先是在项目开发工作中，授予一线工程技术开发团队对项目实施中的具体事项拥有主导权。这样的制度能很好地促使一线工程技术人员对企业产生“会员式”（membership）的认同感，从而积极地参与到技术学习和创新开拓的活动中。

授权一线工程技术团队在技术项目实施过程中拥有对具体事项的决策权，一方面是因为自主创新企业需要通过购买技术服务的方式与国内外专业技术企业合作来构建自身的技术能力，因此中方工程技术开发团队对项目开展形式与开展过程的主导权就成为有效技术学习的前提条件；另一方面，在服务用户的过程中，这一机制也起到了重要的作用。在 20 世纪 80 年代之后，汽车和通信设备已经发展为零部件数量庞大、精度要求高、产品内在多层模块嵌套、涉及多学科多领域技术的复杂产品。这意味着没有任何管理者或项目主管能够完备地掌握产品系统所涉及的全部或者大部分知识。这要求企业不仅要发展出复杂的分工体系，还要重视产品和技术开发过程中具体的技

① 合肥工业大学的汽车专业在业界享有很高的声誉，高新华作为优秀毕业生不愁在各大汽车企业中找不到工作。当时奇瑞还没有校园招聘的资格，作为合肥工大校友的尹同跃成功地获得了以个人身份进入校园招聘场所的机会，并在一辆商务车的遮掩下通过开发新车型的计划成功地游说了这个年轻的师弟。后者在几年后的确因负责了一个累计产销量上百万辆的车型的开发工作而倍感自豪——奇瑞 QQ 车型自 2003 年面世，其累计销量在 2011 年就超过了 100 万辆。

术情景或应用环境带来的新问题和新知识。也就是说，复杂产品系统的创新带有极强的系统集成特征，并且应用性技术的创新和改进往往带有明显的本地化（localized）特征——只有那些沉浸在相应情景（context）中的工程技术人员才能更好地掌握特定的技术问题，而解决方案也需要在相应的情景下产生。因此，将开发项目过程中界定和分析问题以及利用资源解决问题的决策权交给处于相应情景中的开发者，是复杂技术产品和产业中企业构筑竞争力的关键。面对激烈的竞争，中国自主创新企业要在相对短的时间内利用有限的资源完成技术能力的构建，更需要充分动员处于技术问题和创新活动"本地"的工程技术人员。

当然，与之相对应，企业也必须发展出制度性安排来保证数量众多的工程技术团队开发流程和经验（问题）积累方式的标准化，以此来保证不同个人、不同团队的技术学习都能够被有效地整合到企业组织整体中去，以确保企业组织学习的效率。这不仅表现为华为等企业投入大量资源建设的 IPD 流程，也表现为自主创新企业在开发实践中逐步掌握的矩阵式组织安排、并行开发模式、问题溯源机制和文档上报机制等。

华为和奇瑞给一线工程师授权的故事

作为自主创新企业突出的组织安排特征，授权一线工程技术团队掌握项目执行中具体的决策权对于企业能力的构建至关重要。2009 年，任正非在华为的一次内部会议中强调企业的开发、营销和售后服务工作需要实现一体化时说："谁来呼唤

炮火，应该让听得见炮声的人来决策!”即将更多的决策权下放到从事具体研发、销售和工程服务工作的一线团队。为了实现这一目标，华为在2014年曾以广州分公司为试点，通过反复试验和磨合，尽量减少下级单位向上申请决策权限的事项，将更多决策权留在一线。这一做法后续被推广到全企业。

在华为、中兴等自主创新企业的成长过程中，有大量因为成功实现了对一线工程技术开发团队的动员而收获了创新或竞争优势的例子。事实上，华为和中兴在20世纪90年代的发展战略被人们形象地概括为“农村包围城市”，即先在跨国公司与中外合资企业不关注的县乡镇边缘市场获得生存空间，随后经由自身的能力成长再进军城市主流市场。它们之所以能够在边缘市场获得空间，并不仅仅是因为跨国公司与中外合资企业不愿意进入县乡镇市场，还因为这些企业没有能力进入这样的边缘市场。在边缘市场，用户不仅支付能力差，追求产品的性价比（甚至只是单纯的低价），而且技术能力弱，缺乏使用、日常维护的能力，甚至也缺乏开设业务和创新业务的能力。因此，跨国公司与合资企业不愿意将高成本的人力资源投入到这些地区。另外，跨国公司与合资企业中本土工程师的权限有限，他们很难根据具体的应用情景对设备的布置进行必要的调整，更无法有效地向公司总部反馈用户基于本地特征而产生的各种额外产品要求。这使得跨国公司与合资企业难以有效地回应边缘市场用户的需要。相反，华为和中兴这些自主创新企业不仅能够将工程技术开发团队投放到边缘市场，不少销售人员

和工程师甚至与基层邮电局的员工同吃同住，不仅解决用户在应用产品过程当中的问题、根据用户的需要调整产品设置，还手把手地教会用户如何开设电信增值业务。[①] 进入主流市场后，这些企业保持了基于“本地化”需求快速定义问题、快速进行产品和技术调整以解决问题的传统。正如前文提到的，华为的工程师在 2003 年香港 SUNDAY 3G 网络建设中，曾长期睡在 SUNDAY 的设备机房中，就是为了在凌晨的通话低谷期解决白天识别出来的技术问题。在此过程中，华为本部技术中心的工程师和香港前线机房里的工程师紧密合作，利用有限的时间来识别问题、剖析问题，并进行相应的技术调整。

在汽车产业中，一线工程技术开发团队的主观能动性也给自主创新企业带来了巨大收益。其中一个典型的例子是奇瑞在两个月内开发出一款 0.5 升的小型汽油发动机。2005 年，奇瑞曾与马来西亚方尝试合作，但当时马来西亚方表示，即便是奇瑞 QQ 这款排量在 0.8 或 1.1 升的小车，对于马来西亚市场而言依然太大了，马方代表在参观奇瑞的生产车间时，曾随手在地上画下一幅他们认为符合马来西亚市场需求的小车的基本概念图。画者无意，看者有心。奇瑞的项目开发团队迅速动员了各部门，在两个月内就完成了一款名为“夸克”的迷你车型

① 每当某些地区发生自然灾害时，自主创新企业的工程师总是充当“逆行者”，第一时间奔赴灾区帮助电信部门恢复通信，他们的响应时间几乎可以用小时来计，而跨国公司和中外合资企业的响应时间则需要以周来计。这种差异不仅源自企业社会责任感的不同，也源自基层工程人员所能得到的授权的差异——自主创新企业的基层团队拥有更大的随机处置的权限和相应的资源。

的数字模型，甚至还为该车型提供了一款0.5升小排量发动机的概念设计。这无疑令马方非常震惊，也强化了马方对奇瑞技术能力的认可。[①] 这一案例与杨建中和华福林利用业余时间开发“三口乐”未获一汽认可的案例形成了鲜明对比，凸显了不同企业在组织逻辑上的差异。

反过来，华为也从鼓励一线工程技术开发团队发挥主观能动性的过程中收获了重要的技术创新。2004年，华为投标荷兰Telfort的3G项目建设方案时，Telfort作为电信运营商在更新自己的网络设备时面临很大的空间限制。由于所在地区存在大量受法律保护的古建筑，Telfort无法随意增加新的设备空间，这意味着只能利用原有的2G基站空间来加装3G硬件。这一苛刻的条件使得Telfort的2G设备供应商诺基亚和当时世界上最大的设备商爱立信都不愿意做额外的个性化开发。此时，华为派出工程师团队到现场充分了解应用情境，在此基础上通过前线团队与总部研发中心的密切沟通和共同开发，在八个月内就开发出分体式基站技术——将传统一体化基站中的射频和基带两部分进行了模块化分拆，仅在室外保留射频模块。这一操作极大地节约了建筑外部基站的空间，很好地满足了Telfort的需求。华为在此基础上持续进行开发设计，2006年推出了当时爆炸性的明星技术，即SingleRAN技术。通过对

---

① “夸克”最后并没有被投产，主要是因为马来西亚方在通用向马来西亚法庭诉讼奇瑞的案件中采取了跟随通用一方的策略。而且当时马来西亚的产业政策发生了较大的变化，也使得奇瑞和吉利在马来西亚的投资计划未能落实。

产品体系进行重新设计，华为成功开发出高兼容性的系统和高模块化的基带，使基站可以在一台机器上集成不同电信标准和世代的模块。今天，它甚至允许客户通过简单地改变或更换插入机器中的模块来调整容量或技术标准。这个技术使华为能够将不同技术标准的设备（如 2G、3G、4G 和 5G；或以 3G 为例，WCDMA、CDMA2000、TD-SCDMA）集成到单一的基站。这是华为一个重要的竞争优势，因为它为客户节省了财务投资和安装空间。随后华为又开发出通过基带“刀片式”模块的插拔来组合任何技术标准的 Super BladeSite 技术，在 5G 时代通过纳入云应用、人工智能等技术，发展出 SingleRAN Pro 架构。这些技术为华为从 3G 开始成为世界前五的供应商、从 4G 开始进入世界通信设备产业的领军企业之列奠定了重要的基础。

产权设计的激励效果

除了让一线工程技术开发团队在项目执行中拥有对具体事项的决策权，自主创新企业在产权上的安排也对组织整合产生了重要的影响。因为本书讨论的是一个长达 20～30 年的过程，这个过程与中国企业制度的改革以及民众对现代企业认识的变化交织在一起，所以产权和组织整合之间的关系是非常复杂的。在较早时期，国有产权对于追求专业技术开发的工程技术人员具有较大的吸引力，例如本书讲到的哈飞汽车、发展早期的奇瑞，国有产权属性在企业创业团队中所衍生出的朴素的对企业和国家命运的认同感起到了重要的作用。哈飞汽车二三十

年的奋斗历程中始终保持着一种“团结克难”的组织文化；奇瑞创业初期，参与早期创业的关键人员在不同场合都强调过，正因为企业并不是特定个人的，所以他们的奋斗与冒险本身是超出个体利益考量的。

随后发展起来的企业则普遍采用了西方企业所流行的股权激励方式。中兴通讯管理团队“集体出走”创建中兴新通讯公司，不仅使创业者在与外部投资人争夺管理自主权时获胜，也让他们得以在核心管理团队中发展起期权激励机制。吉利和比亚迪作为上市公司，同样采取了类似的期权激励手段。吉利在创业早期（上市之前）的做法尤其值得研究。一方面，李书福通过今天看来并不正规的合资方式在各个分厂乃至车间撬动了投资者、工程技术人员的入股；另一方面，在其扩张期，吉利不仅为从外引进的高级工程技术人员和管理者提供了期权激励，还发展出双高管制度，即在每个子公司设置“李书福的核心创业团队成员＋外来专业工程技术管理人员”的双管理者角色，以此实现家族式企业稳定性和专业工程管理人员激励的结合。

在企业治理的机制创新上走得最远的是华为。华为从1990年开始奠定了内部员工持股制度的基础，目前它依然是一个100％由内部员工持股的企业。虽然因为国内相关法律法规的调整，华为不得不在持股实体和员工持股类型上进行了变更，但时至今日它100％由员工持股的特征并未改变。到2021年年底，作为企业的创办者，任正非所占股份仅为0.84％，

剩下的 99.16%则由工会委员会代持，由 131 507 名员工通过员工持股计划持有。员工持股计划的参与者均为华为公司在职员工或退休保留人员，约占公司 19.5 万员工的 67.4%；所有离岗员工必须以第三方会计公司所核定的价格将股份卖回当前华为员工持股的实体，即华为工会委员会。通过这种股权安排，大量持股员工可以从企业分红中按照持股比例分享企业发展所带来的收益。除了留存企业发展资金，华为可以将更多的收益与员工分享，相比全社会的平均水平，华为目前已经呈现出“高水平共同富裕”的状态。根据华为年报所披露的数据，华为公司 2021 年的雇员费用为 1 645.38 亿元，占公司总收入 6 368.07 亿元的 25.8%，人均费用约 84.4 万元。这还不包括持股员工从股权中所获得的分红。[①]

更进一步地，华为的员工持股制度并不限于企业的“收益

---

① 这个人均费用包括华为基于 2013 年之后执行的“时间单位计划”（time unit plan，TUP）在员工中所进行的收益分配，但不包括员工从所持虚拟股权所获得的收益。TUP 的执行，是为了降低进入企业时间不同的员工之间的收入不平衡，使企业的收益更多地在“劳动者”之间进行分享，而不是优先在“老员工”内部分享；TUP 还保证了在不违背中国公司法的前提下华为数量越来越庞大的外籍员工也能够享有同等好处。TUP 的额度由公司每年根据员工的贡献配发，每一期的 TUP 会在五年之后过期；获得 TUP 配额的员工将获得为期五年的利润收益权和期末累计增值收益。这一做法可以参见任正非在 2013 年所签发的“华为总裁办电子邮件 240 号”，该邮件强调“丰富长期激励手段（逐步在全公司范围内实施 TUP），消除‘一劳永逸、少劳多获’的弊端，使长期激励覆盖到所有华为员工，将共同奋斗、共同创造、共同分享的文化落到实处”。

另外，根据华为管理人员的介绍，华为实行 TUP 的目标是把员工收入当中“薪酬和资本收入之比”逐步提高到 3∶1，即逐步提高劳动报酬的激励，降低股权收益的激励。这是华为为了使企业在成立超过 20 年并且已经获得了巨大成功之后继续保持组织创造力和奋斗精神的改革举措。

分享计划”，而是具备完整的所有者权利的制度安排。华为的员工持股制度授予持股员工基于所有权衍生的参与企业重大事项决策的权力。其中，股东代表大会是企业的最高权力机构，它以“一人一票”的方式选举产生董事会、监事会等关键的公司治理机构。股东代表大会共有115名代表，由全体持股员工以“一股一票”的方式选举产生。虽然大部分普通持股员工并不会在日常工作中参与企业的战略决策过程，但持股员工“一人一票”和“一股一票”的权力平衡机制夯实了企业和员工之间的身份认定。

华为的员工持股制度使得大量员工更倾向于留在企业，而不是在期权兑现套利后离开。在企业发展过程中，这一安排起到了显著的组织动员作用。因为在通信设备制造业这一复杂技术产业中，由于技术过于复杂或工程服务地远离公司总部，管理者与一线工程技术团队之间存在显著的信息不对称。在这种情形下，来自公司高层或总公司的管理监督事实上是不充分的。但是，华为通过员工持股制度所形成的激励，确保了大量员工在直接监管不足的情况下依然能够保持高水平的主观能动性。这也很有可能是华为在技术进入世界前沿、产品占据世界市场前列之后，依然能够保持旺盛的创新力的原因。

一次对“市场换技术”的反向运动

尽管自主创新企业在企业治理的具体做法上有所区别，但企业在具体运作中将决策权向工程技术开发团队倾斜、在股权分配中更看重工程技术人员的价值，都使得工程技术人员在整

个企业内部的权力结构中扮演了更重要的角色。这一点，与“市场换技术”企业的差别是明显的。在“市场换技术”实践中，当国有企业刚开始与跨国公司组建合资企业时，中方的企业负责人普遍都有产品和技术开发经验；经过管理层的代际转换后，随着企业经营活动的重心转向生产本地化和多业务线管理，产品和技术开发工程师在企业高管团队中的比重显著下降了。

表 4-2 中列出了部分自主创新企业高层管理团队的结构。可以看出，工程师引领着自主创新企业的前进方向。单独计算近年来有产品开发经验的高管成员，是为了强调他们对决策产生了很大影响。以奇瑞为例，2007 年，在管理和决策团队的九名成员中，只有一人代表研发中心这一部门，然而除了财务部门的代表，其他八名成员都有工程技术背景，包括来自人力资源部和市场部的两名成员。事实上，除了来自市场部的成员，其他七人都参与了早期产品开发。

表 4-2　　部分自主创新企业的高管结构

管理和决策团队	奇瑞(2007 年)	吉利(2007 年)	哈飞汽车(2005 年)	华为(2010 年)	中兴(2007 年)	大唐(2007 年)
总人数	9	11	9	13	22	9
有技术或工程背景的人数	8	6	7	11	18	7
有产品开发经验的人数	7	5	6	10	14	6

续表

管理和决策团队	奇瑞（2007年）	吉利（2007年）	哈飞汽车（2005年）	华为（2010年）	中兴（2007年）	大唐（2007年）
在过去20年有产品开发经验的人数	7	5	6	10	14	5

可以说，自主创新企业的崛起，在组织系统上是对“市场换技术”实践的一次反向运动。工程技术人员重新回到了企业发展战略的舞台中央，像华为这样主要由工程师主导的创新型企业涌现出来。在战略意图、内部决策机制和技术学习的组织安排方面，自主创新企业与“市场换技术”企业存在显著差异。“市场换技术”企业对进口产品设计形成了高度依赖，并未将战略资源投入新产品和新技术的开发活动中；本土工程师需要按照国外给定的标准来模仿、复制国外的生产操作，工程师的创新思想被大大压制，在资源分配和使用中的话语权也较少；企业的研发力量被肢解，经过频繁的组织调整，企业中很难保持相对稳定的团队，也没有形成或维持产品研发平台；“市场换技术”企业的财务能力虽不断增长，但它们的组织价值观已经被现有模式俘获，难以轻易改变方向。相反，自主创新企业一以贯之地以产品和技术创新作为参与竞争的关键手段，持续地将大量战略资源投入开发活动中；自主创新企业将本土工程技术开发人员置于技术和产品开发活动的中心，授予一线开发团队在项目实施中针对涌现出来的各种问题进行决策

的权力。这样的安排使得自主创新企业能够有效整合国内和国际技术资源开展技术学习，从而成功实现预定的学习目标。在保持高强度学习活动的同时，这些企业还构建可持续的产品开发平台和系统性的知识积累机制来实现技术能力的持续提升。

当国家的发展战略在 2005 年转向自主创新之后，大型国有企业开始陆续响应新的政策要求。它们在开发自己的产品、发展自己的技术体系时也遵循了自主创新企业的组织逻辑：这些大型国有企业通过发展以工程师为中心的子公司来开发新产品和新技术，而不再依赖于将进口图纸的本地生产经验具体化。[①] 从这个角度来看，相比自主创新企业，“市场换技术”企业的实践经验并没有帮助它们在产品和复杂技术开发能力的建设方面跳过任何重要步骤；它们当中的成功者，如今天的上汽、广汽等，同样加入了这场在组织层面对“市场换技术”实践的反向运动。

自主创新企业的成功说明了开发和维护内部平台对产品开发的重要性。即使这些平台非常粗糙原始，产品的技术水平不高，支持资源只有现有工程师和技术水平不高的外部供应商，但产品开发平台是企业开展技术学习活动的必要条件。自主创新企业的成功更说明了组织系统的重要性。正如 Leonard-Barton

① 一些大型国有企业由于技术力量薄弱、缺乏培养开发工程师的机制，在建立或扩大研发中心的过程中，几乎完全依靠从创新型企业挖人。以北汽集团的研发中心（即北京汽车技术中心）为例，在 2006—2015 年，从基层工程师到执行经理，有大量来自奇瑞、长城、南京汽车集团和一些大学的工程师，这甚至造成了组织内部的小团体现象。

等管理学家指出的，为维持产品开发平台，组织需要发展出一个支持性的管理系统，这一系统又以企业内部相应的组织价值和规范为前提。[①] 具体来说，组织需要将更多的成员动员起来，为构建与发展企业的技术能力开展集体性的学习与探索；它需要利用决策权分享和产权分享等多种激励手段，持续地维系核心组织成员的“会员式”认同感，从而保持高强度的创新活动。

对当今创新型企业有所认识的读者一定会认同上述做法，因为不少做法已经日渐成为各行各业共同认可的管理常识。然而这正是问题所在，为什么今天看来是管理常识的做法，中国工业却花了那么长时间的探索才掌握？为什么自 20 世纪 50 年代以来积累了中国最重要的工业人才储备、参与“市场换技术”政策实践的大型国有企业，会逐渐被基于进口设计的本地化生产的商业模式俘获，以至于它们需要经过近 20 年的曲折实践才能绕回来？为什么它们当时不能一边与跨国公司合作，一边鼓励本土的工程技术人员发挥创造力、开展深入的技术学习？

① LEONARD-BARTON D. Core capabilities and core rigidities: a paradox in managing new product development. Strategic management journal, 1992, 13: 111 - 125.

第五章
工业转型的社会条件

我们愿意相信，扎根于新中国独立自主的民族意识传统，在几代中国工业实践者愚公移山的信念下，中国工业自主创新的出现有其必然性。

中国正面临“百年未有之大变局”，需要建设支持全面创新的基础制度，实现创新驱动发展。在这个时候，重新回顾“市场换技术”和自主创新两类企业的发展历程，从企业组织层面理解“计划经济”与“市场经济”的概念，容易让人产生奇妙的错位感。毫无疑问，计划经济时期的国企模式没有能够解决企业战略决策流程冗长、员工长期积极性难以发挥的问题，无法应对复杂多变的市场竞争和创新竞争。产品上的“三十年一贯制”、人员管理的平均主义“大锅饭”“铁饭碗”，是无法将中国国企带入技术进步更快、竞争更激烈的新时代的。在改革开放初期，我们曾经尝试学习发达市场经济国家，将跨国公司作为学习对象与合作伙伴。但这一方面带来了生产装备和制造技术上令人瞩目的进步，另一方面又使“市场换技术”企业变为跨国公司全球生产网络的生产车间。工程技术人员被

限制在生产本地化的范畴内，被隔绝于有实质意义的产品和技术开发活动之外。企业实质上要服从于跨国公司全球体系的“行政”指令，从而失去了实质上的战略自主权。与之相对的是，“自主创新”由于强调本土企业对创新战略的主导权，在2005年之前曾经一度被部分不理解的评论家称为“封闭式创新”。然而，正是为了实现自主创新，这些构建起组织能力的企业反倒拥有了战略自主权，从而可以自行根据市场需求和发展规划来决定并执行战略。

在比较“市场换技术”企业和自主创新企业时，为了凸显它们在组织模式上的差异，本书在论述时将它们简单地分为两组。这容易给读者造成一个错觉，即它们是由具有完全不同的世界观的人群组成的。在20世纪90年代初，哈飞汽车在资金不足的情况下想要研发并投产松花江系列面包车，经过全厂职工大会的商议决定，职工以义务劳动的方式建成了生产线的主厂房。而也是在差不多的时期，一汽决定对“三口乐”车型的几位设计者不予处罚，但也不予嘉奖。这似乎塑造了二者泾渭分明的差异：一家企业充分地调动企业员工的主观能动性；另一家企业则要求工程师遵从生产本地化的需要，心无旁骛地聚焦到自己被安排的任务上。

这种对比并不是事实，或者起码曾经不是事实。一方面，哈飞汽车和一汽都是位于东北的传统国有企业，在一汽的发展历程中，同样有大量群策群力来解决企业关键问题的闪光时刻。甚至连时任一汽厂长耿昭杰在获知媒体对“三口乐”进行

了报道时，第一反应也是“这是个好事，应当嘉奖”。

另一方面，哪怕是自主创新企业，其在发展道路与组织管理原则上同样犯过大量错误。例如，在通信设备制造业中，作为本土产业破局的关键者的巨龙通信，在 04 机技术成功后完全缺乏对生产质量控制和财务平衡的基本考虑。以我们今天的眼光来看，巨龙通信可能根本就称不上一个合格的企业。由于当时所有权与管理经营权的分离在实际操作中并不稳定，中兴通讯的管理者们通过集体离职创建中兴新通讯，才在与外部股东的斗争中获得了管理自主权。华为的员工持股制最初是按照“一元一股”的形式将企业股份卖给员工，直到 2001 年遭遇离职员工诉讼，华为才意识到应将其改为虚拟股权。类似的情形也发生在轿车产业中。在 20 世纪 80 年代起步时，哈飞汽车的工程师迟迟未能实现设计与制造的工艺流程的转变，即从生产小批量大型复杂产品的飞机转向生产大批量标准化的汽车。奇瑞曾不止一次过度信赖某些自称具有国际大企业经验的管理者，导致遭遇了损失。吉利汽车在初创时，其募集资本的一些做法也有时代局限性。

由此，我们必须要认识到，正如中国社会今天依然在探索到底怎样的产业链组织或者产学研结合方式能够解决关键技术被“卡脖子”的问题，在 20 世纪 70 年代至 90 年代早期，中国的实践者同样不知道怎么样才能建成“创新型企业”。当回顾 70 年代末到 80 年代中期的结构性转型时，我们发现，政策决策者和大型国有企业领导者的战略意图是清晰的，即要实现

进口替代（高质量的生产规模扩张）和技术能力赶超的双重目标。然而，相关参与者并不知道如何通过工业企业组织性活动同时实现这两个目标。因此，“市场换技术”也罢，自主创新也罢，其起源是不同的改革者在不同的外部环境条件下，对同一个问题所做的差异化的探索。当然，中国奋斗者之多，想必也有不为人们熟知的改革者尝试了别的方法，只不过被淹没在了时代巨变的浪潮中。而由于同国有骨干企业、政府投资、市场准入等重要的制度供给紧密相关，选择“市场换技术”与自主创新这两条道路的企业在行为模式上产生了更多的内部相似性。

事实上，在迷雾中探索能够快速实现工业化、推动技术创新的企业模式的征途，也并不是从改革开放初期才开始的，它伴随了新中国工业化建设的整个过程。甚至我们今天呼吁建设“新型举国体制”、发展“战略性科技力量”、“形成支持全面创新的基础制度”，也都是在新阶段、新环境下所做的新探索。

为了更好地激发读者思考和讨论，本章试图简单地回顾新中国自成立以来对工业企业模式的探索，以此帮助读者更好地理解“市场换技术”和自主创新两类实践衍生与演变的社会条件，认识中国工业持续的、演进的探索历程。在这一时期（从20世纪80年代开始到2005年左右），许多社会、政治、经济、国际因素都对企业的道路选择产生了影响。这些因素是无法在一部作品中穷尽的。因此，本章无意强调社会条件演进对不同企业道路选择的直接影响，我们不应认定它们之间存在必然的因果关系。相关的分析最主要的功能是帮助我们理解这一

时期中国工业实践者所面临的社会总体背景和认知局限，从而更好地理解不同企业的发展轨迹，尤其是为什么中国工业需要花那么长的时间、付出那么大的代价才能找到实现自主创新的正确道路。

1. 运动与整顿：早期的探索

新中国成立开启了中国大规模进行工业建设的历程。中国在改造原有民族资本主义企业的同时，通过引进以苏联为首的社会主义国家的技术设备，大大加快了工业化的进程。在这个过程中，中国工业企业的管理方式不可避免地受到了苏联经验的影响。[①] 苏联也的确有意在社会主义阵营中推广其工业管理模式。尤其是“马格尼托哥尔斯克宪法”（即马格尼托哥尔斯克钢铁联合企业的管理模式，以下简称为“马钢”和“马钢宪法”），在当时被苏联作为工厂管理方面的苏式范本推广。

但实质上，苏联的模式也是在实践中摸索的产物。“马钢宪法”可以被视为社会主义环境下的修正版福特主义。[②] 苏联在工业化初期受到美国企业模式的直接影响，其工业体系也采用了接近福特式的、简化技能需求的生产组织方法，实行自上而下的专家治厂的“单首长制”（即“一长制”）。如在汽车产

---

① KAPLE D A. Dream of a red factory：the legacy of high Stalinism in China. Oxford：Oxford University Press，1994.

② BEISSINGER M R. Scientific management，socialist discipline，and Soviet power. Cambridge，MA：Harvard University Press，1988.

业中，福特公司对苏联多个汽车厂的建设、生产组织和具体车型都产生了巨大影响，高尔基汽车厂正是在福特公司的帮助下，仿照其在底特律的红河工厂建设的。[①] 苏联当时最重要的钢铁企业马钢也是委托多个美国企业设计并仿照美国印第安纳州加里的钢铁厂建造的。福特主义的做法，即简化劳动者的生产操作、强调自上而下的管理权威、严格按照管理规章来管理企业，也在苏联的工厂中被执行。

由此，"马钢宪法"的主要特征是"行政命令"和"一长制"等。[②] 行政命令是计划经济基本结构的框架；而"一长制"在当时的环境下通常被其倡导者称为"专家治厂"，是在公司层面管理企业以及每个子单位的方法。在这两种基本制度的共同作用下，每个生产单元由一个或少数几个专家治理，大多数组织成员都被要求按照已设定好的管理框架行事。这些制度使得苏联工业的管理体系变得集权化，依托从上而下的指令，人们之间的关系以政治逻辑而不是管理逻辑为基础等。这使得企业的组织行为逐步僵化，企业失去了活力。[③] 事实上，苏联也意识到了相应的问题，于是先后通过发动"劳动竞赛"、

---

① JOSEPHSON P R. "Projects of the century" in Soviet history: large-scale technologies from Lenin to Gorbachev. Technology and culture, 1995, 36 (3): 519－559.

② 崔之元，杨涛. 鞍钢宪法：后福特主义和产业转型升级. 清华管理评论，2019 (11)：93－98.

③ VON TUNZELMANN G N. Technology and industrial progress: the foundations of economic growth. Aldershot: Edward Elgar, 1995.

增强物质激励等方式促使人们服从企业的规章制度，但这始终无法解决企业活力不足的问题。

在苏联的支持下，“马钢宪法”通过苏联援华项目及中苏合作项目在中国得以传播。苏联专家、部分国内政策制定者和工业领导人推动了中国企业对苏联工业经验的复制。[①] 首先，在具体的项目上，一汽就复制了斯大林汽车厂的生产技术设计和管理制度设计。[②] 在企业管理方法上，相关的中国企业也普遍采用苏联的“一长制”做法。事实上，中国政府当时已经意识到了苏联式工厂管理制度僵化的问题。1956 年 9 月，中共八大通过的报告中强调“一长制”需要受工厂党委的领导，这可以被认为是对苏联式“一长制”的一种补充。[③]

苏联推行的“自上而下”的管理方式依然在不少地方的工厂现场引发了激烈的争论。部分企业的一线人员意识到，僵硬地拷贝由苏联管理专家计划好的生产流程，并不会带来预期的业绩；这起码部分源于双方差异很大的劳动条件，尤其是装备技术水平。虽然中国在 20 世纪 50 年代从苏联引进了一批设备、生产图纸并邀请苏联专家前来指导，但中国工厂的技术装备水平，甚至国家骨干企业的水平，都要明显落后于当时的苏

① KAPLE D A. Dream of a red factory：the legacy of high Stalinism in China. Oxford：Oxford University Press，1994.

② 就像本书此前提到的，由于一汽所效仿的斯大林汽车厂没有产品研发部门，一汽直到 20 世纪 70 年代末也仅有产品科，而没有设置强大的产品研发部门。

③ 1957 年 3 月，中共中央工业交通工作部出台了《关于国营工业企业的领导问题的决定（草案）》，作为可操作的方案。

联。大量生产流程的操作仍然依赖于人工控制，这与苏联工厂普遍已经实现了较高的机械化水平的情况有很大不同。①

此外，中国企业当时的设备来源也非常多样，同一个工厂不同的车间甚至同一个车间同一功能的不同台套设备，都可能来自不同的生产厂商。以鞍钢为例，各个分厂内装配的轧钢机既有德国克虏伯公司提供的（由日本侵略者在伪满洲国时期进口），也有乌拉尔重工生产的（即马格尼托哥尔斯克钢铁厂的设备供应商，由苏联专家建议购买）。主要设备尚且如此，其他配套设备的多样性就更普遍了。在这种情况下，生产操作很难仅凭自上而下的管理力量要求就实现标准化。无论是维持工厂正常生产，还是任何方案的改进，工厂管理者都必须了解、掌握和尊重机器的差异化，以及技工由于长期操作差异化机器所形成的习惯和经验。换句话说，在这样的条件下，"一长制"体制中的管理者实质上并没有掌握生产中所有的重要知识，因此也失去了自上而下对生产进行有效调整和改进的能力。如果管理者想要推动技术改革，那么他们就需要逐一去摸清每类甚至每台主要设备的特征和相应的操作经验。

在苏联专家的要求下，鞍钢当时的确尝试去复制马钢的做

---

① 根据德国大众相关人员的回忆，当他们在 20 世纪 80 年代和一汽、上汽接触时，中国这些骨干企业的装备水平可能落后德国大众起码 50 年。而哈恩更是在其回忆录中记录了一汽的铸造车间工人是如何利用简陋的设备进行危险的铁水浇注工作的。参见：POSTH M. 1 000 days in Shanghai：the story of Volkswagen：the first Chinese-German car factory. Singapore；Chichester：Wiley，2008；哈恩．我在大众汽车 40 年．朱刘华，译．上海：上海远东出版社，2008.

法以提高产能。但这引起了一线劳动者，包括大量工程师、技工和普通工人的不满，而且复制马钢经验的尝试也的确没有能够取得预期的效果。① 随后，鞍钢在 1958 年发生了一场自下而上的改革，这场改革的实质是要挑战“马钢宪法”的做法。改革首先从第二轧钢厂开始。在开明的厂长和厂党委的支持下，一线工程师、技工和普通工人根据从经验中形成的想法，对生产流程进行了试验性的改革，甚至成功地对机器进行了部分改进。经过改造，第二轧钢厂的乌拉尔轧钢机的产能从每年 180 万吨粗钢提高到每年 320 万吨，这是一个了不起的成就。事实上，在此后 30 年间，该轧钢厂的效率都没有再实现过如此大幅度的飞跃。② 其他分厂也因此大受鼓舞，相关的组织变革和技术变革在鞍钢的 180 家工厂中全面展开。

从 1958 年开始，鞍钢的创新经验被总结为“两参一改三结合”，并在全国各地推广。鞍钢经验最终在 1960 年被毛泽东同志命名为“鞍钢宪法”③。“两参”，即干部参加生产劳动，

---

① 当然，双方的矛盾还来自文化上的冲突。当时，基于生活习惯的相似性，鞍钢内部形成了一个独特的文化集团，其中包括苏联专家、从苏联回国人员以及一些较高等级的干部。这造成了上层集团与下层组织及一些“面向基层”的管理人员之间的对立。此外，大多数老百姓仍然被新中国诞生的热情鼓舞，他们渴望探索对集体和国家有利的新事物，而不希望囿于办公室政治。

② “双锭轧制”和“七双经验”被总结为鞍钢在这一阶段技术创新的成果。

③ 事实上，“鞍钢宪法”与毛泽东同志的思想是一致的，即对新兴特权阶层和官僚机构持否定态度。读者应该注意到，中苏分裂是在 1959—1960 年开始的。毛泽东同志称赞“鞍钢宪法”是属于人民的创新，不仅在中国，而且在整个远东也是。它展示了毛泽东同志对“经济民主”的倡导，反对“马钢宪法”的“一长制”，反对它们背后的福特主义。

工人参加企业管理；“一改”，即改革企业中不合理的规章制度；“三结合”，即在技术改革中实行企业领导干部、技术人员、工人三结合的原则。简言之，工程师和工人应该在战略问题和资源分配上有发言权。这一组口号使得通过自下而上的“运动”去挑战“马钢宪法”的做法被合理化。

“鞍钢宪法”鼓励一线从业人员在生产流程、技术探索、产品开发等方面进行自下而上的改进。尽管一些自发的尝试被证明是没有成效的，但一些学者仍将其视为全面质量管理的早期思想或后福特主义的原始思想。①②“鞍钢宪法”时期中还出现了一些本土产品开发活动。特别是在汽车（尤其是轿车）领域，中国国有企业在20世纪80年代之前生产的大部分国产车型都是在这一时期诞生的，如一汽的“红旗”及其前身“东风”③，北汽的“井冈山”“北京”“东方红”，上汽的“凤凰”（“上海”的前身）等。事实上，在“市场换技术”实践之前，中国轿车“三大三小”骨干企业所拥有的大部分本土轿车车型，都是在这个阶段开发的。

在政策实践上，对“鞍钢宪法”的推动被看作“大跃进”运动(1958—1960年）的一部分。在“大跃进”运动中，到1958年年底，87%的隶属于各部委的国有企业的控制权被下

---

① THOMAS R J. What machines can't do：politics and technology in the industrial enterprise. Berkeley，CA：University of California Press，1994.

② 崔之元. 鞍钢宪法与后福特主义. 读书，1996（3）：11－21.

③ 因此，一般认为中国轿车产业诞生于1958年一汽发布东风车型。

放给了地方政府，甚至是街道或社区的行政部门。这激发了企业内部自下而上的管理改革。然而，在“大跃进”运动中扩散“鞍钢宪法”经验时也造成了不少乱象。在一些地方，推行“两参一改三结合”所引发的群众运动与推进对生产技术和生产组织有益的改革的初衷相违背。在不少例子中，党委由于被视为支持自下而上的群众运动的中心，权力被大大加强，甚至因被赋予过多的行政管理责任而变得官僚化起来。与此相反，以厂长、副厂长和总工程师等为代表的专业管理力量则受到压制。在一些极端情况下，企业基本的管理职能也遭到冲击。[①]最后，伴随着“大跃进”运动的结束，政府也停止了对“鞍钢宪法”的官方扩散。

为了整治“大跃进”期间各行各业产生的混乱现象，中央于 1961 年出台了一系列针对不同领域的整治方案。其中针对工业管理领域，中央在 1961 年 9 月 16 日推出了《国营工业企业工作条例（草案）》，以尽快恢复工业经济的管理秩序。该文件经常被称为“工业七十条”，因为它推出了七十条规则来恢复计划经济体制和自上而下的管理秩序。在这份文件中，被概括为“五定五保”的第一章第八条指出了国家规定的五个关键指标；企业也需要保证自身在这五方面的表现。“五定五保”

① 根据未发表的报告、回忆录和其他资料总结而来。主要参照两个未发表文件中的部分表述：（1）《“两参一改三结合”的由来》，载《一汽创业五十年》（1953—2003），未出版作品集，由一汽编辑，2003 年，第 112 - 115 页；（2）《建国以来企业领导制度演变史略》，未发表报告，由黑龙江省委政策研究室《企业领导制度演变史略》编写组撰写，1984 年。

被认为是计划经济条件下国家与企业关系的模板，因为它几乎将所有的战略活动都牢牢地固定在计划体制下。[①] 其中，“五定”的内容是：确定产品方向和生产规模；确定人员和机构；确定主要的原料、材料、燃料、动力、工具的消耗定额和供应来源；确定固定资产和流动资金；确定协作关系。而“五保”的内容是：企业要向国家保证产品的品种、质量、数量；保证不超过工资总额；保证完成成本计划，并且力求降低成本；保证完成上缴利润；保证主要设备的使用期限。“五定五保”不仅定义了国家与企业之间的关系，事实上也将企业的组织成员、机构安排、工资总额等明确地锁定在了国家与企业的关系之上。这使得员工与企业的关系由国家对企业的计划安排来决定，不再主要由企业决定。此外，“工业七十条”还要求这样的管理制度也应用于所有与企业相关的监督与被监督关系，如企业与分厂或车间、车间与工作团队或个人之间的关系。总体来说，它重塑并夯实了一套自上而下的计划命令体系。[②]

然而，是强调“运动”还是强调“整顿”，直到 70 年代末，中国一直在进行尝试。这可以从“工业七十条”之后，中

---

① 徐之河，徐建中. 中国公有制企业管理发展史. 上海：上海社会科学院出版社，1992.

② 特别是，该文件指出，“总工程师在厂长或生产副厂长的领导下，对企业的技术工作负全面责任”。这在一定程度上是对“单一领导人体制”的回归（第二章第十三条）。在当时的政治环境下，该文件还强调应鼓励自下而上的创新。然而，它强调这些活动“一定要经过反复试验和科学鉴定”；它指出工程技术人员的意见应得到尊重，但它特别使用了“有科学根据”作为这些“意见”的限定词（第二章第十九条）。

国又陆续在70年代出台“工业二十条”和“工业三十条”等看出。这些文件的出台本身就说明了当时不同思潮、不同行动的碰撞。然而，这些运动和整顿都没有改善中国企业内劳动关系行政化的做法，反而在一定程度上强化了它。从20世纪50年代开始，为了获得工人的支持以及创造稳定的劳动环境，国家逐步将劳动关系纳入行政管理体系。这就出现了“铁饭碗”（稳定雇佣）和平均主义“大锅饭”（绩效考核行政化）的现象，人浮于事。[①] 这些现象背后的本质是，组织成员在企业内的位置取决于个人与国家行政管理体系之间的关系，而不是与生产活动更直接相关的管理关系。这导致管理失控，使企业管理者失去了有效地维系劳动效率、实现组织动员的管理工具。

在国营企业管理权限下放期间，员工与国家行政管理体系之间的关系曾一度松动，因为随着企业被下放到地方，如何处理员工与企业的关系存在争议。但几次工业整顿，如“五定五保”或后期类似的强调，又在事实上将劳动者牢牢地镶嵌在国家与企业的指令关系当中，使企业管理者失去了自主管理能力。这极大地限制了劳动者在不同企业之间流动的可能性，因为“五定五保”使得国内并不存在人力资源市场机制。于是，在“运动”和“整顿”的摇摆过程中，即便是强调管理整顿的一方，也没有能在企业层面上实现有效的管理控制。企业未能

---

① 路风. 单位：一种特殊的社会组织形式. 中国社会科学，1989（1）：71-88；路风. 国有企业转变的三个命题. 中国社会科学，2000（5）：4-27.

在令行禁止地贯彻管理规章制度的同时，实现有效的组织动员。

2. 改革与转型：突破困局

在改革开放之初，许多学者和政策制定者已经开始意识到计划经济体制限制了中国工业经济发展的活力，孙冶方就是其中的代表。他旗帜鲜明地认为计划经济体制限制了企业的活力，使得中国工业发展出现了“复制古董、冻结技术进步”的怪现象。当时中国整体面临比较突出的经济困难，1978 年中国的 GDP 仅占世界的 1.7%左右，处于几十年来的低谷。中国的工业组织当时突出地呈现出两个特征：一是企业组织内人员之间的关系有明显的行政性特征，使得管理者对企业组织的控制并不有效；二是装备陈旧、自动化水平低，汽车、农机等机械类产品制造业普遍处于单件生产的水平，不能满足现代工业大规模、标准化生产的需要。事实上，对于中国工业存在的这些问题，当时的决策者已经逐步形成了共识。

饶斌等汽车产业的先驱者在“七八计划”中提出了发展“三汽”的计划，想通过引进国外技术建设新的本土骨干汽车企业。他们组织 20 多人的代表团考察了美国、瑞典和日本三国的汽车产业，回国后在报告中总结了中国汽车制造业与世界领先水平相比存在的三大差距：

第一，中国的汽车企业在科研、设计、试验三方面与跨国公司之间有惊人的差距。在他们所考察的主要企业中，无论是

美国的通用、福特、万国，还是欧洲的沃尔沃，都有庞大的研发中心，并配以相应的人力和战略性投资；这些研发中心扮演了企业创新竞争发动机的角色。相比之下，中国的汽车企业对科研、设计和试验的认识不足，相应的投入“几乎是零”。

第二，世界主要跨国公司的新建工厂的自动化水平已经很高，计算机的应用相当普遍，并且大多数已经实现了柔性化流水线生产。相比之下，中国企业只有锻压方面的重型装备还算跟得上国际水平。

第三，中国企业在管理方法上与发达国家企业相比有很大的差别。美、瑞、日三国的汽车企业有充分的经营自主权，政府只通过法规、税收和政策影响企业。企业在管理上非常注重做长期规划，注重效率和节约，企业的管理手段已经普遍电子化，管理效率高；企业之间竞争激烈。①

因此，这些认识让以邓小平同志为核心的党的第二代中央领导集体将经济体制改革列为当时头号重要的事务。其中，对工业部门的改革，尤其是对国有企业治理方式的改革，几乎与政策制定者对利用外资的态度变化同时发生与发展。国企改革的举措和“市场换技术”政策实践也深刻地互相影响。

从理论上来说，工业管理体制和国有企业改革的目标是切断国家和企业之间、国家与个人之间的行政指令性的联系，以期将管理问题和企业发展问题交给劳动力市场和产品竞争市

---

① 徐秉金，欧阳敏．中国汽车史话．北京：机械工业出版社，2017.

场，塑造有市场竞争力的国有企业。然而，切断计划经济模式下国家与企业、国家与个人之间的行政关系后，企业应该往什么方向发展、怎么发展，人们并不拥有完备的知识，只能在过程中持续探索。

事实上，企业内不同人群之间的关系是由相当复杂的因素决定的，国家、投资者和劳动者之间的博弈往往被镶嵌在历史进程中，具有明显的路径依赖特征。① 员工加入企业后如何被组织以及组织内的权责分配、信息流通结构什么样，这些事项并不由市场机制决定。当然，劳动力市场、职业经理人市场和技术市场是可以存在的，但从中长期视角来看，它们往往是国家、投资者和劳动者多方博弈的工具，也是行为者推动制度变迁所带来的结果。因此，国家与企业关系的重塑，必然会对企业的内部关系产生影响。当改革逐步剪断了塑造原有企业特征的"国家—企业""国家—个人"行政关系，就必然会有其他的关系在企业中摸索着浮现，从而定义企业的行为模式。在这个演进过程中，改革的举措、改革的顺序都会对国有企业管理模式的转变造成影响。

国有企业的改革是在国民经济面临明显的困境时开始的。以汽车产业为例，1975 年，由于经济困难、中央政府的投资能力不足，一度连二汽都上了"停缓建"名单。为了保住二

---

① 封凯栋，李君然．技能的政治经济学：三组关键命题．北大政治学评论，2018 (2)：159－200.

汽，二汽的时任负责人不得不向国家“要政策”：他们自筹了部分建设经费，以此为条件向国家申请获得部分销售自主权。这一做法在1980年得到了中央的正式认可，二汽才得以从“停缓建”名单中被拿掉。当时比较常见的做法是，当国有企业遭遇困难时，如果企业的领导班子能够站出来承担责任，上级部门大概率就会考虑“给政策”，让企业看看能否自己解决问题。这事实上开始部分地改变了国家与企业之间的关系。以二汽为例，作为改革先行者，它在1983年就获得了实行承包制的许可，并在几任国家领导人的特别过问下，明确二汽的承包期可以延长到1990年。可见在改革之初，相应的举措首先是从给国有企业松绑开始的，它同时改变了国家与企业、国家与职工之间的关系。

厂长负责制

在1978—1981年，对于非试点企业而言，国有企业的改革首先是从扩大企业的经营自主权开始的。1979年，国务院颁布了《关于扩大国营工业企业经营管理自主权的若干规定》，即著名的“扩权十条”，同时颁布的还有《关于国营企业实行利润留成的规定》等五个文件。这些文件的实施使国家减少了对国有企业的利润收取，为增强国有企业的自主经营权提供了空间。从1981年到1982年，国有企业开始实施各种形式的经济责任制，也被称为“盈亏自负制”，进一步扩大了企业的自主权。1984年3月，福建省的55位厂长共同发表了一封公开信，要求进一步提高管理自主权，这封信后来被《人民日

报》转载。政策制定者迅速回应，并于1984年5月出台了一份政策文件，提出“厂长负责制”[①]，并在生产经营计划、产品定价、材料采购、人事管理、确定工资等十个方面赋予厂长决策权。这事实上同时改变了国家与企业、国家与职工之间的两重关系，同时把相应的企业内部管理权限移交给了厂长。特别是当中央在1984年推出补充政策细则时，厂长的地位得到了前所未有的提升，相比之下，党委和职工代表大会的监督作用则被弱化了。[②] 在这份文件中，工厂里的普通员工被描述为需要管理或激励的对象。事实上，在非官方的语言中，他们被认为是影响国有企业生产效率的因素。[③]这事实上隐含了当时改革的行为逻辑，即通过将原本“国家与职工”之间的关系部分地委托给管理者，强化管理者的权威，进而强化自上而下制定的管理规章的执行。

企业承包经营责任制

在“厂长负责制”的发展过程中，中央对国有企业进行了“利改税”改革，即把企业过去上交的利润大部分改为用所得税的形式上交国家，这事实上是为厂长提供管理自主权的关键环节。然而在1982—1984年，国家经济持续萧条，这导致中

---

① 在当时，“厂长”指的是企业的直接负责人。

② 与此前所提到的1978年之前几次“运动”与“整顿”摇摆的过程相比，这是自1956年以来，第一次在关于国有企业管理的政策文件中，并未提及“在党委领导下”这一前提，明确了“厂长负责制”的说法。

③ 张卓元，郑海航. 中国国有企业改革：30年回顾与展望. 北京：人民出版社，2008.

央财政力量的大幅下降。政策制定者转而推行承包责任制。[①]这一设想首先在 1984 年 10 月党的十二届三中全会通过的《中共中央关于经济体制改革的决定》中得以体现。在 1986—1987 年，工业企业的承包制被强调为国有企业改革的下一个关键步骤，并在 1986 年 12 月发布的《关于深化企业改革增强企业活力的若干规定》中确立。随后，国家经委和体改委于 1987 年 8 月联合制定了《关于深化企业改革完善承包经营责任制的意见》，为国有企业的承包制提供了操作性方案。通过承包责任制的安排，国家和企业承包者之间的关系可以通过财务指标简化，从而也保证了国家的收入。[②] 当时的政策制定者认为，这是一种将管理权与所有权分离的好方法。这使承包者在企业内部管理过程中的集中性权力被合法化了，甚至在理论上，承包者的权力集中度远远超越了此前国有企业实行的“一长制”。在这一机制中，员工的话语权和主动性被忽视，他们需要服从承包者的管理安排。

承包经营责任制在国有企业中被广泛推行，但其效果存在很大的争论。首先，在确定承包方案时，政府与承包者双方在信息上并不对称。在政府与潜在承包者的博弈中，也不存在一个充分的“承包者”市场。承包者往往还是企业此前的领导，

① 张军. 不为公众所知的改革：一位经济学家的改革记述. 北京：中信出版社，2010.

② 国有企业承包责任制在理论界最主要的推动者的确是原来从事金融研究、当时调任到国务院发展研究中心的一位专家。

作为企业内部的人，他们有很大的空间来操纵合同签订前国有企业的经营状态，从而获得更好的承包方案。这导致承包制事实上是“一厂一策”、讨价还价，这将诱致企业厂长的短期行为。每年和政府重新谈判时，企业领导人更倾向于采取压低基数等办法来掌握谈判主动权、降低企业未来的经营难度，而不是着力提升企业管理能力。在承包过程中，由于承包方面临着为履行财务责任而获取利润的压力，他们的行为更加以短期利益为导向。企业能力建设，特别是对人力资本和技术系统的投资，因为无法体现为短期见效的财务指标，基本不会成为大多数承包者的核心关切。承包者更倾向于变现企业现有的资产和能力。其次，承包制事实上的“一厂一策”还造成了企业间的不平等竞争，违反了市场经济的基本原则。在转型过程中，这不仅没有强化产业链上不同企业之间的合作，反倒使不同的企业互相拆台，破坏了复杂工业的产业链环境。最后，当时的承包制不仅适用于国有企业整体，也适用于企业内的次级甚至再次级单位，甚至连车间都可以承包。这违背了现代大工业所需的分工和协作原则。当时陈清泰（1992 年后在国务院经贸办和国家经贸委分管国有企业改革工作）就极力反对这种过度强化承包的做法。

事实上，国营企业的承包经营责任制并没有取得预期中的成功。因为这种安排本身并没有提高企业的管理能力，而且承包者的短期行为又进一步伤害了企业能力的建设，甚至伤害了企业原有的基本盘。特别是对于那些涉及复杂技术的、需要进

行协作的专业化工业活动，承包经营责任制加剧了企业生产活动的瓦解。在执行承包制期间，中央财政收入在 1987—1988 年曾一度好转，然而，到 1989—1992 年，承包经营责任制下的国有企业基本上都出现了亏损。1990 年，中央开始重新强调企业党委对经营活动的监督作用；从 1992 年起，政府停止了对承包经营责任制的推广。①

股份制和现代化改革

1992 年，邓小平同志的南方谈话加快了改革的步伐。当时国营企业整体经营情况已经举步维艰，前一阶段的承包制并没有从根本上解决国营企业经营管理中存在的问题，反而诱发了企业行为的短期化和机会主义的盛行，导致后来发生了严重的“三角债”现象。到 1993 年年底，全国 37 万家国有大中型企业的“三角债”为 3 457 亿元，而到 1995 年已经高达 8 000 亿元。② 这使得国企改革必须从根本上为企业松绑，期望通过引入市场机制来激活国有企业的活力。

奠定这一阶段改革举措的最重要文件是 1993 年十四届三中全会通过的《关于建立社会主义市场经济体制若干问题的决定》。该文件表明，要建立产权清晰、权责明确、政企分开、管理科学的现代企业制度。这使原来“工厂制”的国营企业得

① 章迪诚．中国国有企业改革编年史：1978—2005. 北京：中国工人出版社，2006.

② 王松奇．国企改革的实践历程及待解决问题（上）. 银行家，2018 (6)：4 - 5.

以转变为现代化的国有企业。企业中的国有资产以国有财产权的形式在现代股份制企业的治理框架中得以体现。

就企业的内部组织而言，在国有企业进行股份制改革时，企业的内部成员可以选择作为集体所有者或个人所有者获得或购买企业的股票份额。国家体改委在1993年发布《定向募集股份有限公司内部职工持股管理规定》，成为国营企业和集体企业改制时员工持股制度的操作性指南。但是，由于工程师、技术人员和工人个人没有足够的支付能力，而且工会在相关问题上并不积极，普通成员没有办法通过股份制改革在战略制定上获得发言权。此外，随着“建立现代企业制度”改革的进一步推进，《公司法》修订版要求有限责任公司“由五十个以下股东出资设立”，这使得大量员工直接以个人身份持股的方式不再可行，必须采用职工持股会或其他形式来替员工代持股份。到2000年，民政部又终止了对企业内部职工持股会进行社团法人登记，这使得以职工持股会作为持股主体的企业不得不再度进行改制。相关制度的不断变化使得员工持股制度在实践中变得越来越难以维持，这令原本在企业股权结构中保有这一做法的企业纷纷发生了变化。①

在这个过程中，股份制改革在理论上最后切断了国家与企

① 华为虽然不是国有企业或者集体企业，但它从1990年开始执行员工持股制度，并在剧烈的制度变迁中一直坚持其原初的组织理念。为了适应不断变化的制度要求，华为不得不一再主动创新，寻找合理的制度空间，并最终确立以工会委员会作为员工持股载体的做法。

业、国家与职工之间的行政性关系。作为替代性政策，股权的持有及其委托成为企业管理权威的基础。相比普通职工，从平均水平而言，管理者或外来投资者有更大的能力去购入企业的股票。从 20 世纪 90 年代末到 2005 年前后，大量涌现的国有企业的管理层收购（MBO）说明了这一点。当然，在不少企业中，国家依然持有不少股份。然而，国有股份所衍生的权力依然需要委托经营者来执行，这成为管理者拥有管理控制的产权基础，或者说是合法性基础。①

国有企业的现代化改革对于中国后续的发展至关重要，它是现代企业内部形成有效的管理控制的前提。如果没有厘清产权，没有完成政企分离，没有切断国企内部源自“国家—职工”强纽带的行政控制，那么不论是“市场换技术”企业在经济规模上的快速扩张，还是自主创新企业的崛起，都将失去稳固的组织基础。然而，本书需要再一次指出，正如所有在迷雾中探索的改革者一样，当时的人们并不拥有解决问题的完备知识。当国家剪除了国营工厂管理中具有种种弊端的制度温床后，“打破”的任务的确完成了，但“创新型企业”应该是什么样的呢？如何才能使企业既能实现生产质量的稳步提高和生产规模的迅速扩大，同时又能实现核心技术能力的持续进步呢？

---

① 李君然．走出国有企业“内部人控制”的误区：洛阳地区国企改革的启示．文化纵横，2023（1）：132－141＋159．

从国有企业改革的序列来看，这个历史过程的突出特点是强化了管理权力的向上集中，而普通员工，包括工程师、技工和普通工人成为被改革的对象。这肯定不是改革者的初衷，然而改革的序列的确强化了这一点。这一点使得国有企业的组织整合能力被弱化了，因为有效的组织整合需要通过分享、授权来使组织成员产生“会员式”的认同感。组织整合水平的下降使管理者失去了跟员工构建紧密的信息沟通机制的机会，难以收集并掌握生产和开发中的细节，这进一步降低了管理者做出准确决策并驱动有效创新与改革的能力。

3. 改革与“市场换技术”的相互影响

在20世纪90年代中期，陈敏等学者采用Dore的框架，预言中国工业企业的组织模式将向日本模式靠拢，即发展出强组织整合的企业，而不是英美式的强市场导向型组织系统。持这一观点的学者的论据是中国在计划经济时期的组织文化遗产会产生重要影响，然而这样的预期并没有成真。[①]

当中国的国有企业经过20世纪80年代的管理改革和90年代的所有权改革之后，国家与企业之间的关系被根本重塑，指令性的计划经济制度被逐渐废除。改革切断了以前“国家—企业”的指令性计划和“国家—职工”的行政性纽带，于是决

---

① 也有另一些学者认为，员工大量持股不会带来绩效提高。这说明应将由多种因素驱动的组织整合等结构性因素纳入考虑，而不仅仅是考虑员工持股的数量。

策权被集中在少数管理者手中。管理者是在这个过程中逐步赢得主导地位的，这使管理者更倾向于贯彻和强化自上而下的管理秩序，而要极力避免此前曾有的自下而上的“运动”。当然，正如本书多次强调的，在这个过程中人们并不拥有完备的知识和充足的资源。事实上，在中国的转型过程中，国际形势的变化是如此剧烈，时间是如此仓促，以至于决策者必须要在快速变化的局势中抓住一切有利的机会。国有经济在20世纪80—90年代所遭遇的困难之大、问题之多，也令决策者并没有太多的试错空间。这个改革的序列使得中国企业更倾向于强调自上而下的管理秩序，而不是强调组织成员的整合协作。这是市场经济条件下多种企业模式中的一种，或一个发展方向，并不是所有市场经济体都采取这种企业模式。①

改革的过程正好与“市场换技术”实践重合在一起。国营经济的困境及其改革措施有着自身独立的发展轨迹；但在各个具体的企业中，跨国公司合作伙伴在管理经验上的“指导”和国有企业自身改革的倾向相结合，共同推进了企业内部迅速地分层。管理权力快速向上集中，自上而下的管理秩序被视为建设现代化企业的重要任务。通过与中国企业的合资合作，跨国公司需要建设大规模、标准化的生产能力：先进的生产设备为这种生产能力的构建提供了技术保障；制度上的保障就是生产

① 封凯栋，李君然．技能的政治经济学：三组关键命题．北大政治学评论，2018（2）：159－200．

组织中强调管理权威的“美式科学管理”，这恰好又与当时改革的大方向是一致的。这就不难解释为什么在“市场换技术”实践中，普通职工的工作属性变得与 Piore 和 Sabel 所描述的美国大规模生产模式中的工人一样，其工作范围是“精确定义的、明确的任务集合”。[①] 公司内部决策者并不鼓励一线员工（后期甚至包括工程师和技术工人）参与生产任务的定义和分类过程，更不愿意让他们发起产品和技术开发的项目。因为只有这样，才更符合跨国公司与中国本土企业建立合资企业所期望的生产模式。

这就解释了一种有趣的现象。美国、日本和德国的企业模式存在明显的差异，这甚至在管理学和政治学中衍生了专门的研究“资本主义多样性”或者“多样化的资本主义商业系统”的理论流派。但是美、日、德的跨国公司在中国所设立的生产型企业，无论是合资还是独资企业，都近似地强调自上而下的管理秩序。日本企业和德国企业不会在中国推广它们在本国所强调的组织整合[②]，这些国家更不会将其中央研究院的功能搬到中国的企业中。部分观察家依然会强调在华外资企业之间的差异性，但这种差异性却跟它们“资本主义多样性”中本国企

---

① PIORE M J，SABEL C F. The second industrial divide：possibilities for prosperity. New York：Basic Books，1984.

② 日本的大型企业追捧以丰田为代表的“精益生产方式”，该生产方式是由终身雇佣制、年功序列和企业工会这些重要的制度支撑的。德国的大企业曾长期秉持“共同决定制”，工人代表在企业的战略决策机制中分享决策权；德国企业在技能培养方面则强调“双元体制”，强调对工人和工程师技能的培养。

业的相对特征并不必然相关。这就说明了它们对于在中国强调严格遵循管理指令、杜绝自下而上的管理运动具有高度的一致性。

以上解释了“市场换技术”实践中的集体现象。在国有企业改革中，包括工程师、技术人员和工人在内的普通组织成员，在企业内部的控制权争夺或权力分享中不断地被边缘化。企业管理者并不希望其他组织成员被动员起来，尤其是以自下而上的方式；管理者希望其他成员遵循给定的管理命令，并执行明确规定的任务。这迫使参与“市场换技术”的企业只能依赖跨国公司的技术。这些实践的反复累积，又进一步造成了国有企业内部在身份认同上的差异的扩大①，这无疑大大增加了实现组织整合的难度。

一方面，在寻找解决中国工业经济发展困境的答案的过程中，中国抓住了资本主义阵营内部激烈竞争、外部和苏联搞冷战的难得时机。另一方面，在这个过程中，跨国公司也将相关的中国企业塑造成更有利于它们的模样。中国原本在计划经济

---

① 例如，在笔者从事田野调查期间，所遇到的工程师展示了这么一组数据（准确来说是一封写给上级部门的“意见书”）：从 1998 年到 2006 年，他们所在的大型汽车生产企业的普通职工的工资水平没有提高，而在此期间，企业年产量从 30 万台增加到 100 万台。考虑到该公司实行计件工资，即便不考虑通货膨胀因素，普通职工实际工资率实际上已经降低。相比之下，高层和部分中层管理人员的收入比 1998 年增长了 2～8 倍（2006 年的数据）。尽管该企业一直在努力学习日本模式，但是很难想象地位持续下降的底层员工如何拥有足够的动机和权力来积极参与到全面质量管理、零库存和柔性生产模式中。就中国的总体情况而言，劳动者报酬占 GDP 的比例从 1983 年的 56.5%持续下降到 2005 年的 36.7%。数据来源：http：//news. sina. com. cn/c/2010 - 05 - 12/024420251101. shtml.

时代就存在的“科研—生产”脱节问题，在市场化和产业科研系统的改革中变得更为严重，这再次削弱了中国企业通过转化与利用本土科研成果正向推动产业技术能力发展的可能性。[①]

“市场换技术”实践与中国的经济体制改革同步，迅速发展。随着1991年《中华人民共和国外商投资企业和外国企业所得税法》的出台，政策制定者扩大了对外国投资的优惠待遇，这被认为是推进“市场换技术”政策的一个重要信号，造成了中外合资企业数量的激增。仅在1994年，武汉市就有816家国有企业与跨国公司进行了股权合作。[②] 截至1995年，共有15 078家中外合资企业，年产值达4 088亿元人民币。[③] 许多合资企业不是由中央政府直接鼓励建立的，而是由地方政府推动成立的。一些地方政府甚至明确表示，国有企业改革应该参照外资企业的管理方法进行。[④] 许多国有企业自己会积极寻找外国合作伙伴。例如，一汽和大众汽车之间的联系就是自己建立的。

国有企业改革的不同阶段都出现了从众效应。即使没有政府的干预，许多私营企业也自发地追随国企改革的潮流，因为它们认为国企代表的是先进模式。例如，在20世纪80年代

① 封凯栋，姜子莹，张立．产学研组织方式变革：路径依赖与改革前瞻．学术研究，2020（10）：77－83．

② 章迪诚．中国国有企业改革编年史：1978—2005．北京：中国工人出版社，2006．

③ 第三次全国工业普查办公室编．中华人民共和国1995年第三次全国工业普查资料汇编．北京：中国统计出版社，1997．

④ 章迪诚．中国国有企业改革编年史：1978—2005．北京：中国工人出版社，2006．

末，当承包经营责任制在国有企业中盛行时，一些家族控制的企业也实施了这一制度，在家族成员之间划分业务单位的权力和责任。20 世纪 90 年代末至 21 世纪初也出现了类似的情况：当管理层收购作为国有企业改革的新模式被广泛提倡时，私营企业也以此来指导其结构改革，并向管理人员提供大量股票。直到 2005 年中央政府制止了国有企业中盛行的管理层收购热潮，人们才对这一做法有了新的认识。

4. 重新认识自主创新企业的崛起

自主创新企业并不是对管理控制或者对自上而下的管理秩序的反对，它们更不是对改革开放和加入全球化的反对。相反，自主创新浪潮是在社会主义市场经济和现代企业制度的基础上，在开放性和全球化的环境下对中国工业企业组织的重构。重构的核心是通过发展高整合性的学习型组织来解决技术能力不足的问题：自主创新企业以不同形式与工程技术人员分享发展收益，在具体工作开展中部分地授予工程技术团队相应的决策权，“让听得见炮声的人来决策”；它们为有效的组织学习发展了一系列对标世界一流企业的管理机制，如矩阵式组织、并行发展模式、建立知识数据库等；它们通过持续地将战略性资源投放到开发性活动中，通过高强度的开拓性研发项目，为具有职业发展愿景的工程技术人员提供实现自我价值的舞台，从而以“小步快跑”的方式来构建企业能力和产品技术体系。由此，自主创新企业塑造了具有强学习动力和开拓精神

的组织内核。在人力资源上，自主创新企业主要依赖于中国本土的工程师和大学毕业生，但借助构造完全不一样的组织模式，这些企业在核心技术能力的构建上走出了与“市场换技术”企业不同的道路。

特别值得一提的是，正是“市场换技术”实践的发展催生了自主创新的浪潮。因为“市场换技术”需要国家集中优质资源，作为吸引跨国公司的条件，这种做法本身就意味着该政策实践具有排他性，势必有中国的工业企业或人力资源会被排除在“市场换技术”这一主流做法之外。对于被排除在外的企业和人员而言，他们的生存和发展无疑遇到了巨大的压力甚至危机。为了在不利的资源条件与政策条件下谋得生存与发展，被排除在“市场换技术”实践之外的企业不得不将内部工程师的知识创造作为最宝贵和最可靠的资源。正如 Grant 所暗示的，如果企业的主要资源是员工拥有的知识，那么企业就更有可能去选择或创造一种在更广泛的组织范围内分享权力的模式，也就是我们所见到的自主创新企业的组织模式。①

同样值得留意的是，自主创新企业的能力塑造是在“开放”和“全球化”的环境下完成的。国际政治经济格局的剧烈变化为中国利用西方国家的资金和产能提供了机会，从而开启了“市场换技术”的浪潮。国际政治经济格局的演变同样为自

① GRANT R M. Toward a knowledge-based theory of the firm. Strategic management journal，1996，17（S2）：109－122.

主创新企业的崛起提供了机会。作为在迷雾中摸索的后来者，自主创新企业对现代产品和技术开发方法的掌握与深化以及对自身供应链、创新链的搭建，很多都是在国际专业技术企业的帮助下完成的。当然，国际专业技术企业并不是推动中国创新崛起的“志愿者”。和大型跨国公司将中外合资企业作为自身扩大价值创造的载体一样，这些国际专业技术企业也只是将中国自主创新企业作为自身完成价值创造的载体。只不过在这个模式中，中国企业变成了协作中掌舵的一方，变成了集成者。

“市场换技术”和自主创新，可以被理解为两类不同的中国工业组织分别利用了改革开放所带来的机会窗口中不一样的国际资源。但我们必须要认识到，这只能说明自主创新企业的崛起是合理的，并不是必然的。我们愿意相信，扎根于新中国独立自主的民族意识传统，在几代中国工业实践者“为有牺牲多壮志”的愚公移山的信念下，中国企业的自主创新或早或晚必然会出现。在自主创新企业诞生与发展的历程中，我们也的确见到依靠团结奋斗、群策群力解决问题的精神再度闪耀。相比由国家所推动的“市场换技术”，自主创新企业崛起时所拥有的资源条件和政策条件实在太过艰苦，因此，我们依然要承认，自主创新是由一些“不信邪、不怕鬼、不放弃”的人物所开创的。他们坐着绿皮火车从南到北倒腾二手芯片，他们不甘于等待永远不会到来的“另一半日本图纸”，他们看到一个新车设计的油泥模型就甘愿放弃一切，他们愿意将自己创办企业的股权与众人分享。这种英雄气质一直蕴藏在我们这个社会中，从未离去。

第六章
从创新企业到创新系统

新型举国体制的关键价值在于推动本土工业创新活动的“再组织化”，驱动产业的集体行动，以“看得见的手”形成本土不同主体之间的互动机制。

自主创新企业的崛起不仅为本土工业提供了新的产品和新的技术，更重要的贡献还在于重塑了本土工业对于创新型企业的认识。政府所推动的政策范式转变，以及官方为此所配套的各类宣讲活动，推动了其他企业的变化。随着国家层面上的战略转型，对于国内其他企业尤其是被公众广泛关注的大企业而言，参与自主创新不仅已经是社会整体的意识，而且是企业开拓新的竞争空间的需要。自主创新企业所带来的示范效应，使中国社会逐步认识到作为后发者应当如何构建产品和技术开发体系，而不是被外资伙伴牵着鼻子走。此外，自主创新企业的崛起，也使得中国社会重新认识到中国本土工程技术人员的价值。对于工程技术人员个人而言，他们的市场价值提高了，而对于本土企业而言，它们找到了比以往遥遥无期地依赖外资伙伴而言更经济、更可行的构建自主产品和技术开发体系的道

路，即通过招募本土工程师发展创新型组织。

正如上一章所强调的，在管理方法上，所有的企业都不具有完备的知识。自主创新企业在摸索和经营的过程中同样犯过大量错误，也可能会继续犯更多的错误，甚至一些企业并没有充分认识到自己成功的经验，造成了较大的损失。

以A企业为例，曾长期作为产业自主创新领头羊的A企业从2009年开始陷入较长时间的困境。该企业是在中低端产品市场上成长起来的，却曾多次尝试通过招募在跨国公司有工作经验的海归华人或外籍高管来引进“国际先进管理经验”，力图实现企业的“国际化”。此外，该企业还于2007年在上海成立了高端品牌A-SHH公司——企业领导人之所以决定在上海而不是在企业总部所在地成立A-SHH公司，就是为了保证新设子公司不会受到企业原有组织文化的影响，而A-SHH公司大规模聘用拥有漂亮履历的外籍高管和曾在跨国公司工作过的华人就更说明了这一点。

在A企业本部，在2009年之后引进的海归华人高管给企业带来巨大冲击。新的管理团队宣布从2010年开始使用国际先进管理体系。这个突然的变革类似于一次“休克疗法”。管理团队以“质量不高”和“开发方式不规范”等名义放弃了原有的大量产品平台；他们根据跨国公司的做法制定了严格的开发管理规定，并要求工程技术人员必须在极短时间内适应这些规定；他们砍掉了大量开发项目，将涉及车型开发的重要项目砍到了10个以下，终结了企业“小步快跑”的战略。对“国

际先进管理经验”的执着破坏了企业原来用以构建和发展技术能力的做法。企业此前成功的核心在于典型的组织整合，虽然在发展初期与跨国公司能力差距明显，但企业通过持续的产品与技术开发工作来激活并整合工程技术人员的能力并获得了竞争优势。随着企业规模的扩大和财力的增强，企业要求加强开发活动中工作的标准化是合理的；然而，接近于“休克疗法”的企业管理体制的重大改革却造成企业巨大的人才流失，这一改革使工程技术人员失去了进行高强度技术学习的平台，而新引入的员工和管理者并不认同企业原有的组织文化，这些都导致人才流失率居高不下。其他新近加入自主创新浪潮的企业，包括北汽、广汽等都从 A 企业招募了大量工程技术人员以加强自身的力量。简言之，这一改革摧毁了 A 企业原有的组织学习系统，却没能有效建立新的组织学习系统。

事后来看，被企业寄予厚望的、拥有“国际先进管理经验”的经理人并不具备构建大规模学习型组织的能力。市场反应是最直接的：A 企业长期以来的高速增长趋势自 2009 年开始放缓，从 2013 年开始被其他自主创新企业超越，甚至一度跌出了国内汽车厂商的前 10 名。而得到 A 企业长期资源倾斜的 A－SHH 品牌始终未获成功。虽然其车型设计获得过欧洲“红点奖”，但由于 A－SHH 系列的开发成本高，设计也与中国市场主流审美有偏差，该品牌始终未能在中国市场上打开局面。2007—2018 年，A－SHH 品牌的财务损失达到 124 亿元。为解决财务困难，A 企业不得不在 2016 年后多次向

一个潮汕金融集团出售股份，并最终让出控股权。在经历了 A－SHH 品牌的失败和公司的巨大危机后，A 企业的决策者才认识到这并不是“阵痛”，于是撤换了前一阶段聘用的高级管理人员。

本书想强调的并不是自主创新企业的管理实践多么“英明”。相反，从实践中可以看到，自主创新企业在发展过程中也难免犯下各种错误。甚至在未来，本书介绍的这些自主创新企业也可能因为决策失误而遭遇重大挫折，或者因为社会条件变化原本能够帮助企业实现高水平组织动员的基础逐步消解。例如，随着中国工业自主创新能力的快速成长，新一代的工程技术人员对发展本土产品技术平台的热情可能会减弱，不再那么珍视能推动自身能力快速成长的机遇等。

这些变化很可能会导致自主创新企业无法维系既有的“工程师主导型”组织理念。这种现象是普遍的，甚至在华为这样的企业也存在，而且不光新员工会如此，早年参与创业的老员工也存在这种情况。因此，必须通过持续不断的组织创新来保持企业开展高强度技术学习的能力。例如，在华为的员工持股制度下，一些资深员工仅靠股份分红就能获得非常可观的年收入（少数资深员工每年单股份分红所带来的收入便可稳定在 500 万元以上），这使得一些员工失去了努力工作的动力。同时，华为员工持股制度中股份的非流动性也带来了负面影响：少数年长的员工已经失去了奋斗的动力，却由于经济激励不愿意离开企业，这又对组织价值构成了威胁。华为为此制定了企

业内部退休的政策：如果员工已经为华为工作了 10 年以上，他们可以在 45 岁以后申请提前内部退休；内部退休的员工可以在保留华为的虚拟股票份额的同时离开其工作职位。华为从 2008 年开始为每一个职级设置配股上限，这一举措有助于避免股权过分集中于老员工或高职级员工。在 2013 年之后，华为用“时间单位计划”（TUP）代替新增员工的持股机制。公司每年都会根据员工的贡献配发 TUP 额度，但每一期的 TUP 又都会在五年之后过期；获得 TUP 配额的员工将获得为期五年的利润收益权和期末累计增值收益。通过推行 TUP，华为更注重鼓励实践中的劳动者，而不是名义上的职工。

然而，即便在这个过程中有些自主创新企业会走向失败，但中国工业所共同拥有的知识、所走的道路及自信心都已经被彻底改变。中国的工业不会再因为某些国内外所谓的专家或行业领袖说句“中国人造不出万门程控交换机”“中国本土企业连一个车门都设计不出来”而吓倒，不会轻易退回到二三十年前主要依靠廉价劳动力来为跨国公司承接制造组装环节的状态。这是自主创新企业巨大的历史贡献。

中国工业会在创新发展中不断遭遇新的问题。从奥巴马时期开始，以美国为首的西方国家就不断限制中国在高科技领域的创新发展；在特朗普和拜登时期，美国则正式明确了遏制中国的战略，不论是共和党还是民主党集团都就此达成了共识。在长期的发展过程中，中国已经深嵌于由美国主导的全球工业生产体系中，这使得西方国家能够通过在“卡脖子”关键技术

领域对中国实施禁运来限制中国的创新，即通过阻断中国本土创新所依赖的部分环节造成中国创新活动的“系统失灵”和“演进失灵”。中国所面临的这一挑战的实质是产业创新共同体层面的组织问题，与本书所分析的“市场换技术”和“自主创新”的组织问题在本质上是一样的。那么，从本书的逻辑出发，现阶段的中国要突破西方国家的打压、真正实现全面创新，就需要推动本土产业完成创新共同体的“再组织化”。新型举国体制正是利用国家的跨部门动员机制，以“看得见的手”的强组织协调机制来孕育本土不同主体之间面向创新活动的互动。在技术突破和塑造产业共同体等任务完成后，新型举国体制将逐步退出并让位于成熟的市场机制。

1. 自主创新企业组织模式的扩散

本土自主创新企业的组织模式吸引了国内其他企业纷纷效仿。在 2005 年政策转型之前，它们的商业成功就已经吸引了追随者。在通信设备制造领域，UT 斯达康和烽火通信学习了华为、中兴和大唐电信的经验。在汽车领域，众泰、江淮和海马正在模仿奇瑞和吉利的模式。最为瞩目的是稍晚进入轿车领域的自主创新企业比亚迪，它自 2003 年通过收购秦川汽车进入汽车领域。比亚迪在早期一直宣称自己将华为作为企业发展的榜样。

在 2005 年政策转型之后，自主创新企业的经验也影响了原本专注于“市场换技术”的国有企业和其他企业。2005 年

政策转型后，大型国有企业响应政府倡导的自主创新政策，不再将自己锁定为跨国公司在中国本土的合作制造商。在通信设备制造领域，由于华为和中兴已经成为世界级的生产商，其他企业已经没有很大的发展空间了。在汽车领域，大型国有企业都宣布了创建本土品牌的计划。在构建自己的技术能力时，大型国有企业模仿了自主创新企业的模式。例如，通过对外合作来驱动学习的方法盛行于这些大型国有企业为自主品牌建设而新设的公司。为了加快技术力量的建设，它们还特别网罗了大批从自主创新企业中外溢的工程技术人才，少部分企业甚至直接购买了自主创新企业的产品图纸。自主创新经验的扩散所产生的影响是双重的，因为国有骨干企业的转型二次激活了在“市场换技术”实践中学到的经验，包括工厂管理、设备操作和营销技能等。当这些制造和管理能力被用于发展本土的产品及技术开发时，它们的价值得到了充分发挥。

上汽集团是这些企业中转型最成功的一个。它以从韩国双龙公司、英国罗孚公司和南汽集团收购的技术资产为基础发展其自主品牌荣威和名爵，并将其与英国里卡多公司联合建立的研发中心里卡多 2010 用于这两个自主品牌的研发。目前荣威和名爵已经成为可持续的产品开发平台，并反向向英国和欧洲市场出口，2022 年名爵系列对英国的出口量已经超过 5 万辆。凭借雄厚的技术实力，上汽又在 2020 年推出了相对独立的飞凡系列新能源汽车及面向中高端市场的智己系列新能源汽车。

在上汽集团的版图中，值得关注的还有柳州五菱[①]。该公司拥有宝骏和五菱两个轿车品牌，近些年这两个品牌的小型车已经成为国内小型化汽车市场上的重要玩家。柳州五菱所生产的小型电动汽车 Mini EV 自 2020 年 10 月以来，更是持续占据国内电动汽车销售榜的榜首。此外，五菱还大胆进入东南亚市场并在当地建立了自己的工厂。最令人惊喜的是，在 2022 年 11 月印尼巴厘岛举行的二十国集团（G20）领导人第十七次峰会上，五菱的小型电动汽车 Air EV 成为大会官方用车。

在 2005 年政策转型后，一汽后续的自主创新发展历程则相对比较曲折。作为中国汽车产业的“共和国长子”，一汽曾发展了奔腾自主品牌，但其市场表现不如预期。一汽多次推出红旗系列新产品，试图重振这个在民族情感中占据特殊地位的品牌，却一度因为委托外方设计而导致日本风格过于明显，招致了社会公众的不少批评。2017 年，一汽重组了红旗的产品线，最终凭借 H 系列的轿车和 HS 系列的 SUV 重新获得了市场的认可。

二汽东风的转型同样漫长。东风在燃油车时代曾效仿国内其他企业的做法，推出了东风启辰等自主品牌，但并没有取得预期的成功。在新能源汽车时代，东风一方面让旗下企业赛力斯与华为合作推出了问界系列电动车，成为新的造车方式的创

---

① 全名上海通用五菱，它由上汽通用汽车、上汽集团和柳州微型汽车厂合资创立。经历了大量的挫折后，曾经在 20 世纪 80 年代末因“抢跑”而遭到产业管理部门严厉处罚的柳州汽车工业，依然在坚持追求制造乘用车的梦想。

新者；另一方面还成立了自主品牌岚图。但在近两年电动汽车迅速崛起、传统燃油汽车面临巨大挑战的背景下，东风的整体转型并不顺畅。2023 年年初，在湖北省政府的支持下，东风通过提供消费者补贴来促销燃油车的做法引发了传统燃油车的降价热潮。这从侧面反映出东风汽车对严峻挑战的感知。

其他大型国有企业也购买了国内外技术资产以加快发展自主品牌的步伐。北汽集团在 2006 年重新建立了研发中心，并在 2009 年收购了萨博的一些技术资产，甚至还试图从奇瑞购买产品平台。但在北汽购买萨博的技术资产时，国内产业界就有人指出该技术过于陈旧，在国内汽车市场已经发生质变的背景下，北汽恐难实现其战略意图。后来，北汽在萨博的技术基础上推出的中高端轿车在市场上的确没有形成影响力。随后，在发展新能源汽车的过程中，北汽推出的一系列“油改电”的新能源车型，凭借着北京市政府的支持获得了一定的空间。随着中国电动汽车产业在 2015 年之后加速发展，北汽也设立了独立的子公司北汽新能源以全力发展电动汽车，并尝试做“第一个吃螃蟹的人”，较早与华为开展合作，以纳入华为的鸿蒙操作系统。然而，北汽的北极狐系列电动汽车由于性价比低没能获得中国主流消费者的认可。而在中高端市场上，北汽也没有办法挑战蔚来和理想等造车新势力的产品以及比亚迪、吉利等自主创新企业的高端产品。

2012 年，为了获得奇瑞的发动机和变速箱技术，广汽与奇瑞建立联盟，并从奇瑞购买了产品平台。以此为基础，广汽

的传祺品牌成功地在国内市场崭露头角。随着广汽在新能源汽车领域发力，它在传统燃油汽车上通过学习自主创新企业所获得的经验发挥了巨大的作用。当前，广汽的埃安系列电动汽车已经成为国内极具竞争力的产品；进入 2023 年，埃安系列更是挺进了新能源汽车销量的前列，与比亚迪、特斯拉和柳州五菱的若干车型一起，构成了 2023 年上半年国内新能源汽车销量排名的第一阵营。

2. 系统性问题浮现

虽然自主创新已经成为中国工业不可逆转的潮流，但我们依然要清醒地认识到：自主创新企业的崛起回答了单个企业如何从由发达国家的跨国公司主导的全球生产网络中脱嵌，并形成自主的技术学习体系，即单个企业面向产品和复杂技术开发如何构建学习型组织的问题。只有当中国企业形成了自主的学习型组织，它们才能有效地将中国改革开放塑造的良好条件——流动性越发增强的要素市场、逐步放宽的经商环境、接触国际一流供应商的便利环境，以及与国际高水平厂商同台竞技的机会等，转化为构筑企业技术能力的有利因素。本书反复比较“市场换技术”企业和自主创新企业，正是为了强调，如果中国工业没有发展出自主的学习型组织，那么上述有利条件就难以对企业发展技术能力起到助推作用。

在现代复杂工业中，技术产品融合了多种不同领域甚至不同学科的技术，超出了大部分单个企业所能完全掌控的范畴，

因此创新活动往往需要由一套产业链或者创新链来共同完成。以当前中国社会最关切的集成电路工业为例，它不仅包括材料、设计、制造、封装、测试和设备等诸多高度分工的环节，涉及物理、化学、计算机、自动化、材料、电子等广泛学科，而且其中任何一环都高度复杂。例如，光刻机的零部件数量就以 10 万为基本计数单位，需要超过 5 000 个供应商的庞大产业链来共同完成产品开发、设计、零部件供应、组装制造和售后维护。

事实上，研究创新的学者从 20 世纪 80 年代起就陆续认识到，现代复杂工业的创新本身就是以不同参与者之间的互动为基石的。在现代分工体系中，由于生产者和用户在组织形态上是分离的，生产者和用户（包括最终消费者和工业用户）之间必须进行必要的互动，使双方得以掌握彼此的信息，形成必要的方向感，避免误判和盲试。这是创新的市场机制得以成立的前提。否则在“完美市场”的预设下，市场上传递的如果只有价格和数量信号，面向创新的市场竞争就会因为过度浪费而导致自我倾覆。① 同时，这种互动还不断为创新者塑造新的问题情境，从而持续驱动嵌入其中的创新者的技术进步——无论问题是由用户需求还是由产业链技术条件变化，抑或要素供应情况所塑造的。② 面向创新竞争的市场可以说是“组织性”的，

---

① NELSON R R. Why do firms differ, and how does it matter? Strategic management journal, 1991, 12 (S2): 61－74；封凯栋．国家的双重角色：发展与转型的国家创新系统理论．北京：北京大学出版社，2022.

② CLARK K B. The interaction of design hierarchies and market concepts in technological evolution. Research policy, 1985, 14 (5): 235－251.

并且技术越复杂、技术变动的频率越高、技术产品的价值越高，这种“组织性”的重要性就越大。[①] 事实上，从这个角度来说，创新从来都不是一次性的，也不是“完美”的。因为企业与用户之间、企业与企业之间、企业与大学及科研院所之间的互动会长期持续：启动新项目、投放新产品、收集用户反馈、参加供应商的新技术宣讲、分析和掌握市场及竞争对手的动态、拆解并逆向分析竞争对手的产品、与科研界和政府规制部门开展合作、参与学界或产业共同体（学会、协会等）的论坛、企业间为了在行业标准或技术路线图中占据优势而发起联盟、与投资方及咨询公司交换意见等，都会为企业带来新的信息情境，从而不断为创新塑造新问题和新条件。在不同企业“组织性”的互动过程中，竞争则在一轮轮的产品投放中持续推进。从知识生产和知识转化的角度来看，我们甚至可以认为参与竞争的不是单个企业，而是最终产品生产商背后的不同群体：大量主体通过组成各个阵营（其中可能存在部分成员的交叉重叠）展开竞争。

我们将这些互动分为内、中、外三环：内环为企业与上下游用户及竞争对手等与产品技术直接相关的主体之间的互动，中环为企业与大学及科研院所、科研及产业共同体、专利及智力资源市场等与创新知识相关的主体之间的互动，外环则为企

---

① 封凯栋，姜子莹．创新的不确定性与受组织的市场：产业政策讨论应有的演化理论基础．学海，2019（2）：134－147．

业与金融机构、政府主管部门、教育及培训部门等与创新竞争的环境条件相关的主体之间的互动。基于这种划分，我们会认识到，面向创新竞争的“组织性”不仅体现为产业共同体内不同企业（以及与用户）之间塑造的长期互动和协作关系，也扎根于企业所在国在长期创新发展中所形成的产学研共同体、共同技术知识积累和协作经验积累，同时还受到企业所在国的政军产学研协作政策、教育和人力资源培训、政府对产业的强制性管制、专利和反垄断措施等诸多经济社会制度的影响。如果沿着产品在技术上的层级性展开讨论，我们还能发现这种协作关系内部存在明显的层级性和权力结构，即其中的系统集成环节及技术（或资本）密集型环节的参与者往往在一定程度上拥有对其他环节参与者的支配权。

当然，与所有协调机制一样，创新阵营在为参与者提供支持的同时，也会形成自身的僵化，使其因为不适应新的技术挑战而遭遇困境，从而导致创新群体产生“系统失灵”或者“演进失灵”①。然而，这并不等于说没有嵌入任何组织性协调机制的企业就拥有“后发者优势”。“组织性”协作机制之所以重要，是因为动态的创新竞争过程所涉及的信息和知识几乎不可能由单个企业独自掌握，创新者必须不断与其他伙伴互动才有可能掌握信息并有效地利用相关资源。无论是在国际还是在国

① “系统失灵”和“演进失灵”是创新研究学者使用的术语。“演进失灵”在概念上接近于“系统失灵”的结果，即创新系统由于存在结构性问题而无法产生内部的协调行动，从而导致无法实现有效的演进。

内竞争的情境下，那些未能嵌入这种动态的互动机制的企业会在识别和界定技术问题、形成产业协作及回应市场需求等方面处于明显的劣势。即使是媒体宣传的那些“横空出世”的创新者，往往也都嵌入特定的科研或企业群体中，并且一旦完成产业化运作，就会尽快扩张阵营，以扩大市场影响力并维系自身竞争力。

也就是说，虽然人们常说“企业是创新的主体”，但在有效的创新经济体中，企业并不是在隔绝于外界的环境下开展创新的。换句话说，隔绝于外界的企业是很难持续地开展有效的创新的。从这个意义来说，2004—2005 年“自主创新”大讨论中部分对自主创新持批评态度的观察家强调“不能搞封闭式创新”是对的，因为创新不能在隔绝大多数外部信息的条件下进行。但他们用这句话来批评自主创新企业的逻辑是完全错误的，因为从这一视角来说，自主创新企业直接面对本土消费者的需求，甚至主动挖掘并培养本土消费者的潜在需求，同时竭尽所能地动员国内外所有予以回应的合作者，它们的行为模式是高度开放的。自主创新企业根据自身需要，在与国内外协作者互动的过程中识别问题、协商协作形成技术方案；它们从丰富的、动态的市场竞争和产业协作中获取、分析和利用信息，并在企业内部与外部不同组织单位间形成紧密的、互相嵌入的专业化分工。荒谬的是，在“市场换技术”背景下，中外合资企业不得不在“生产什么”“如何生产”等关键问题上从外方合作者非常有限的渠道接收外部信息，而且它们在互动中的自

主程度很低，即它们难以根据自身战略愿景与现实需要选择互动的对象和互动的内容。可以说，“市场换技术”企业在事实上被跨国公司纳入其所主导的高度计划性的全球生产体系内，这反倒更接近于批评者所说的“封闭式创新”，甚至是由跨国公司所强加的“指令性”生产模式。

3. 系统性问题的根源

对创新所需要的系统性互动机制的讨论，为人们理解现阶段中国工业创新所面临的任务开拓了很多亟待深入研究的问题，但限于篇幅，本书仅为抛砖引玉。我们认为，在中美关系发生变化后，美方之所以能够通过产业链断供和科技禁运等方式对中国的创新发展造成实质性负面影响，根源在于中国在融入全球工业经济体系和改革原有的工业体系时的不少举措从客观上导致了部分本土工业和产学研机制的“去组织化”。由于复杂技术的持续创新有赖于产业内、产学研之间的有效互动，在外部联系被发达国家切断的前提下，本土产业内缺乏必要的“组织性”互动机制就使得企业无法按照自己的意愿去开启复杂技术产品的创新活动。这种“去组织化”现象，在中国的产业内部、工业行政决策机制和产学研协作中普遍存在。在融入全球体系、发展“世界工厂”模式时，中国本土企业依托国际市场旺盛的需求与供应，在不依赖（也不建设）本土“组织性”的创新机制的情况下，依然能够获得生产制造活动所需的要素和激励。

从这个角度来说，“市场换技术”实践不仅重塑了中国的

工业企业组织，重塑了中国的工业组织方式，还重塑了中国工业企业以及中国政产学研之间的协作方式。中国的产学研互动频率相对较低，在关键技术上对国外专利授权依赖度高，甚至在科研的议程设定上也存在明显的对外依赖。这些现象得到了学者基于专利和科学文献的实证研究的支持。这说明，在中美贸易战之前中国企业和科研部门没有形成较好的组织度，而是被整合到由跨国公司所主导的全球生产网络中。

在工业领域，无论是早期的“三来一补”加工服务模式，还是后来盛行的OEM模式，抑或以中外合资模式为基础的“市场换技术”实践，中国企业在生产目标、生产规范或生产技术上都受制于跨国公司的安排。在与跨国公司的合作中，部分中国企业甚至追求在生产设施上也尽量复制跨国公司本部的设置，如华晨宝马在合资生产宝马之初津津乐道的“立体厂房”。这些企业嵌入由西方企业主导的全球生产网络中，使得它们与本土企业的互动被弱化甚至被消除，产业链中的系统设计、关键零部件研发、关键仪器和关键材料供应则都掌握在西方企业手中。这一方面带来了中国制造业规模的快速成长，另一方面也带来本土工业的“去组织化”现象，即不少企业不再通过与其他本土企业开展互动来获取关键信息并推动关键技术创新，而是在国外合作伙伴的引导下，采用其指定的设备，采购其指定的零部件，按照符合外方要求的生产管理体系生产满足外方要求的产品。这体现为工业中间品和工业加工服务长期在中国的进出口中占据了较高比重。结果是，中方企业不仅在

技术活动范畴上明显受限，而且没有从产品制造到产品研发、从部分到整体的能力进阶路径。更糟糕的是，在没有特殊保障机制的前提下，相应的互动经验几乎很难在国内得到整合并有效地推动技术发展。

对于工业“去组织化”对本土工业能力积累所带来的负面效应，可以从本土机床工业的困境反映出来。机床工业在整个工业体系中具有特殊性，它既有内生的技术进步机制，也能从与各类用户的互动中获取信息，尤其是从领先用户那里获取技术知识。在正常的创新生态中，机床工业是本土创新互动机制中的焦点，它事实上部分扮演了相关产业的公共知识库的角色，是经济学家所强调的工业公地（industrial commons）的重要组成部分，也发挥了重要技术在产业间扩散的桥梁作用。可以说，机床工业的发展水平和技术能力反映了一个国家创新内循环的水平。在过去几十年间，中国机床工业的“十八罗汉”中的大部分都遭遇了困境，尤其是在高端机床领域。困境的产生既源于机床企业自身的管理体制无法迅速适应市场竞争机制，也源于这一时期中国工业经济整体“去组织化”的系统性特征，即与“中国制造”相关的高端“生产商—用户”互动并不发生在本土的产业共同体内。机床工业所面临的问题并非孤例，事实上大部分“通用工具式”的工业环节都扮演着与机床工业在传统机械类产业中相似的角色，如科学仪器设备、操作系统和各类科学软件、工业软件等。作为中国工业发展中的能力短板，这些领域成为现阶段需要采用新型举国体制来攻坚

克难的对象，这些短板所反映的不仅是相应环节企业技术能力不足的问题，更是相关本土产业缺少创新内循环的系统性问题。

中国从计划经济向市场经济改革的举措也从客观上带来了“去组织化”的效果。这并不是否认市场化改革的合理性，而是强调改革过程并没有妥善地继承与发扬在工业发展历程中所形成的系统性知识和协调经验。中国在计划经济时期发展了一系列专业化的工业部委，其中国家计委和国家经委承担计划统筹和系统协调的功能。各个工业专业部委内部，以国有企业、产业科研院所和部属高校为基本框架，构建起了从人才培养到生产制造的一体化体系。这套体系使得各个工业部委得以实现对各自产业领域内产学研信息的有效获取，并通过联合攻关等形式在产业内实现技术创新活动的组织性。① 在技术创新问题上，这套体系决策流程长，自上而下的决策机制难以发挥企业和工程技术人员的积极性，而系统僵化问题也限制了本土工业的创新能力，势必要进行根本性改革。② 然而，在对不适合创新发展的计划经济体系进行改革的过程中，改革者并没有意识到应该保留或转化原有政企互动的信息网络和协调创新的系统性能力。原有的工业专业部委在改组为国家经贸委下的专业局

---

① 封凯栋，姜子莹，赵亭亭．国家工业理解能力：基于中国铁路机车与汽车产业的比较研究．社会学研究，2021（3）：91－113＋227－228．

② 孙冶方．从必须改革“复制古董、冻结技术进步”的设备管理制度谈起．红旗，1979（6）：24－31；路风．光变：一个企业及其工业史．北京：当代中国出版社，2016．

后，在 20 世纪 90 年代末开始的二次改制中大多数转化为体制内的行业协会。由于编制的缩减以及决策系统和决策机制的多次转变，这些行业协会事实上并没能有效促进政府和企业之间、企业与企业之间的互动。国家发改委和工信部的工业决策部门则由于人员规模的缩减和干部成长路径的变化，无法通过长时间扎根于产业来保持自身高水平的专业性，也无法实现对产业和企业信息的充分掌握。事实上，在特朗普政府以产业链断供和科技禁运方式来制约中国工业创新之前，国内无论是决策者还是社会公众对重点行业的科技发展态势的判断一度是相对乐观的，而后陆续暴露出来的"短板""细脖子"才让人们逐步充分且具体地认识到了困难——这事实上正是政府对产业创新问题信息能力不足的体现。

中国的创新政策在改革过程中也发生了根本性的变化。与此前强调部委协调联合攻关，以国有企业、部委科研院所和高校为主力军组成攻关团队的做法不同，从 20 世纪 90 年代开始，国务院各部委开始陆续推行公开招标来实施科技研发类的政府项目，这陆续发展为后来各部委的重点研发计划、重大专项和技术改造项目等。而后，国务院又实行了"高新技术企业"等多种资质类的资助政策。各地方政府也推行了类似的政策组合。这些政策能更有效地覆盖量大面广的企业，但政府决策者缺乏对特定产业问题的高水平、专业性的认识，对产业和企业的信息掌握得很不够，导致政策的制定与执行所依托的政府信息能力并不完备；政府实际上对受政策资助对象的创新活

动的辨析能力有限，这为企业在申请政策资质和项目时通过操作研发投入和专利产出等数据来“糊弄事”提供了极大的空间。现行的创新政策的效果并不好，学术界甚至发展出了政府的“制度空隙”和企业的“形式性创新”“策略性创新”等概念来描述此类现象。

在本土工业创新“去组织化”现象中，产学研之间的脱节则被人们批评得更多。探索未知领域的基础科研活动和为特定的工业创新目标服务的应用技术开发活动，在性质上是完全不同的两类活动。① 要让基础研究服务于产业创新，就需要为科研工作者和产业技术开发者提供协作平台，以推动二者之间的互动和融合。计划经济时期仿照苏联模式构建起来的科研体系将基础研究、应用技术研究和工业生产分别置于不同的部门内，而且不同的产业部门往往又分属于不同的工业专业部委，这就导致在大部分情形下产学研之间必要的互动是明确受限的；而技术进步依赖于计划经济体系内设定好的产学研三方的定点对应关系，以及由上级部门发起的联合攻关项目。由部委发起的联合攻关项目，是计划经济时期打破产业内部边界、实现广泛动员的重要机制。但这样的机制并不是常态。计划部门需要利用工业盈余在全国范围内实现外延式的扩大再生产，即

---

① 封凯栋，沈群红．认知转换、知识桥接与创新网络构建：发展新型创新载体的制度基础．科学学与科学技术管理，2017（6）：55－64；贺俊．“归位”重于“连接”：整体观下的科技成果转化政策反思．中国人民大学学报，2023（2）：118－130.

持续地扩大工业投资和生产规模，并将工业投资拓展到新的地区以完成地理上的工业布局。这使得用于重大产品技术升级的资源非常有限，在不少产业重大的联合攻关项目的时间间隔甚至要以 10 年为计数单位。[①] 更重要的是，即便是这样的技术开发活动，它们的开放性依然是有限的。计划者限制了任务目标、参与成员，同时往往不接受在同一个任务内存在多种相互竞争的技术路线。当时的产业科研部门与生产部门之间的衔接明显不畅。

从 20 世纪 80 年代开始，与工业部门的改革同步，中国也对科研部门进行了深入的改革。政府先是在 1985 年对科技部门进行了拨款制度改革，并且放松了对科研院所的管制。改革按照不同类型科技活动的特点逐步建立起科学基金制度，同时开始要求科研院所服务于经济活动。这一系列改革的实质是允许科研院所在计划经济体制下科研院所与生产型企业的“定点”对应关系以外开展应用开发活动，并通过自主经营活动来补足部分经费缺口。

在邓小平同志 1992 年南方谈话后，中央将科研体制改革

---

① 在本书所研究的这两个工业部门中，最典型的例子就是一汽解放牌 CA10 卡车（含 CA15）的“三十年一贯制”，即从 1956 年 CA10 投产开始，到 1986 年停产，一汽卡车几乎只生产 CA10 系列产品，累计总数将近 130 万台。当然，这一例子有一定特殊性，因为在 1967 年建设二汽期间，一汽曾将当时已经完成的改款 CA140 的图纸和部分技术人员都转给了二汽，即后来的 EQ140。但即便将中间的 CA141 计入，产品整体的生产换代周期也足够长了。在关键零部件的产品革新周期上，情况也类似。

的基本政策思路定为“稳住一头，放开一片”。“稳住一头”强调的是要稳定地支持基础研究；而“放开一片”则是要求应用型科研单位开展科技成果产业化，更直接地服务于经济建设。

部属科研院所在 20 世纪 90 年代末则进行了市场化改革。1998 年，国务院原有的一系列专业工业主管部门被并入国家经贸委。1999 年，当时已经被并入国家经贸委的 10 个国家局下辖的 242 家科研机构被要求进行市场化改制，这些科研院所要么被并入企业集团，要么成为企业的研发机构，要么直接改制为企业。人们普遍将此次改革视为中国科研体制改革的里程碑事件，因为这不仅意味着中国长期以来实行的“部委科研院所—中科院—大学”这套在产业技术研究、基础研究和大学各有侧重的体系被改变，也意味着原本专门负责产业科研活动的院所体系解体了。随后，在 2000 年，建设部、国土资源部等 11 个部委下属的 134 家技术开发性科研机构也启动了相应的改制；副省级城市以上地方政府所属的 981 家技术开发性科研院所也转向工商部门做登记，其机构属性改变了。

上述科研体制改革的效果是存在争议的。根据国家统计局历年统计数据，改革在缩减原有科研体制的规模方面是有效的：从 1995 年到 2008 年，全国县以上独立核算研究机构和院所（不含转制院所）的数量从 5 850 家下降为 3 727 家，研发机构从业人员从 101 万人下降至 62 万人，科研人员从 64.4 万人下降至 48.8 万人。但是，在接纳和吸收这些转制的科研院所之后，相关的国有企业在研发方面的表现并不尽如人意。大

中型企业中的技术开发机构的比例呈下降趋势。1990 年，全国规模以上企业有 60％设立了技术开发机构，到 2008 年，这一比例却下降到 5％。

必须要说明的是，本书并非强调原有计划经济体制下的工业体制和科研体制不应当被改革。事实上，早在计划经济时期，不少政策决策者和工业管理干部就深感“科研—产业”分立带来了诸多弊端。如果当时的产业创新蓬勃发展，如果当时的产学研结合效果好、效率高，那么中国也就没有必要走上“市场换技术”的道路了。但时代留给人们的问题与工业部门里的改革是一样的：我们都知道应当去改革，我们也进行了改革，但如何塑造一套新的体系？应当塑造一套什么样的新体系？我们同样并不预先具备完备的知识。我们对真实的市场经济本质逻辑的认识是非常不充分的，甚至是受到了误导的。我们并没有认识到面向创新的市场经济“组织性”的本质。大量的改革参与者和社会观察者（包括笔者本人在内）都一度误以为只要将计划经济体制改革掉，市场机制就会自然地占据空间并对经济和创新竞争行为起到有效的资源配置作用。然而事实证明，市场机制并不会自然而然地驱动创新的发生，创新的持续发生与发展需要社会发展出一套有“组织性”的创新系统。而在后发国家中，这套系统的形成需要有先行者闯出路来，并逐步发展出超越市场的组织性力量。

中国产业创新生态面貌的改观并非直接得益于科研体制改革，而是得益于产业部门中自主创新浪潮的兴起。自主创新不

仅带来了新的产品和新的企业，也重新塑造了中国的创新生态。见证了新的工业组织和创新生态后，人们重新认识到中国本土工程技术和科研人员的价值，甚至连跨国公司也在2005年之后在中国设立大量研发机构。2010年发展战略性新兴产业政策的出台、国家科技重大专项的设立，开始给发达国家带来危机感。然后，中国政府力推的TD-SCDMA成为国际标准，中国率先在太阳能光伏领域和电动汽车领域布局且产业化成效显著，华为和中兴进入世界通信技术领域的领军企业之列并主导了若干国际标准，中国推行“中国制造2025”并在量子计算、人工智能、互联网经济领域取得巨大突破。这些进步逐渐改变着中国的创新生态，中国开始在若干技术环节与国际领先者并行，甚至陆续出现了立足于本土的创新协作。

作为现行国际经济体系的主导者，美国通过自身的资本投资和长期的科技投资，在大量前沿科技领域的技术系统和关键部件技术方面都具有优势。面对中国的崛起，美国的行为逻辑与20世纪八九十年代“市场换技术”实践中外方控制中国产业技术发展方向和范畴的做法是一致的：以全球生产网络来限制中国参与者的行为范畴，切断不同环节之间的联系；一旦出现“控制失灵”，美国就通过在关键技术、关键设备和关键材料上卡住中国本土产业链的“脖子”，严控关键领域科技人员正常跨国流动和合作等手段来制造对中国产业创新不利的外部环境。通过将中国排斥在由其主导的全球创新体系之外来实现

对中国关键领域创新活动的“釜底抽薪”，以此限制中国发展出能持续孕育创新的产业创新共同体。

4.“逆潮流”的一体化尝试

工业活动的“去组织化”削弱了本土产业应对外部冲击和技术变化的能力。年轻学者纪怡就通过研究中国纺织工业和电子工业的发展历程强调了产业系统协调能力在创新发展中的重要性。[①] 她的研究尤其凸显了部分地区在改革过程中，由于没有意识到产业协调机制的重要性，裁撤了承担相应职能的机构，导致产业整体迅速走向衰败的过程。当然，对于中国传统制造业而言，中国在加入世贸组织之后工业经济的快速扩张，以及美国和欧洲等发达国家和地区工业制造能力的外迁，为中国在新的情境下重组本土企业之间的互动机制提供了活动载体和转型时间。

事实上，在大量的传统制造业中，中国部门间的互动及关联性是中国经济增长的重要源泉。[②] 而美国的短板，恰恰源于其制造业大量外流后，本土前沿技术创新与工程开发、生产制造环节缺乏紧密的关联，导致其技术创新难以从工程和制造环节获得有效的反馈。在民用旋翼无人机市场，大疆击败了在技

---

① 纪怡．产业系统协调能力与产业竞争力：基于中国纺织和电子工业发展史的案例研究．北京：北京大学，2023．

② 路风．中国经济为什么能够增长．中国社会科学，2022（1）：36－62＋204－205．

术上曾一度领先的美国企业和法国企业恰恰证明了这一点。后者在产品技术上起步更早，但它们需要与中国珠三角地区的大量企业进行协调才能完成试制和生产。这就使得本来就置身于珠三角的大疆在动态的竞争中陆续夺得优势，并最终主导了产品技术的发展方向。电动汽车领域也有类似的情况，强势的制造能力和预先布局的战略预判力，使得中国较早就形成了电动汽车发展的全产业链。这种全产业链是美方所没有的，美方甚至利用车规级芯片和电动机等技术密集型环节来卡中国电动汽车产业创新的“脖子”，但这种策略并没有奏效，因为中国本土已经在大部分环节陆续形成了自主开发能力。

正如前文强调的，在创新竞争中，不同主体之间互动的需要会随着技术复杂程度、技术变动速率和产品价值的变化而变化。中国产业创新受国外科技禁运和供应链“卡脖子”影响，也受到产业技术复杂度、技术成熟度和中国本土已有供应链的成熟程度等多重因素影响。一般来说，在特定时期国际竞争的技术前沿，由于产品或模块由数量庞杂的精密部件组成或者技术创新活动需要多部门协作等，后发者的产业创新活动都可能因先发者在关键技术环节对其“卡脖子”而被打乱。

这其实解释了在中国的工业被“市场换技术”实践主导时，为什么部分自主创新企业在能力构建的过程中会有“一体化”的倾向，即在企业内或围绕主机厂通过投资或合资的方式构建一批核心供应企业来保证自身的产业链安全，同时确保性价比优势。这在汽车产业中极为常见，奇瑞和吉利都有过建立

庞大的发动机、变速箱部门，并投资建立几百家核心供应企业的发展历程。奇瑞甚至还创办了自己的造船、工程机械、机床和工业机器人企业。比亚迪则是中国汽车产业自主创新阵营中更为极致的案例，它不仅在燃油车时期发展了自己的核心供应链，而且为了率先发展锂电池驱动的新能源汽车，通过自建或者合资、合作，覆盖了从有色金属冶炼到新能源汽车生产长产业链条中的大量环节，被人们视为典型的“纵向一体化”企业。而在2017年之后，比亚迪才进行了一些调整，通过部分从外部市场采购来强化内部供应。

在通信设备制造业中，虽然中兴与华为暂时还未涉足集成电路制造，但是它们极早就投资并设立了集成电路设计部门。它们同样覆盖了大量相关的产品和领域，例如围绕基站系统，这些企业同时布局了电源、电缆、太阳能逆变器等不同领域，这为它们后续进入智能电网、智慧城市等领域提供了基础。凭借在通信设备制造领域的优势，这两家企业较早进入了手机和智能家居的设计与生产制造环节。随后，华为还利用自己在硬件和鸿蒙系统上的优势，进入了新能源汽车开发领域。

自主创新企业“一体化”的做法源自在其崛起的过程中，作为新模式的开拓者，它们在相关领域内缺乏合适的本土合作伙伴。这些企业在广泛开展对外合作的同时，不得不将跨国公司在这一时期已经可以在市场上外包的部分环节内部化，通过自身投资以确保相应的产业链或创新链的安全。为了建设健全的创新链条，华为在国内设立了7个研发中心，在海外设立了

34个研发中心，围绕通信设备技术基本上形成了贯通基础研究、技术原型验证、工程技术开发、最终产品创新的完整链条，拥有了持续生产关键技术和系统性技术的能力。其中，在发展3G的SingleRAN技术时，华为成功推动其俄罗斯中心的基础科研成果发展出"多载波技术"；在4G技术中，华为则利用其瑞典中心的研究能力发展出"多路复用技术"；而在争夺5G技术制高点的过程中，华为更是利用其土耳其中心的科技转化能力率先推出Polar码等，展现出强大的从科研到产业化的转化和整合能力。

除了汽车和通信设备制造这两个产业，国内一些学者也在其他领域发现了类似的现象，即自主创新企业通过一定程度上的纵向一体化来拓展自身在产业链的布局。[①] 当然，这些自主创新企业的做法并不是绝对意义上的纵向一体化，而只是相对意义上的，企业大多是往上游的设备环节或下游的生产制造环节进行延伸。这种做法也可以被视为企业对已有关键能力的复用，即将核心技术能力迁移到新的产品领域内，以获得更大的经济回报。但从创新生态的视角来说，部分自主创新企业"逆潮流"而动揭示出两个重要发现：一是，由于中国本土产业创新生态"系统失灵"，这些自主创新企业为了规避风险，保证自身在创新战略上的自主性，不得不以部分内部一体化的尝试

① 孙喜．纵向一体化在中国产业升级中的作用研究．科学学研究，2020（11）：1954－1965；孙喜．打造创新链：中国经济转型升级的厦门宏发经验．文化纵横，2021（4）．61－70．

来弥补外部市场的不足；二是，在发展中国家，有效的组织学习系统是产业创新中最重要的资源，这使得企业在进入相似和相关领域时能够迅速地通过复制自身原有的组织模式而形成市场竞争力。这也从根本上将自主创新企业与依附于由跨国公司主导的全球生产网络的企业区分开来，因为后者是没有办法通过简单地复制自己的组织经验而进入新的领域开展研发活动的。

5. 新型举国体制推动“再组织化”

尽管早在美国对中国发起科技禁运之前，就有部分中国自主创新企业通过上下游布局来增强创新发展中的自主性，然而，当中国与国际竞争对手的创新竞争挺进到前沿技术领域以及涉及大量前沿的科学研究和工程技术发明的复杂技术工业时，单个企业便无法以一己之力完成对众多环节的内部化，而只能依靠外部协作。现如今的前沿技术包括诸如通信设备和新能源汽车等领域，涉及科技密集型（如有色金属材料）、工程密集型（如集成电路的制造、封装和测试）、资本密集型（如集成电路制造的大部分环节）等环节。

从表象来看，中国在部分产业技术领域陷入困境的确是因为存在“技术短板”和产业链“细脖子”，究其根源则是在长期发展过程中中国本土企业未能在相关领域内形成有效的创新互动机制，即存在“系统失灵”，导致外部环境变化后本土产业共同体无法自动地推动系统演进。事实上，作为世界上工业

门类最全的国家，中国在面临“卡脖子”困境的大多数产业环节都存在本土企业主体。然而，由于相关产业内的主要本土企业两头在外，并没有发展和维系本土创新互动网络，导致这些产业环节长期未能嵌入活跃的创新互动机制中。以半导体集成电路工业为例，在美国发动贸易战和科技战之前，中国大量上下游企业之间是脱钩的。这与改革开放以来中国多次以国外先进企业为目标，通过重大工程一轮轮建设企业、引进重大技术设备甚至成套设备去追赶国际先进技术指标有关（如“908 工程”“909 工程”）。① 因为这事实上造成了本土的重大工程不自觉地通过引进国外设备、套用国外的生产流程和管理方法，以追逐国外已经实现的技术指标为目标。这些做法不仅极大地攫取了国内用于相关产业的战略资源，使得其他项目、其他企业无法得到有效的资源支持，而且切断了国内上下游之间的联系。以当今中国本土最大的集成电路制造企业中芯国际为例，在遭遇美国极限施压之前，中芯国际几乎不与国内的光刻机、刻蚀机设计和生产企业互动，甚至主要是从国际市场而不是从国内市场寻找用户。华为此前也同样过度强调产业链的国际化，在集成电路制造环节甚少与中芯国际发生关联，因为后者并不代表国际顶尖水平。

由美国发动的贸易战和科技战改变了中国产业创新的根本

① 路风．面对美国的科技脱钩，中国必须建立集成电路的产业基础．经济导刊，2022（12）：14－20.

生态。新型举国体制作为突破关键技术瓶颈的手段被党中央和国务院提高到应对“百年未有之大变局”的战略抉择的高度。在当前的政策和学术讨论中，新型举国体制突出地呈现出三大特征：以政治性、战略性的重大任务为导引；在社会主义市场经济制度下充分动员市场化的力量；实现跨部门、跨领域和跨所有制的动员。自党的十八大以来，新型举国体制先是在2015年党的十八届五中全会上被提出，并以“市场经济条件下新型举国体制”将此前中央文件中出现过的“科技创新举国体制”“政产学研用相结合的新型举国体制”等表述进行统合。在2019年党的十九届四中全会上，党中央指出要“构建社会主义市场经济条件下关键核心技术攻关新型举国体制”，进一步明确了要完善新型举国体制，从政治性和战略性的高度来攻克我国产业创新中存在的关键核心技术难题。

2019年党中央明确将新型举国体制作为我国应对关键核心技术瓶颈问题的手段时，部分社会评论家曾担忧，这是否意味着中国会重回计划经济的老路。这种错误看法的根源在于采用了“市场—政府”两分法的简单逻辑。事实上，不论市场还是政府，都是创新活动中资源配置的手段，而创新竞争所需要的协调机制从本质上并不是“完美市场”而是“有组织性的”。从这一点出发，我们可以在“完美市场”和“计划经济”之间构建一个光谱。其中理论上的“完美市场”的优势在于它为企业提供了普遍的创新激励机制，能够撬动广泛的企业资源，孕育多样化的技术路线，并通过竞争来为技术进步提供开放的试

错空间。但它也有明显的缺陷，即企业因为普遍都需要根据自身财务能力来应对中短期的竞争压力，所以难以在不确定性高、经济回报可预见性差的重大创新问题面前形成集体行动。这会导致“系统失灵”和“演进失灵”。“计划经济”在理论上能够撬动国家投入，耐心孕育重大创新并更好地贯彻计划者的长期设想；但它并不为企业提供经济激励，抑制了自下而上的多样化创新尝试，也容易在不确定性高的创新过程中导致整体性失败。

新型举国体制在光谱中处于“完美市场”和“计划经济”之间。作为由政府发动，以政治性、战略性要求来进行跨部门动员、跨所有制动员的协调手段，新型举国体制相比“完美市场”而言毫无疑问是“强组织性”的，但它并不是“计划经济”。“举国体制”前面的定语“新型”就意味着这种政治性和战略性的动员要在社会主义市场经济的背景下完成。这不仅因为决策者的目标本身就是健全本土市场的创新要素从而推动市场本身的发展，还因为新型举国体制的成败与否取决于它能否充分撬动社会资源。尤其是考虑到当今中国的研发投入来源，政府占比仅为20%多，企业占比则超过70%，那么，能否吸引占研发资源大头的企业的广泛参与，就成为新型举国体制能否有效推进的决定性因素。

尽管今天人们往往以强调个人创新创业、强调高流动性的硅谷模式来定义美国的创新经济，但事实上美国创新经济在形成和发展过程中，也经历了国家和军事需求引导、以大企业和

企业联盟为核心载体推动创新发展的阶段。换言之，在美国形成复杂技术开发能力、关键部件技术能力和系统集成能力的过程中，“看得见的手”扮演了非常重要的角色。美国自20世纪80年代起发展的半导体制造技术联盟（SEMATECH）、极紫外联盟（EUV LLC）、美国国家制造创新网络（NNMI）、国家纳米技术计划（NNI）等都是举国体制的典型案例。2022年，美国联邦政府通过了《芯片与科学法案》《通胀削减法案》，计划在未来的5～10年对芯片制造和新能源汽车产业投入数千亿美元，同样是为了驱动相关领域内产学研各部门大量主体的集体行动，以进一步压缩中国工业创新的空间。只有当相关产业进入了相对稳定的创新繁荣后，美国联邦政府及其所支持的各类产学研联盟才会退居幕后，等待下一次介入的需要。

对于现阶段中国的创新转型任务，新型举国体制的关键价值就在于推动本土工业创新活动的“再组织化”，驱动产业的集体行动，通过政治性和战略性任务以及必要的政策性资本投入，以“看得见的手”来形成本土不同主体之间的互动机制，从而聚焦技术薄弱环节并为其提供能力培养的平台。在任何技术领域，技术能力的成长都需要人们在实践中积累经验。因此，中国要突破关键核心技术瓶颈，就必须使相应领域内的本土主体不断地彼此互动、聚焦问题、分析和解决问题，逐渐形成经验，并在实现技术突破的同时完成对创新市场组织性的构建。

从本质上说，新型举国体制是通过强组织性的手段来塑造本土创新生态的重要举措。一方面，通过疏通关键技术堵点，新型举国体制得以填补本土企业协作当中的断裂环节，使本土产业链、创新链的互动成为可能；另一方面，在政府动员和政策资源投入的支持下，通过新型举国体制突破关键技术瓶颈的实践本身，让本土的市场主体（包括企业、社会组织、科研院所和大学等）从无到有、从弱到强地开启互动机制，从而在解决技术难题的过程中形成界定和分析问题、制定并推动共同议程、最后在合作中解决问题的能力。这一整套协作机制及能力，正是有效的产业创新共同体的应有之义。换言之，新型举国体制将孕育出它成功退出的前提条件。当产业创新共同体陆续形成“有组织的”市场机制时，新型举国体制的“强组织性”则可以淡化，将空间留给产业共同体业已形成的组织协调能力，从而使得市场在撬动社会资源、孕育多样化技术选择方面的优势获得更大的发挥空间。

当然，新型举国体制的具体机制该如何发展，目前依然有待深入探索。党中央通过组建中央科技委员会强化了科技工作的统一领导，为新型举国体制的启动和发展提供了有力的政治保障。正如20世纪80—90年代起步的自主创新企业需要持续进行开拓性的工作，通过不断解决问题来形成方向感并构建能力一样，今天中国的产业创新者同样需要在新型举国体制的实践中通过动员和利用国内外一切有利的资源，通过持续的开发性项目，去摸索解决瓶颈问题、形成自主可控创新链的办法。

新型举国体制的作用将远远超越解决个别产品或技术“卡脖子”的问题，而是最终会形成一个以中国本土大循环为主、国内国外双循环相互促进的创新生态。这种生态一旦形成，相应的知识和模式又会变成新一代中国企业、中国民众眼中司空见惯的“新常态”。不过在当前阶段，我们还需要在迷雾中不断尝试、碰壁、失败，然后再尝试。

6. 历史视野中的自主创新

站在21世纪的第三个十年回看“市场换技术”和自主创新浪潮的发展过程，我们能够更加深刻地理解中国的现代化和工业发展。

首先，在改革开放之后，中国工业经济飞速发展的动力来源于中国企业对组织学习系统的努力探索，这不是由一两种具体技术所决定的。因此，中国发展的动力并不来源于某些西方政客或者学者所说的“窃取外国技术”或“强迫外国企业转让技术”。中国创新发展的核心根源在于中国工业实践者组织工业生产和创新活动的方式发生了根本性的变化，使中国工业得以持续地将金融投资、物质资源和技术要素转变为创新和工业产品。在这个过程中，中国工业第一次出现了“工程师主导型”企业群体崛起的现象，奇瑞、吉利、比亚迪和中兴雇用的研发工程师规模都在万人以上，而华为以国内外研发工程师数量超过10万位居榜首。这种组织模式的出现不仅是中国工业发展过程中的重大事件，甚至在世界工业史上也是罕见的。类

似的企业不仅出现在汽车和通信设备制造两个行业，还出现在高铁、工程装备、半导体集成电路、电力和能源设备、互联网和智能消费电子等行业。除了上述企业，还有青岛四方、中车、三一重工、京东方、中芯国际、南瑞继保、百度和小米等。这些企业组织的诞生与发展及其所创造的经验才是中国持续获得创新竞争力的根源。

其次，在过去的40多年中，中国工业的快速发展得益于两轮重要的转变，分别是从计划经济到市场经济的转变，以及从“市场换技术”到自主创新的转变。在这两轮转变中，中国都抓住了国际政治经济结构性矛盾所带来的机遇。中国抓住了西方资本主义国家对内激烈竞争、对外与苏联对抗的有利时机，通过改革开放来执行“市场换技术”战略。西方国家在自身国际经济体系出现结构性问题时拥抱了中国，那么当中国的创新发展超出了它们的预期和掌控范围后，中美在经贸和科技问题上爆发激烈的矛盾和冲突，以及日、韩和欧美等国家和地区附和美国的无理做法就显得毫不意外了。放眼在美国确立其对全球经济的主导权后发展起来的其他国家，中国的发展之所以能够超越美国的预期，核心依然是中国自主创新企业的崛起。因此，解决中国当前问题的逻辑也应当与自主创新的逻辑是相似的，即通过新型举国体制以政治性、战略性的重大任务为导引，通过跨部门、跨领域和跨所有制的动员，面向具体的创新问题发展并最终形成企业间、政产学研之间的组织性机制，在解决关键核心技术瓶颈问题的同时塑造出“有组织性”

的本土创新市场来。

最后，自主创新的精神深刻地蕴含在新中国成立后中国社会的共同意识之中。事实上，不论是通过“市场换技术”来谋求工业发展突破困境，还是自主创新，都体现了新中国成立以来中国社会整体形成的追求自立自强、主动解决危机和问题的精神。自主创新是在中国以“市场换技术”模式融入全球化导致本土工程技术开发力量遭受严重挤压之后的“反向运动”。正如奇瑞公司在芜湖市的门牌号码“长春路8号”所暗示的那样，自主创新实质上是这个民族在遭遇阻碍甚至挫折之后，不屈不挠、不言放弃、换个地方、换种模式重新再来的故事。甚至我们可以说，正是“市场换技术”所遭遇的困境激活了自主创新的精神。至于为何新中国的发展历程能够塑造出这样的社会精神，使得中国社会在每一次遭遇重大危机时都有奋斗者和改革者挺身而出，甘愿做在迷雾中撞得头破血流的探路者，就是一个更大也更值得我们研究的问题了。

后　记

本书得以成稿，要感谢北京大学公共治理研究所学术团队建设重点支持项目“工业行政与产业政策研究”。关于本书的写作，要特别感谢两个群体。第一个群体是我的学生，尤其是自 2011 年我任教以来，参与了我多门研究生讲座课程的数百名学生。在我所开设的课程中，与本书内容有紧密关联的有“创新与经济发展战略”（Innovation and Strategy for Economic Development，英语授课课程）、“现代经济制度史”、“演化理论基础”、“工业化与市场经济”、“全球视野下的中国工业与经济发展”。在这些课程中，我和学生们的讨论构成了本书诸多内容的灵感来源。希望这本书能够成为给学生们的一份礼物。

第二个群体是各位老师们。我对中国工业的实证研究最早可以追溯到 2002—2003 年由国务院多个部委组织的关于 3G 的讨论，当时我作为国务院体改办经济体制与管理研究所许钢和高世楫两位老师的研究助理参与了部分工作；而后大量的研究工作是在北京大学路风老师的团队中完成的。在“自主创新”政策大讨论中，我有幸参与了路风老师团队的工作，有机会参与并见证国家发展战略的重大转型。这一直是我最珍视的成长经历。

此外，我也得到了我在硕士和博士研究生阶段的两位导师清华大学薛澜教授和英国萨塞克斯大学科学政策研究中心（Science Policy Research Unit，SPRU）的尼克·冯·图兹曼（Nick von Tunzelmann）教授在资源与调研机会上的大量支持。美国马萨诸塞大学的著名学者威廉·拉佐尼克（William Lazonick）教授一直都在各种学术研究中给予我指导和支持，我们在 2014 年也一起完成了对华为的非常具有系统性的研究。清华大学的沈群红教授也是我非常重要的合作伙伴，她在电动汽车、电力与电网设备的工业研究中给予我非常多的支持。还有大量来自部委、国务院发展研究中心、地方政府的师长和朋友对我的工作给予了重要的支持。我们在研究和政策辩论中彼此启发，甚至，作为几次重要的辩论的成果，我的名字和相关部委同志、企业家的名字一起出现在了两篇期刊论文上，这也是那段历程留给我的宝贵记忆。

在本书的写作过程中，有多位学生和挚友为书稿的写作提供了直接的帮助。我的两位学生魏莹和陈俊廷为本书的文字工作提供了巨大的帮助，没有她们俩的帮助，我无法想象自己将如何有勇气完成本书的写作。其他几位已经毕业的博士生赵亭亭、余嘉俊、李君然、姜子莹和纪怡都分别以不同的方式对本书的写作提供了重要的支持。而挚友唐奇则一如既往地从文字工作者的角度为本书的写作提供了大量有价值的意见。此外，还有诸多朋友和学生在本书的写作中给予支持，在此处不再一一列出。当然，本书所有可能存在的错误和不成熟的观点均由

我本人负责。

我还需要特别感谢中国人民大学出版社的马晓云老师。本书的写作起源于她在 2021 年的热情鼓励。我要衷心感谢她容忍我在写作过程中无数次拖稿，她的耐心和精湛的专业编辑能力是本书得以面世的重要前提。

当马晓云老师就此书与我接触时，她希望我能够调整表述方式，将更大范围的读者也纳入受众范畴。这对于我来说是一项新的挑战，因为我其实并不擅长，而写作过程也的确让我感觉自己完成得并不好。但我确实渴望与更多读者，尤其是更年青一代的读者交流。年青的一代或许是幸运的，因为“七国八制”“老三样”“新三样”这些名词将离他们远去；在他们成长之初，中国就已经拥有了世界上规模最大的制造业，这使得他们具有更强大的自信、更开阔的视野去解决未来的问题。但在成长过程中，他们很需要去了解那些在长夜中坚持“不怕鬼”的、最艰难的故事，以此明白中国工业力量的源泉，并以此来明确方向。

在政策辩论中，我经常会被认为是激进的“国家主义者”或者对中国工业创新的前景过于乐观。这种认识并不正确，正如我在前面所提到的，我的旅程起源于自身的困顿与迷茫；在与大量的中国工业实践者接触，了解到他们和他们所在企业的奋斗和成长历程后，我更认识到自主创新的崛起是一个漫长、困难甚至充满了辛酸与失败的过程。可以说，我的乐观来自对民族精神的信心，来自我个人在过去 20 年的工业研究中所看

到的中国工业和中国工业人的韧性。在到达彼岸之前，他们以巨大的付出和忍耐翻越了时间的高山。

也许是 10 年或者 25 年，我们有理由在更长的时间尺度上对中国工业和中国工业创新的前景保持乐观。因此，如果我们有能力与更年轻的学生和读者对话，与他们辩论甚至被他们辩倒，都是有价值的。这正如今年“全球视野下的中国工业与经济发展”的第一周课程下课后，一位同学问我，中国经济能否走出当前国际政治经济剧变下的困境。我回应说，这很可能是你们这一代人的使命。这位同学略带惊讶和迷茫地说：“我们可以吗?”

为什么不可以呢？正如在漫长的困境中，始终都有一个声音穿越百年，给我们无数人以勇气——

> “生命不怕死，在死的面前笑着跳着，跨过了灭亡的人们向前进。”①

封凯栋

2023 年 3 月

① 这句话出自鲁迅先生 1919 年所作的杂文《生命的路》。

图书在版编目（CIP）数据

潮起：中国创新型企业的诞生/封凯栋著. --北京：中国人民大学出版社，2023.8
（创新中国书系）
ISBN 978-7-300-31957-5

Ⅰ.①潮… Ⅱ.①封… Ⅲ.①企业创新－研究－中国 Ⅳ.①F279.23

中国国家版本馆 CIP 数据核字（2023）第 130358 号

创新中国书系
潮起
中国创新型企业的诞生
封凯栋　著
Chaoqi

出版发行	中国人民大学出版社		
社　　址	北京中关村大街 31 号	**邮政编码**	100080
电　　话	010－62511242（总编室）		010－62511770（质管部）
	010－82501766（邮购部）		010－62514148（门市部）
	010－62515195（发行公司）		010－62515275（盗版举报）
网　　址	http://www.crup.com.cn		
经　　销	新华书店		
印　　刷	固安县铭成印刷有限公司		
开　　本	890 mm×1240 mm　1/32	**版　　次**	2023 年 8 月第 1 版
印　　张	13.5 插页 1	**印　　次**	2024 年 1 月第 2 次印刷
字　　数	265 000	**定　　价**	79.00 元

U0471940